# 新程

## 南方报业融合发展之路

南方报业传媒集团 编

南方日报出版社
NANFANG DAILY PRESS
中国·广州

**图书在版编目（CIP）数据**

新程 : 南方报业融合发展之路 / 南方报业传媒集团编. -- 广州 : 南方日报出版社, 2024. 9. -- ISBN 978-7-5491-2912-6

Ⅰ. G219. 276. 5

中国国家版本馆CIP数据核字第2024VN0541号

**新程**

XIN CHENG

编　　者：南方报业传媒集团
出版发行：南方日报出版社
地　　址：广州市广州大道中289号
出 版 人：周山丹
出版统筹：刘志一
责任编辑：李　哲　黄子旸
装帧设计：肖晓文　邓晓童
责任校对：阮昌汉　熊丽思
责任技编：王　兰
经　　销：全国新华书店
印　　刷：广州市岭美文化科技有限公司
开　　本：787mm×1092mm　1/16
印　　张：21
字　　数：280千字
版　　次：2024年9月第1版
印　　次：2024年9月第1次印刷
定　　价：75.00元

投稿热线：（020）87360640　　读者热线：（020）87363865

发现印装质量问题，影响阅读，请与承印厂联系调换。

# 创作团队

**组　长：** 陈广腾　陈　枫

**编　写：**

第一章　杨彩珊　谢庆裕　黄晓莉　李杰伦　纪　蓓　曾　强　薛　洁
于文静　郑幼智　梁钰莹　李永智　蔡惠珍　李　琳　黄　婵
王　水　杨秀伟

第二章　曹　斯　赵　杨　麦　淼　何　崑　胡良光　何勇荣　陈仕相
谢苗枫　吴　娴　罗　鑫　潘之锋　范玉平　洪　穗　杨文标
黄毅茗　陈明诗　林艳萍

第三章　何又华　高静宁　伍　拓　郜小平　黎詠芝　罗　莎　张　菁
黄　婵　陈作成　洪海宁　黄应来　陈丹佳　冯依依

第四章　林焕辉　陈晓红　董　剑　尹　鹏　周山丹　李　源　巫　伟
杨德锋　林丽丽　徐乐乐　黄良阳　张希林　黄欣茹　陈倩钰
庄沐菁

第五章　李小云　罗　兴　丁　侃　王雨晨　刘思瑶　何芳芳　周子龙
蔡悦子　张　杨　黄丹婷　邱珂娜　陈琪遂　李　拉　欧思绮
闫毅真　刘妙京　李　飞

第六章　郑佳欣　王　彪　余秋亮　蔡思晴　陈　乐　吴文蓉　赵碧贤
钟　玲　李　平　赵　进　曲广宁　靳延明　陈锴进　苏　鹏
申　鹏

**审　读：** 金　强　郎国华　王长庚　邹高翔

序言

# 风起南方　新程壮阔

刘启宇

在历史长河中，总有一些重要时刻，让人铭记于心。

七十五年前的十月一日，毛泽东同志在天安门城楼上向全世界庄严宣告："中华人民共和国中央人民政府今天成立了！""站起来的中国"震撼世界，一位诗人激动地写道："时间开始了。"

仅仅十二天后，毛泽东同志就欣然挥毫，为一份正在筹办的党报题名——南方日报。又过了十天，油墨飘香的《南方日报》就从广州市光复中路48号出发，迎着黎明的曙光走向新生广东的城乡，开始书写反映南粤大地沧桑巨变的"广东日记"。七十五年来，一代代南方报人牢记初心使命，与党同心同德，与人民同向同行，与时代同频共振，使南方日报从一份报纸发展成为一家在海内外具有广泛传播力、重要影响力的综合传媒集团，创造了"风起南方"的媒体传奇。

二〇一二年十一月，党的十八大胜利召开，中国特色社会主义进入新时代。互联网和信息技术快速发展，新兴媒体迅速崛起，舆论生态、媒体格局、传播方式发生深刻变革，传统媒体迎来前所未有的挑战。在这关键时刻，以习近平同志为核心的党中央作出推动媒体融合发展的战略部署，促进传统媒体和新兴媒体在内容、渠道、平台、经营、管理等方面深度融合，着力打造一批形态多样、手段先进、具有竞争力的新型主流媒体，做大做强主流舆论。

志在凌云登高处，长风浩荡启新程。新时代以来，南方报业传媒集团坚持以习近平新时代中国特色社会主义思想为指导，全面落实党中央推动媒体融合发展的战略部署，努力探索彰显时代高度、具有“南方特色”的融合转型之路。

新程壮阔，初心如磐。正如《南方日报》发刊词所写：“除了中国人民和华南人民的利益之外，我们没有别的利益。”南方报业始终牢记党媒姓党的政治定位，坚持以人民为中心的工作导向，忠实履行党的新闻舆论工作职责使命，把学习宣传习近平新时代中国特色社会主义思想作为首要政治任务，努力做党的政策主张的传播者、时代风云的记录者、社会进步的推动者、公平正义的守望者，用心用情用功讲好新时代中国故事、大湾区故事、广东故事。

新程漫漫，笃行不怠。按照中央要求和广东省委部署，南方报业二〇一三年提出“深耕主业、多元开拓、加快转型、融合发展”的十六字发展战略。集团党委始终保持战略定力，带领全体南方报人一张蓝图绘到底，一棒接着一棒跑，以新型主流媒体平台打造、全媒体生产传播机制变革、南方名记者培育工程等为抓手，构建起以南方日报为龙头的“报、刊、网、端、微、屏”全媒体传播体系，覆盖用户超过4.6亿，稳居全国媒体融合转型第一方阵。二〇二四年，集团旗下《南方日报》《南方周末》《南方都市报》品牌总价值达2198.1亿元，在全国媒体行业中勇立潮头。

新程浩繁，大道至简。对于新闻媒体而言，传播力是最根本、最基础的能力。没有传播力，一切都无从谈起。面对媒体行业的激越变革，我们深刻认识到，如果不尽快走上媒体融合发展新路，不形成强大的现代传播力和深入人心的影响力，就必将被时代所淘汰。南方报业紧紧扭住提升面向移动互联网的现代传播力这个牛鼻子，以“两端一云”（南方+客户端、GDToday客户端和南方智媒云）建设为牵引，内宣外宣并起，内容技术并重，不断提升现代传播力，走在全国媒体融合发展前列。目前，南方+下载量近2亿，日活近700万，位居全国省级党报自有App传播力建设前茅；GDToday展现广东对外传播主平台功能，国际传播效能全面提升；南方智媒云打造支撑服务全省媒体融合的统一技术平台，加速赋能新型主流媒体建设。

明者因时而变，知者随事而制。党的二十届三中全会明确提出“加快适应信息技术迅猛发展新形势”“构建适应全媒体生产传播工作机制和评价体系，推进主流媒体系统性变革”“深化主流媒体国际传播机制改革创新，加快构建多渠道、立体式对外传播格局”，为新形势下纵深推进媒体融合发展指明了前进方向、提供了根本遵循。聚焦“主流媒体系统性变革”，南方报业以“新”制“变”，着眼“万物皆媒”的舆论生态之变，以深度融合强化全媒体传播体系建设，着力提升新质传播力；着眼数据化智能化的信息技术之变，以先进技术赋能媒体智慧转型，着力锻造新质生产力；着眼文化产业转型升级的模式业态之变，以“传媒+”驱动多元化发展，着力培育新质竞争力。

《易》有三义：变易、不易、简易。变与不变，相对相生。七十五年弹指一挥间，从光复中路48号到广州大道中289号，南方报业历经五次迁址，变化的是工作地点，不变的是始终与党的事业、与广东改革发展血脉相连的红色基因；从《南方日报》创刊，到《南方周末》《南方都市报》等子报子刊风行南北，再到南方+、GDToday、N视频等新媒体平台走红出圈，变化的是新闻报道的内容、方式、载体，不变的是与时俱进、包容创新、领潮争先的革新精神。

日月其迈，岁律更新。眼前这本《新程》，是新时代南方报业推进媒体深度融合发展的生动记录，是全体南方报人团结奋进、开拓创新的时代注脚。我们希望通过探寻一个党媒集团守正创新、不懈探索的坚实足迹，展现主流媒体系统性变革的新气象新担当，也为奔赴更加辉煌的新程凝心聚力、鼓劲加油！

是为序。

作者系南方报业传媒集团（南方日报社）党委书记、社长

# 目录 CONTENTS

# 专家观察

# 从整合到融合，再到全媒体传播体系

## ——主流媒体的变革之路

胡正荣

《新程——南方报业融合发展之路》是对南方报业传媒集团改革发展进程的梳理与总结，从中我们可以看到其孜孜不倦的进取精神和成果丰富的创新实践。其实，在我看来，这亦是中国主流媒体波澜壮阔改革的写照与印证。因为风起南方，潮涌珠江，南方报业传媒集团许多改革举措都是开我国媒体风气之先的，有着“南方风来满眼春”的变革气息。

改革开放以来，我国主流媒体的变革一直都在进行中。业务层面，从20世纪80年代报纸的周末版改革、广播的经济台以及专业频率改革，到90年代初期的电视新闻改革等，机制层面，从改革开放后开始的市场化改革，到90年代中期开始的集团化改革，再到21世纪初的部分资本化改革等，但是这些变革都还是在主流媒体原有格局和框架、原有模式与机制体制中的变革，简言之，都还是工业时代大众媒体自身进行的改良与调适。1994年中国正式接入互联网，通过新的方式链接外部世界，这使信息、渠道、传播、消费、效果等都发生了前所未有的改变。更为重要的意义是，这标志着中国社会进入了互联网时代，而不只是在工业时代踯躅。

互联网打开了整个世界，颠覆了整个人类社会的格局与进程，也改变了整个媒体行业。从全球范围看，美国的主流媒体最先开始应对互联网带来的挑战与机遇。为适应互联网给整个信息行业带来的深刻变化，1996年美国出台了新的电信法，开始了电信、互联网、广播电视的整合。从此之后，这一波主流媒体基于互联网技术的整合浪潮便席卷了全球，世界上，特别是主要发达国家便开始了规模巨大、程度颇深的媒体业、电信业、影视业、娱乐业等相互兼并的进程，也出现了跨界购并的先例，因此，巨无霸级的媒体集团、娱乐集团、文化产业集团层出不穷。

我国主流媒体集团化进程是从20世纪90年代中期开始的。但是这种互联网时代之初的主流媒体整合趋势起起伏伏，因为，它们并没有真正体悟到互联网即将带来的颠覆式变革，更重要的意涵主要是大家抱团取暖，以应对互联网的挑战，而不是彻底放弃传统模式，用互联网模式真正对自己进行颠覆式创新。世纪之交前后，当三大门户网站“新浪”“网易”“搜狐”如日中天之时，即互联网Web 1.0时代，报纸、广播、电视，特别是前者就已经开始在竞争中表现得无力无招，渐渐败下阵来。当新世纪第一个十年来临时，互联网Web 1.0时代就不得不让位于互联网Web 2.0时代，即移动互联时代。手机，主要是智能手机席卷并改变了一切。工业时代风光无限的大众媒介一下子被长江后浪拍死在沙滩上。移动互联网上的各种平台，特别是各种社交媒体在相当程度上替换、取代了工业时代的传统媒体。网络时代媒介的概念、内涵与外延、结构与功能、系统与体系、要素与涌现等都呈现出与工业时代媒介的巨大差异。当进入21世纪的第二个十年，人类社会也正在加速度地迈入互联网Web 3.0时代，即智能时代。这个时代对人，对社会，乃至对各个领域和行业的颠覆力量已经初露端倪。

主流媒体在原有内涵与外延、原有模式和框架下，原有机制体制内的变革已经无法适应互联网时代的变化，特别是快速发展的数字化、网络化、智能化发展的趋势和需要。

2014年8月18日，中央全面深化改革领导小组在第四次会议审议通过了《关于推动传统媒体和新兴媒体融合发展的指导意见》。作为中央关于媒体融合的首个指导性文件，该文件提出“着力打造一批形态多样、手段先进、具有竞争力的新型主流媒体，建成几家拥有强大实力和传播力、公信力、影响力的新型媒体集团，形成立体多样、融合发展的现代传播体系”。

2016年2月19日，习近平总书记在党的新闻舆论工作座谈会上进一步阐述了媒体融合实践的未来发展方向，指出了媒体融合应当以建设新型主流媒体为目标。

2019年1月25日，习近平总书记在于人民日报社举行的中央政治局第十二次集体学习中深刻分析了近年来媒体融合发展所面临的问题，指出要“形成资源集约、结构合理、差异发展、协同高效的全媒体传播体系”，同时提出了全媒体就是“全程媒体、全息媒体、全员媒体、全效媒体”等“四全媒体”的界定。

2020年6月30日，中共中央审议通过的《关于加快推进媒体深度融合发展的指导意见》成为指导媒体融合的最新纲领性文件，提出“建立以内容建设为根本、先进技术为支撑、创新管理为保障的全媒体传播体系”。

2022年10月16日，习近平总书记在党的二十大报告中强调“加强全媒体传播体系建设，塑造主流舆论新格局。健全网络综合治理体系，推动形成良好网络生态”，同时强调“完善社会治理体系。健全共建共治共享的社会治理制度……畅通和规范群众诉求表达、利益协调、权益保障通道，完善网格化管理、精细化服务、信息化支撑的基层治理平台”等。

2024年7月18日，党的二十届三中全会通过的《中共中央关于进一步全面深化改革、推进中国式现代化的决定》（以下简称《决定》）中也明确要求，“构建适应全媒体生产传播工作机制和评价体系，推进主流媒体系统性变革”，“推进国际传播格局重构，深化主流媒体国际传播机制改革创新，加快构建多渠道、立体式对外传播格局”。

已经进行了十多年的媒体融合发展进程，取得了明显的成效，但也留有需要继续深化、优化、从量变到质变的空间。从习近平总书记重要讲话提出的要求、党中央通过的相关文件作出的部署可以看出，我国主流媒体的变革还需要加快进行，还需要纵深展开，也就是要时不我待地进入改革深水区，进入全方位、全要素、全环节、全链条的变革。这项改革不是小修小补，不是头疼医头脚疼医脚，而是要推进主流媒体系统性变革。从《决定》的要求看，主流媒体此次深化改革的抓手就是构建适应全媒体生产传播的工作机制和评价体系，改革的方式就是推进主流媒体系统性变革，改革的目的就是建设全媒体传播体系。

近年来，出现频率最高的概念便是全媒体。那何为全媒体呢？这既是我们认识主流媒体未来变革的起点，又是我们进行主流媒体系统性变革的终点。全媒体这一概念其实不是由学术界提出并生发开来的，而是由媒体与传播业界创造出的实践推动形成的，并且更多是由我国的媒体实践创生的一个概念，应该说具有原生性、原创性，既具有在地性，也具有普遍性。

全媒体就是全程媒体、全息媒体、全员媒体、全效媒体，当下和未来，还要再加一个，即全智媒体。全程媒体是指能够做到全时空覆盖到达的媒体，也就是任何时间节点、任何空间所在都可以进行人类传播，真正做到最大化地释放人类社会最为重要的四个资源，即人、物、财、信息的互动潜力，从而可能最大化创造出由此而带来的各种价值。全息媒体是能够呈现全现实（真实现实+虚拟现实）的媒体，能够触达人所有感官的、使人有完整体验的载体。人类将不仅实现真实现实连接，更能够实现虚拟现实连接，使得人与虚拟世界完全对接，而且在智能互联时代，现实世界与虚拟世界的界限也可能基本消除，人所有的感官都可以被调动，人的体验将可以被完全触发。全员媒体就是能够连接所有生产力要素的媒体，可以实现所有人连接、所有物连接、所有资金连接、所有信息（数据）连接，同时还可以实现所有环节、所有过程、所有时空节点的连接。全效媒体是能够在各种场景中都达成效果的媒体，万物互联所有连接的节点，不论是人、物都可能成为一个释放信息并分享信息的中介，也就是媒体。全媒体不仅是传播传统意义的新闻、娱乐等信息的业务功能型载体，还是要传播数据、通过连接提供服务等的融合服务型平台。大数据、人工智能将赋能这种全媒体传播，可以使信息在任意时间、空间条件下，通过任意媒介到达需要到达的任意节点，在任意场景中都可以实现效果。全智媒体是智能化技术驱动的媒体。我们已经通过其第一个阶段的运算智能的威力感受到了。如今大量基于大数据的各种算法而实现的精准化、场景化应用已经使人们无处可逃。就在这种便利与恐慌没有消散的时候，第二个阶段的感知智能也已经来临了，从生成式大规模语言模型到多模态大模型，从通用大模型再到垂类大模型的普遍化应用，正在逐步迈向通用人工智能。第三个阶段的认知智能时代何时到来，会是什么样子，现在恐怕都还难以预测与想象。说小了，信息、媒介、传播正处在深度变革和颠覆式创新时期，而且信息生产、媒介传播、用户消费也日益一体化；说大了，媒介或者说传播，在政治、经济、社会、文化、军事乃至人类社会各个方面的内涵与外延都可能发生根本性的变化。

全媒体传播体系这一概念是秉持系统思维和系统科学的原则而提出并发展的。体系非单一要素构成。习近平总书记在2019年1月25日于人民日报社举行的中央政治局第十二次集体学习中指出“要统筹处理好传统媒体和新兴媒体、中央媒体和地方媒体、主流媒体和商业平台、大众化媒体和专业性媒体的关系……形成资源集约、结构合理、差异发展、协同高效的全媒体传播体系”，正是对全媒体传播体系的构成要项、功能、属性、特性进行的科学说明和界定。

全媒体传播体系主要体现为“三个集合”：一是多个构成要项的集合，包括纵向构成和横向构成，如纵向的中央媒体和地方媒体、横向的主流媒体和商业平台，也包括历时构成和共时构成，如历时的传统媒体和新兴媒体、共时的大众化媒体和专业性媒体。二是内部要素与外部要素的集合。内部要素是指全媒体传播体系内部所有要素相互作用而发挥功能的各种条件构成，如生产、传播流程以及工作机制等；外部要素是指影响全媒体传播体系实现功能的各种条件构成，如政务、服务、商务系统的接入等。也就是说全媒体传播体系既具有自组织性，也具有他组织性。三是宏观系统与微观系统的集合。宏观系统是指全媒体传播体系需要建设成为中央、省、地市、县四级联动协同的体系；微观系统是指各级各类传播机构自身的体系性建设，包括平台再造、流程优化、组织重构等等。按照这样的界定与理解，无论宏观微观，无论功能属性，最终建设成功的全媒体传播体系，都应该是资源集约、结构合理、差异发展、协同高效的。资源集约是指内外部、数实等各种资源集成与配置；结构合理是指内部机制外部体制、事业产业模式等有效运行；差异发展是指不同属性、功能、定位的全媒体发展路径有别；协同高效是指各级各类全媒体能够系统协同、效能效力凸显地共生。

全媒体传播体系既是全国主流媒体系统性变革的总体性目标，也是每一家主流媒体系统性变革的个体性目标。因此，所谓系统性变革就是要对主流媒体建设全媒体传播体系的构成要项、内部要素与外部要素、宏观系统与微观系统等几个方面的各个细项，进行全系统、全要素、全流程、全环节的深化改革，也就是所说的改革进入深水区了。其实，从更高的层面看，建设全媒体传播体系，已经不仅仅是主流媒体系统性变革的事情了，从整个社会大系统看，就是要通过主流媒体系统性变革，建成全媒体传播体系，从而增强和提升智能网络社会的关键能力——信息通达与服务能力，从而提高整个国家治理能力，最终赋能中国式现代化。

作者系中国社会科学院新闻与传播研究所所长，中国社会科学院大学新闻传播学院院长、教授、博士生导师

# 从“六顶思考帽”到“六步赋能法”

支庭荣

1981年，英籍马耳他学者爱德华·德·博诺在著作《六顶思考帽》中提出了一种创新思维模型，用红、黄、蓝、绿、白、黑六种颜色代表情感、希望、理性、创新、客观、谨慎等六个不同的思考方向。1991年，博诺又推出《六双行动鞋》，指代六类不同风格的行动模式。巧合的是，这两本书都是博诺1970年探索横向思维的作品《水平思考》的具体应用，堪称十年磨一剑。

今天，在信息革命的基础上正叠加着以人工智能为代表的第四次工业革命，我们不可能再机械主义地套用“六顶思考帽”了。但是，南方报业的《新程》用六章的篇幅勾勒出过去十余年艰巨而卓绝的来时路，也许不尽是偶然。对其中的逻辑稍加剔抉，不妨谓之“六步赋能法”。

## 一

主流媒体作为新闻舆论领域的中流砥柱，首要的职责是巩固壮大主流舆论阵地。其中的主要环节包括“谁来说”“说什么”和“怎么说”。在技术革命接连突破、媒体生态和传播格局持续嬗变的背景下，所有的环节都处于动态演化的激浪中。以前流传过一种说法，新闻记者是船头上的瞭望者。而如今，不如说，新闻工作者是数智化时代信息星舰上的航海家、航天人。无论红海还是蓝海，无论近地还是深空，沿着正确的航向才能抵达预设的着陆场。

常言道，既要仰望星空，又要脚踏实地。星空、星河、星雨，曾激发多少直冲碧霄的豪情，曾灌注无数赞叹和敬畏的心灵。新时代的传媒人，在消费主义、流量主义、躺平主义此落彼起的撞击下，或许会有迟疑，终究并不彷徨。理想和情怀、使命和担当，是照亮前路的光。正是这一份对家国责任的承诺、对内心信念的执着，才让对舆论阵地的坚强守护成为一种共同的感动。

在连天线的同时，主流媒体也十分讲求接地气、有生气、聚人气。拜互联网之助推，接地气成为一个双向、多向、全向的过程。首先，主流与支流相互成就，主流为支流提供承载，支流向主流奔涌汇聚，正能量更充沛，主旋律更高昂。其次，中心化与去中心化织密社会网络。主流媒体倚天而出手，社交平台聚沙而成塔，共同谱写盛世华章。再次，激浊扬清与隐入尘烟相携相生。媒体所做的一切，为的是建设清朗宜人的信息环境。

说到互联网，说到去中心化，说到技术壁垒，其实并没有或者说不应当动摇中心化的社会秩序。在去中心化的潮流中，每每汇集了新的中心化节点。去中心化作为一种分布状态和生产、生活方式，通过推出新的中心而回归了结构的中心化。因而，媒体也许会一天天成熟，或者一天天变老，但是，媒体始终拥有一颗年轻向上的心。

## 二

三至五年，能实现量变到质变的小小累积。两到三个量质齐变的上升螺旋，必定迎来惊人的巨变。回顾所来径，主流媒体对新兴媒体、数字平台的欣然接纳，对彻底转型、深度融合的敞开怀抱是苍苍的翠微。虽然说相爱何必相扑，相扑何必相杀，伙伴却往往是对手，对手又往往是畏友。媒体在影响了世界的同时悄然改变着自己。

最重要的是，在新兴媒体的身上，主流媒体仿佛看到了曾经破浪乘风、拔营夺寨、豪情万丈、顾盼自雄的自己，因此而卧薪尝胆，重新锻造24小时在线的本领。面对星辰大海，传播是涓涓正道，传播力是最大的战斗力。

数字平台、社交巨头有多样的形态、不同的玩法、无穷的精彩，主流媒体能从中汲取什么样的养分呢？拿推荐引擎来说，推荐本是媒体的强项。编辑记者精心制作好一道道作为后验品的信息套餐，热切期待受众诸君的掌声或来电来访的铃声、脚步声响起。但是，在“推荐”这件事上，推荐引擎可以做到极致。一边是时间在手中匆匆溜走，像针尖上一滴水滴在大海里，一边是新鲜热辣、明快炫酷的视听内容无际无涯地呈现，用户常常隔着屏幕不能自已，“魔弹说”的幽灵似乎再次复活。媒体不是不做推荐，而是没有像看不见的、泛在的、光速的、纤细有力的手那样去推荐。

因此，媒体不只是人的延伸，还是自己的延伸。客户端相当于媒体的手，云平台包裹了媒体的大脑。像数字平台一样，媒体引入了非人性的方式，驱使着大量的机器、算力来加工和分发信息，来进行机器学习，来迭代和进化。媒体从不排斥机器，但是媒体前所未有地在增强使用机器作为生产工具的能力。媒体不仅在数字化生存，同时也在机器化生存、智能化生存。无传播，非媒体；无智能，不传播。

媒体也在交互中生存。来自用户的随手拍、赞转评或者上热搜或许对硬广告的催动力不足，但是它具有充分的传播意义。它的背后，仍然离不开机器赋能。

## 三

作为内容提供者，媒体要为受众或用户提供鲜活的信息和饱满的情绪价值。在重大问题上有立场、有态度、有倾向，在娱乐性方面生动、有趣、精彩，都是优质内容的标签。同时，作为服务提供者，媒体还要扎扎实实地开展政务服务、商务和民生服务等工作。“新闻+服务”，没有改变新闻的定义，但是改变了服务的内涵，改变了“媒体”一词的固有之义。

数字平台证明了它具有媒体属性，它可以进一步媒体化。媒体也证明了更多的功能可以嵌入它的流程中。功能越是刚性，用户越有黏性。然而，在数字平台和最终用户之间，人们看到了大量的“中间使用者”，它可以是微信的公众账号和微商，可以是淘宝的网店，可以是滴滴的网约车司机，可以是美团的外卖员。这样巨量的群体，成为平台功能的倍增器，成为平台商业价值开发的海量的参与方。对于媒体和平台来说，这是其间一个非常显著的差别。如果媒体能够做强这一短板，能够打造出中间使用者网络，能够让中间用户进行新闻和服务的再扩散，其意义实不下于对UGC（User Generated Content，用户生成内容）的更大力度的开拓。

媒体的一大优势是既能天马行空，也能不停地下沉。本地化是服务下沉的不二法门。不必说各类政务服务的承接和代运维，做政府和群众之间的桥梁纽带，即使埋头深耕社区，不断扫描各个垂直性的行业或领域，与民生、教育、医疗、衣食住行、婚恋交友、鹤发童颜等深度绑定，挖掘真实的社会需求，找到正在找信息的人，实现人与生活的规模化匹配，其中亦埋藏着无尽的宝藏。

## 四

从新闻到服务，从服务代理到多元拓展，都是一种水平思考，跳出非此即彼的误区，寻求不同的解决方案。在外部不确定性上升的情况下，尤其不能偏重垂直思考而忽视水平思考。水平思考往往意味着要进入已知和未知并存，或未知多于已知的领域，对于媒体来说，这也是一个风险厌恶和风险偏好的问题。在擅长的内容领域之外，必须努力打造出化虚为实、虚实相生的新格局。

多元化运用的是杠杆原理，以小而美的力量撬动市场。置身其中，媒体的选择千姿百态，其实与自身的资源禀赋高度相关。传媒+文旅、传媒+园区、传媒+电商是较为普遍的模式，至于传媒+金融、传媒+游戏、传媒+制造业则是小众的狂欢。虽说媒体似乎应该言道不言商，但是商务完全可以有更高的格调。同样是电商，直播电商、社区团购容易七情上脸，媒体电商倒是不温不火，却也一直割舍不下。

多元化不是退而是进，不是守而是攻，更加需要一种强大的开拓创新力。人们寻常看到的价值链、产业链多是由左而右的流程图，它掩盖了产业由下而上的升级过程，甚至掩盖了筛选、加工、制造的价值增值过程。如人饮水冷暖自知，多元化不可能随随便便成功。

如果说“新闻+服务”是以新闻为中轴，那么“传媒+”则是以“新闻+服务”整体为中轴，在内城外墙之外再开辟出新的护城河。媒体也是一个缩微版的平台，只不过珠玉在前，媒体平台化的规模和成效还存在着不少局限性。媒体正在和将要做的其实就是：只要机会出现，就能够百步穿杨。

## 五

人才被称为规模媒体最宝贵的资源和资产，在智能化技术的分量越来越重的今天，这一判断依然有效。技术与人才，如鸟之双翼。与事业发展的需要相比，人才似乎总是稀缺的，特别是在数字平台每每高薪挖角的当下。

南方报业推出南方名记者培育工程，是因时而动、顺势而为，亦设定了新闻职业荣誉体系的新标杆。职业荣誉是互联网企业流行的赛马机制的一个替代品，目标是鼓励倾心投入，激发队伍活力。“网红记者”与各类新闻奖一道，起到了良好的激励作用。毕竟，除了媒体人的奉献精神之外，其他精神和物质的勉励同样是必需品。

媒体人才优势的发挥有一条其他行业不易借鉴的途径，即智库化。像科研机构、科普机构一样，媒体开掘了策略设计、运行评价和管理咨询方面的功能。媒体智库与自身的分析评论能力有关，但更多的是从信息到数据和知识的再生产。作为智力密集型的知识产品提供者，媒体智库既是“新闻+服务”的横向拓展，又是社会责任的集中体现。

人才离不开团队的襄赞。每一个团队都有自己的精神风貌。南方报业传媒人的身上，洋溢着火一般的热情和风一般的洒脱。让人印象尤其深刻的，是两度公共卫生危机事件中的逆行者，不是白衣，胜似天使。拥有一支平时批亢捣虚、战时赴汤蹈火的记者队伍，分能独当一面，合能协力移山。

## 六

回到媒体融合，在本质意义上它是一场深刻的媒体改革，是与技术创新、业务创新和管理创新相伴随的刀刃向内的革命。在移动互联网横扫广告如卷席的行业剧变之下，媒体能不能一较短长，能不能突围而出，能不能蹚出新路，这是我们的时代之问。

两相对比，如果说用户思维是互联网时代数字平台的敲门砖，那么媒体如何平衡对用户的引导与迎合？使命在身、责任在肩的媒体如果与用户的兴趣点不尽一致，能不能强行劈入那一片娱乐的红海？如果说流量思维是计算、量化、精准、海量等要素在互联网行业中的胜利，那么媒体在“关键少数”中的影响力是否具有普遍的意义？对于媒体来说，积少成多还是少即是多？如果说极致思维代表着一众网企对非稳定态的摆脱，那么向来稳健持重的媒体能不能追求极致？在媒体行业内，锋芒毕露是体验为王还是剑走偏锋？微创新和反复迭代能否飞快地实施？

以上问题并没有一个标准答案。媒体秉持的是长期主义，短期的起伏并非肯定或否定的理由。从数字平台的角度看，传统媒体提供的内容输出，或许相当于比较特别的、比较有规模的自媒体。从媒体的角度看，无论平台多么招摇，走自己的路远强于邯郸学步。媒体就是媒体，不会成为另一个网企。

但是，媒体依然需要创新，从机器硬件到产品创意，从生产方式到营销推广，新的技术手段、新的市场空间、新的商业模式、新的管理经验永远层出不穷。在这一过程中，南方报业以自己的锐意探索成就了一个有全国意义的典型样本：不只有思考，更多的是行动；方向既明，行动必速。从价值塑造、技术加持到服务深化，从多元经营、人才开发到体制机制改革，虽难辨五颜六色，但称得上五彩缤纷。

本文将价值、技术、服务、经营、人才和体制机制的升级归纳为“六步赋能”，但它们其实是“六合一体”。这是因为，分步赋能只是若干个“一小步”，持续地、整体地赋能才会实现“惊人一跃”。期待赋能永远不停步，相信新程永远在前方。

作者系暨南大学新闻与传播学院党委书记、教授、博士生导师

# 第一章
# 凝心铸魂：壮大新时代主流思想舆论

风起南方，潮涌珠江。

纵贯羊城南北的广州大道，车流昼夜不息。改革开放以来，沿线已从农村菜田蜕变为高楼栉比的现代化新城。与新中国同龄的南方日报社坐落于此。

75年风雨兼程，砥砺前行。从1949年在广州光复中路48号诞生，到1989年迁入至今的广州大道中289号大院、2023年与黄埔鱼珠片区的南方智媒大厦并行办公，75年来南方日报的社址五次变迁，一路见证城市东进的沧桑巨变，在广东改革发展的强劲脉动中茁壮成长。

从黑白4个版的第一张铅字报纸，到连续38年发行量居全国省级党报首位；从建设省委机关报重要阵地，到探索党报走市场成立报业集团、推动子报子刊裂变发展；从办好报刊等传统媒体，到加快融合发展建设全媒体传播体系……历经舆论生态、媒体格局的汹涌变革，南方报业传媒集团始终恪守党媒职责使命，记录时代进程，传递党情民意，书写奋进故事。

近年来，随着移动互联网蓬勃兴起，以报纸为介质的传统媒体受到极大冲击。互联网海量的信息流、便捷的获取途径、多点交互式传播，导致报纸读者大规模流失，发行订阅量骤减，纸媒广告收入在2012年之后普遍断崖式下滑。

传统媒体会否逐渐失去地位和影响力？作为以报纸起家的党媒集团，南方报业如何在守正创新中不断传承发展，如何在信息的汪洋大海与纷繁复杂的舆论场中牢牢占据传播制高点，为巩固壮大奋进新时代的主流思想舆论贡献党媒力量？一系列问题不仅关乎生存与发展，更给党媒在新时代履职尽责带来深刻思考。

2013年8月19日，在全国宣传思想工作会议上，习近平总书记强调："要积极探索有利于破解工作难题的新举措新办法，特别是要适应社会信息化持续推进的新情况，加快传统媒体和新兴媒体融合发展，充分运用新技术新应用创新媒体传播方式，占领信息传播制高点。"次年，中央全面深化改革领导小组第四次会议审议通过了《关于推动传统媒体和新兴媒体融合发展的指导意见》，媒体融合正式上升为国家战略。

党的十八大以来，在习近平总书记关于媒体融合发展的重要论述指引下，南方报业积极响应中央号召，顺应时代变革，锐意改革创新，蹚出了一条具有南方特色的媒体融合发展之路。

不忘初心，方得始终。顺势而为，善作善成。

内容永远是根本。南方报业的融合发展探索，坚持内容为王，以内容优势赢得发展优势。在实践中，着力以政治高度牢抓主责主业、以专业深度提升内容品质、以民生温度彰显人文关怀、以融媒亮度创新表达呈现、以业务精度定位差异发展，不断健全传播体系、拓展宣传阵地，提升传播效能，实现"旧业还在，新业已成""此长彼长，此优彼优"，为党媒集团提升现代传播力、塑造主流舆论新格局作出了富有成效的探索。

## 第一节
# 突出党媒高度，牢抓主责主业奏响时代强音

随着新技术的更新迭代，互联网特别是移动互联网的迅猛发展，舆论生态、媒体格局、传播方式发生了深刻变化。

传统报业首当其冲，不少纸媒被迫停刊或转行，久负盛名的西方传统大报《华盛顿邮报》也因发行和营收严重下滑于2013年易主。微信、微博及今日头条等互联网企业客户端日益占领人们的阅读习惯，传统媒体结束黄金时代，被分流了多数用户。近年来，随着短视频快速兴起，抖音（TikTok）、小红书、微信视频号等移动互联网视频平台发展迅猛，对传统媒体形成新的冲击。

国家新闻出版署数据显示，2021年全国出版报纸1752种，总印数283.02亿份，分别较2010年下降9.6%和37.4%。中国互联网络信息中心统计，截至2023年6月，全国网络新闻用户规模达7.81亿人，占网民整体的72.4%。用户阅读习惯、获取新闻资讯的方式显著改变，“报业寒冬”“夕阳产业”之声甚嚣尘上，面对纸媒式微的严峻形势，党媒如何奋力突围？

近年来，国内部分媒体已取消出版纸质版，南方报业没有采取这样的激进改革措施，而是坚持“转型”不“转行”，恪守党媒职责使命，以内容建设为根本，坚持“纸”和“网”两大介质并存共生，推动传统媒体和新媒体加快从相加迈向相融，在媒体变革大潮中乘风破浪，坚定不移壮大主流思想舆论阵地。

特别是党的十八大以来，南方报业迅速落实中央精神，牢牢扭住传播力建设这个牛鼻子，加快建设高水平新型主流媒体。一方面树牢主责主业意

识，全面提升内容生产水平，以高质量内容供给打造主流媒体最核心的竞争力；一方面通过合理介质组成媒体融合生态，推动报网端深度融合发展，牵引带动传统媒体与新媒体此长彼长、此优彼优，形成“报、刊、网、端、微、屏”全媒体传播体系，走出了一条体现中央精神、具有广东特色、切合自身实际的融合转型之路，在新型主流媒体建设中奋力走在前列。

## 一、聚焦核心，确立主责主业共识

“本报是中国共产党中央华南分局的机关报；也是华南人民意志的传达者，除了中国人民和华南人民的利益之外，我们没有别的利益。”1949年10月23日，在新中国成立22天、广州解放9天后，中共中央华南分局机关报《南方日报》通过发刊词《新的中国，新的广东》对党和人民作出铿锵宣誓。

初心如磐，使命如炬。

人民立场是中国共产党的根本政治立场。党报是党的思想舆论阵地，肩负党和人民赋予的光荣使命，做大做强内容生产传播，是生存之依，更是肩负之责。党中央一直高度重视新闻舆论工作，习近平总书记强调：“坚持党的领导，坚持正确政治方向，坚持以人民为中心的工作导向，尊重新闻传播规律，创新方法手段，切实提高党的新闻舆论传播力、引导力、影响力、公信力。”75年来，无论媒体形态、传播方式如何变，南方报业始终牢记党媒姓党的政治定位，深耕优质内容，做好生产传播，当好党和人民的耳目喉舌，奋力唱响主流舆论的“南方声音”。

### 1. 矢志不渝，深耕主业内容为本

优质内容，意味着专业、深度，意味着不可替代的权威性和公信力，是《南方日报》自创刊以来代代相传的优良传统。从创立早期就写出《黄秀珍对群众疾苦漠不关心》等经得起历史考验的好文章，到后来通过对马贵公社事件的报道，打响农村经济政策宣传第一炮，再到改革开放后对“蛇口速

度”等深圳特区建设成就的报道，为经济特区建设提供有力舆论支持，南方报业通过内容优势赢得人心优势，进而取得竞争优势。

20世纪中后期到21世纪初，为满足读者多元化需求和适应市场竞争，《南方日报》持续探索党报走市场新路，秉持“龙生龙，凤生凤”的发展思路，相继培育出《南方农村报》《南方周末》《南方都市报》《21世纪经济报道》《南方人物周刊》《南都周刊》《南都娱乐》等差异化定位、各擅胜场的品牌报刊，并于1998年率先在全国省级党委机关报中成立报业集团。“龙”“凤”指的是优质品牌，其内核还是优质内容。

全媒体时代，越是众声喧哗，主流媒体越要坚守“内容为王”。北京师范大学传播创新与未来媒体实验平台主任喻国明认为，媒体行业属于内容行业，做内容是本。把内容作为社会“媒介化”的载体去激活关系、组织圈层，这是未来主流媒体的核心价值逻辑。

持续的优质内容供给，是南方报业的看家本领，不仅让自身在移动互联网时代具备了更强的转型能力，也有了“转型不转行”的发展底气。

党的十八大召开后，习近平总书记作出“加快传统媒体和新兴媒体融合发展”的重要部署，南方报业迅速学习贯彻，加快以主力军挺进主阵地，2013年确立“深耕主业、多元开拓、加快转型、融合发展”十六字方针战略，坚信无论传播格局怎么改变，权威、专业信息始终是社会刚需。“深耕主业”，就是强调履行政治使命、坚持内容为本。

“船大难掉头”，对于一个在传统赛道上已取得不错成绩的集团来说，改革创新更非易事。与许多同行一样，在融合转型之初，南方报业要面对传统思维固化、观念转变缓慢、机制流程不畅、写作方式陈旧、技术短板突出等许多待啃的硬骨头。

此后十来年，南方报业从思维观念、组织架构、生产方式、技术革新等方面打开局面，大力推动报网端改版改革和媒体深度融合，不断提升内容品质、打造优越平台。南方日报等纸媒以政治的高度、思想的深度、理论的厚度、人文的温度、文字的精度取胜，着力打造更具影响力的政经纸、深度纸、观点纸；同时，集中力量打造南方新闻网、南方+、N视频、粤学习客户端等自主可控新媒体平台，不断提升现代传播力，抢占舆论制高点。2023年下半年，按照广东省委部署，南方报业集中优势力量建设“两端一云”（南方+客户端、GDToday客户端、南方智媒云），以事关集团未来五到十年发展的头号工程力度，全力打造具有强大传播力、影响力的全省内宣外宣和技术支撑主平台，以带动全省媒体融合向纵深发展。

2023年7月12日，在中国新媒体大会内容创新论坛上，来自人民日报社、新华社等主流媒体的媒体人和业界专家学者聚焦内容建设，分享精品内容打造经验，“内容为本”，是大家历经十年融合转型路后的重要共识。

如今回望，南方报人在内容建设上的长期主义，让南方报业顺利跨越了那场传统媒体艰难求生的“寒冬”，迎来融合发展的暖春。党的十九届四中全会《中共中央关于坚持和完善中国特色社会主义制度、推进国家治理体系和治理能力现代化若干重大问题的决定》对全媒体传播体系提出“以内容建设为根本”的核心原则，进一步坚定了南方报业做好主责主业的信心和决心。

### 2. 高举旗帜，坚定拥护“两个确立”

毛泽东同志亲笔题写的报名，“高度决定影响力”的办报理念，《南方日报》的头版报头，时时刻刻昭示着“党媒姓党”的坚定立场，开宗明义彰显高举旗帜、引领导向的党报职责使命。

党的十八大以来，中国特色社会主义进入新时代，统一思想、凝聚力量成为宣传思想工作的中心环节，精心做好习近平新时代中国特色社会主义思想宣传，是党媒的首要政治责任，是坚定拥护“两个确立”、坚决做到“两个维护”的必然要求。

习近平新时代中国特色社会主义思想博大精深、内涵丰富，要把鲜活的思想讲鲜活，不能满足于流于表面浮于形式的“一招鲜”，唯有一招一式真功夫，招招式式入人心，方可实现宣传的无远弗届。

多年来，国内主流媒体在突出思想引领，多角度多层次展现习近平总书记的思想魅力上进行了许多有益尝试，令人印象深刻。比如，人民日报的权威解读、新华社的多语言报道、央视新闻的直播报道、光明日报的理论解读、浙江日报的落地报道等，这些各具特色的报道，满足了不同层次、不同需求的受众，受到各界广泛认可。

南方报业部署实施“头条工程”，在重大关键节点大胆创新，通过“海报式”编排、大型特刊、周年回访、特写报道等实招硬招，做到立体化呈现、精准化传播，突出习近平总书记的领袖风范、为民情怀和人格魅力，展示习近平新时代中国特色社会主义思想的真理力量、实践伟力。

用版面语言在关键时刻成就经典，是突出核心、拥护核心的重要一招。

重大政治会议、重要政治活动期间，在国内主流报纸头版编排还保留通稿、通图、对版、长题等传统做法的时候，南方报业在多轮改版探索的基础上，打破常规，创新性地造就了多个现象级、标杆型版面。《南方日报》《南方都市报》尤其擅长通过大标题、大图片、大留白的“海报式”编排，将政治性、新闻性与艺术性结合，突出习近平总书记的深邃思想和领袖形象。

2017年10月18日，党的十九大在京开幕，习近平总书记向大会作报告。在《南方日报》《南方都市报》头版、封面版等重要版面上，习近平总书记作报告的照片占1/2，打破常规，庄严夺目；将党的十九大报告提炼成“新时代”“新思想”“新征程”三个关键词，并在全国媒体中率先将“习近平”冠于“新时代中国特色社会主义思想”之前，有业内专家对比当天全国报纸版面后，评价“南方日报做得最有特色”。

2018年3月17日，在十三届全国人大一次会议上，习近平全票当选国家主席、中央军委主席，《南方日报》选取习近平总书记当选后挥手致意的镜头作为版面主图，再次成为全国党报两会报道中醒目大气的一道风景。

用鲜活故事说服人、打动人、感染人、影响人，是南方报业落实好首要政治任务的一项绝招。

南方日報
高度　决定　影响力
党的十九大在京开幕，习近平代表第十八届中央委员会向大会作题为
《决胜全面建成小康社会　夺取新时代中国特色社会主义伟大胜利》报告
中国特色社会主义进入新时代
新时代
中国特色社会主义进入了新时代
新思想
习近平新时代中国特色社会主义思想
新征程
开启全面建设社会主义现代化国家新征程

2017年，《南方日报》报道党的十九大封面版

南方日報
高度　决定　影响力
国家的掌舵者
人民的领路人
习近平全票当选国家主席中央军委主席

2018年，《南方日报》报道习近平全票当选国家主席、中央军委主席封面版

广东是中国改革开放的排头兵、先行地、实验区，习近平总书记对广东工作高度重视。党的十八大以来，习近平总书记多次对做好广东工作作出重要指示，赋予广东重大机遇、重大平台、重大使命。生动呈现广东牢记习近平总书记嘱托、深入贯彻落实的具体行动成效，是党媒的责任担当。

2015年12月3日，在2012年习近平总书记考察广东三周年的关键节点，《南方周末》推出对在任最高领导人的特写式报道《习近平改革这三年》，大国领袖的担当作为与人格风范跃然纸上，引发当日国内互联网上的现象级“刷屏”，新华社将此作为新闻事件进行报道。

《南方》杂志系列纪录片《江望》用镜头记录下“寻找练江源”“住在练江边”等鲜活的人物和故事，把“绿水青山就是金山银山”的道理作为叙事的精神内核，展现得淋漓尽致。《南方都市报》的“十年信笺情——回访收到总书记回信的新时代奋斗者”专题，通过报道在穗台湾青年苏一舫等8位曾收到习近平总书记回信的受访者铭记总书记关怀厚爱，踔厉奋发、笃行不怠的故事，生动阐释习近平总书记以人民为中心的发展思想，获得热烈反响。

2021年10月，《南方日报》、南方+《铭记总书记山高水长的关怀厚爱》12个版特别报道以及多款新媒体创意产品，站在全局的高度，准确把握2018年习近平总书记视察广东三周年和2020年习近平总书记视察广东一周年的交汇点，精选上接“天线”下接“地气”的案例故事，将党的十九大后习近平总书记两次视察以来广东各领域全方面的贯彻落实成效贯通起来宣传，时间跨度大，报道视野宽，产品种类多，全网流量很快突破670万。

用大型特刊将宣传效果最大化，是南方报业履行职责使命、凸显核心意识的又一实招。

2021年，为庆祝中国共产党成立100周年，《南方日报》推出百版特刊《恰是百年风华》，并在南方+同步推出典藏版特辑，充分运用万字宏论、高端访谈、手绘长卷、地方案例等，全面立体展现广东在党的领导下波澜壮阔的百年征程和辉煌变化，特别是在新时代取得的历史性成就、发生的历史性变革。《南方》杂志双百版特刊《百年奋斗恰风华》《伟大复兴启新程》和《南方都市报》的大型特刊也在业界学界和广大读者间赢得交口称赞，形成强大社会舆论声势。

在广东省第十三次党代会召开之际，《南方日报》再次浓墨重彩推出《牢记嘱托　感恩奋进——广东这五年》大型特别报道，全景式呈现全省上下坚定拥护“两个确立”、坚决做到“两个维护”，在习近平新时代中国特色社会主义思想指引下的五年奋进历程。特别报道装订成册，送到会场参会党代表手中，获得代表们积极评价，省委领导高度肯定。

推动习近平总书记报道和习近平新时代中国特色社会主义思想宣传走深走实，不但要从纸间搬到指尖，更要从媒体笔尖自然流淌到群众心间。南方

A06-07 要闻

铭记总书记山高水长的关怀厚爱

感恩奋进

沿着总书记的足迹　看南粤大地的变化

2018年10月22日—25日

习近平总书记视察广东并亲自宣布港珠澳大桥正式开通

2020年10月12日—14日

习近平总书记出席深圳经济特区建立40周年庆祝大会并视察广东



2021年，《南方日报》特别报道《铭记总书记山高水长的关怀厚爱》版面

报业不断提高政治站位，强化核心意识，用心用情、扎扎实实做好宣传报道，推动习近平总书记系列重要思想入脑入心。

## 二、思想引领，建强主流舆论阵地

党媒是舆论场的中流砥柱，承担着凝聚共识、汇聚力量、引导舆论的重任，在一定程度上影响着政府决策、群众情绪和社会舆论。在“人人都有麦克风”的网络时代提高舆论引导的思想含量、理论底蕴，提升理论传播的到达率、拓宽覆盖面，真正实现对社会舆论的有力引导仍是主流媒体长期的使命任务。如何更好更有效地实现思想引领作用，也是一代代南方报人精心思考的重要命题。

近年来，南方报业坚持在探索中实践，在实践中完善，开创了一条具有南方特色的融媒之路。一方面“刀刃向内”，不断改革南方日报、南方杂志社、南方农村报、南方周末（简称“南周”）、南方都市报（简称“南都”）等传统纸媒，巩固传统阵地内容优势，强化党报党刊压舱定调、引领舆论、决策参谋作用；另一方面“造船出海”，集中资源打造南方新闻网、南方+客户端、N视频、粤学习客户端、GDToday客户端等新媒体阵地，形成立体化的全媒体传播体系，通过生产传播更多内容深、形式活的融媒佳作，使厚重理论得以鲜活传播，推动党的声音传得更开、更广、更深入。

### 1. 做强评论，从思想张力引领舆论

文者，贯道之器也。评论是党媒的旗帜和灵魂，是舆论引导中的关键力量。特别是在网络信息化大潮中，独家报道日益成为稀缺品，独家观点、独到视角日益成为主流媒体先声夺人、争取受众、引领舆论的实力体现。

南方报业一直高度重视评论工作，《南方日报》是全国最早开设评论版的党报之一。在2016年，广东省委十一届六次全会首次将“打造南方评论高地”写入全会报告，正体现了省委对南方评论的高度重视和认可。

每逢大事，必有南方评论。多年以来，《南方日报》顺应潮流、大胆创新、重点突破，经过不断实践创新，已形成“缘事而发、寓理于事、高屋建瓴、目光四射、行云流水、倚马可待”的南方评论新格局，构建起包含“南方宏论”“南方时论”“南方观察”等栏目的全媒体多元评论矩阵。其中，“南方宏论”突出思想高度、理论深度、文字厚度，是南方评论的重点产品，可谓全省舆论场上的风向标，是省委机关报在关键节点、大事要事发出的引领舆论最强音。

比如2021年6月23日，在建党百年来临之际，《南方日报》刊发重磅宏论《砥柱人间是此峰——写在中国共产党成立100周年之际》，全文长达1.2万字，礼赞百年风华，高唱时代“岳音”，在各方读者中引起广泛好评。有网友在南方+推文下留言道：“我辈身逢盛世，更当昂首挺胸，阔步向前。让先人见证，他们于废土重建的伟大国度，没有让他们失望。”该宏论文章

特01
南方日报
庆祝中国共产党成立100周年
The 100th Anniversary of the Founding of The Communist Party of China
恰是百年风华
南方宏论
砥柱人间是此峰
——写在中国共产党成立100周年之际
(一)

特02
南方宏论
砥柱人间是此峰
——写在中国共产党成立100周年之际

2021年，《南方日报》特刊《恰是百年风华》刊发宏论《砥柱人间是此峰——写在中国共产党成立100周年之际》

不仅在举国瞩目的日子里擦亮了“南方评论高地”的金话筒招牌，也收获了第三十二届中国新闻奖评论一等奖。

一花独放不是春，百花齐放春满园。在做优做强南方评论高地的同时，南方报业充分利用自身资源优势，整合南方日报理论评论部、南方杂志社、南方新闻网、南方农村报、南方+的理论评论队伍，建设南方理论阵地，既放眼大局大势，也展现广东探索实践，构建起集团大理论传播格局，形成理论传播“燎原”之势，推动党的理论、路线、方针、政策深入人心。

时间是忠诚的见证者。正是南方报业数年来初心如一的探索实践，不断以思想深度凝聚奋进力量，以优质内容展现时代脉络，让正能量的“南方声音”愈发嘹亮。南方日报围绕习近平文化思想等重大理论主题及时进行宣传阐释，踩准时间节点浓墨重彩推出多个跨版整版，多篇理论文章被广泛转发推荐；南方杂志社组建核心理论专家队伍，于2015年6月起推出理论季刊，上千篇体现思想深度、民生温度的理论文章成为南方理论阵地的重要支撑和招牌之作，《知史砺初心 阔步新征程》等评论员文章获得《求是》杂志转载。

### 2. 多元呈现，以新形式讲活新思想

新思想的宣传要有数量，更要有质量，还要争流量。如何创新理论传播手段和话语方式，把鲜活的思想讲鲜活，把高品质的内容转换成新鲜热辣的融媒产品送到老百姓手中，是新型主流媒体发挥导向引领作用的重要检验。

为适应手机阅读特点和移动用户习惯，近年来，南方报业各媒体积极创新话语表达与呈现方式，多用“短、精、准”的“网言网语”“微言微语”表达以及“新、实、趣”的“文字评论+有声读物+集纳型H5”等多元形式呈现，让高深的理论要义以精练的文字、生动的视觉广泛传播、触达用户。如南方+经过不断升级改造，置顶“学习导读”等多个重点专栏，及时梳理更新习近平总书记重要论述、重要讲话的金句、学习体悟，粤学习客户端首页重点打造“学习日历”网上理论传播栏目，充分展示传播习近平新时代中国特色社会主义思想。

工欲善其事，必先利其器。如何用新手段更好地传播新思想、阐释新理论，使党的创新理论真正“飞入寻常百姓家”，南方报业各媒体在融合实践中找到了符合自身定位和发展的答案。如粤学习客户端在省委宣传部、省委网信办指导下推出的核心板块“粤学习”，全面集纳中央和广东主要媒体关于习近平新时代中国特色社会主义思想的各类新闻报道和理论阐释文章，为广大网友提供了全方位、交互式、应用型的网上理论学习微平台。其中的“学习文库”是全国首个学习习近平新时代中国特色社会主义思想的移动应用数据库，共建成六大思想文库，设置6项便捷学习功能，形成了一套行之有效的理论宣传方法。截至2024年9月，文库拥有120万实名注册用户，总浏览量超过3.7亿人次，成为2023年全省学习贯彻习近平新时代中国特色社会主义思想主题教育的特色应用，相关产品两次获中宣部肯定，相关经验获中国政研会推广。

运用漫画、音视频等手段使理论评论的呈现更为可视化、立体化，增强感染力、可读性，是近年融媒传播的新趋势。南方报业充分发挥评论高地、理论阵地的内容优势，打造一批网评品牌栏目。如南方+“叮咚视评”“叮咚快评”“叮咚漫评”以更生动接地气的视听交融形式，发出主流声音、解读时政热点。《南方》杂志作为党刊，近年来加快融媒步伐，承担起南方+“观点”频道的建设和运营工作，开设“杨阿洋快评”“政谭快评”等新媒体栏目，像“党的组织生活制度”动漫学堂、“打卡思政课”系列视频、“七一讲话”口袋书等均成为基层喜闻乐见的融媒产品，更好地服务网民，引导舆论。

开展党内集中教育是党加强自身建设、推进自我革命的一大法宝，也是对党媒理论宣传能力的重要检验。近年来，南方报业聚焦党史学习教育、学习贯彻习近平新时代中国特色社会主义思想主题教育、党纪学习教育，策划推出一批批创意新颖的融媒报道，将宏大主题嵌入见人见事的生动故事中，真切反映学思践悟的热烈场景、用理论推动工作的鲜活实践，推动党内集中教育走心、走深、走实。如《南方日报》、南方+的“三题教育蹲点记”、“那年春天花正开”、“红色领读者”、“党纪学习教育”学习手册，《南方都市报》、N视频的“正青春”、《新时代旋律》等系列报道、融媒产品，一经推出便受到社会各界高度关注，取得很好的宣传实效。

## 三、服务大局，唱响广东奋进之曲

勇立潮头敢争先，风起扬帆启新程。75年间，广东从一个相对落后的农业省份，到持续35年经济总量位居全国第一的经济强省，发生了翻天覆地的巨变。党的十八大以来，习近平总书记5次亲临广东，为广东把舵定向、指路领航。广东牢记嘱托、感恩奋进，各项事业勃发新气象、取得新成就。

围绕中心、服务大局，是党的新闻舆论工作的职责和使命。以中国式现代化全面推进强国建设、民族复兴伟业，是新时代新征程党和国家的中心任务，是事关国家、民族前途命运的大局。当前，广东正锚定习近平总书记赋予的使命任务，奋力在推进中国式现代化建设中走在前列。做好新闻舆论事业，只有紧密围绕中心工作，胸怀大局、把握大势、着眼大事，才能找准工作切入点和着力点。

南方报业一路成长壮大，见证并记录着广东波澜壮阔的改革发展历程。用媒体力量为广东改革发展凝心聚力、吹氧助燃，特别是书写好奋进新征程、建功新时代的广东篇章，展现好广东走在前列的蓬勃气象，省委机关报所在的党媒集团责无旁贷、重任在肩。南方报业始终围绕中心、服务大局，守正创新、主动作为，摸索出具有南方特色的宣传“打法”，有力唱响广东奋进之曲。

### 1. 建立专项机制，全心全意服务中心工作

作为党的声音的传播者、舆论引导者，做好党委政府重大会议和重大决策部署的报道，是党报集团的政治责任。在移动互联网这个主阵地传播主流思想舆论，不仅要比质量，还要比速度，如何第一时间准确传递党委政府声音，统一思想、凝聚共识，是党媒建设新型主流媒体的一道重要考题。

基于长期的探索和实践，南方报业搭建服务保障省委中心工作专项机制，由社长、总编辑直接指挥领导，相关分管领导指导统筹，形成省委主要领导报道专班支撑、专项服务的常态化工作团队。在此机制牵引下，关于省委贯彻落实习近平总书记重要讲话、重要指示精神的最新部署和实际行动的系列重大报道，不仅在《南方日报》这个阵地上可见，更能通过南方+客户端的编审校发全流程绿色通道处理机制，实现优先发稿、首发首弹。2023年农历新春开工首日，广东召开“新春第一会”——全省高质量发展大会，南方+第一时间刊发省委主要领导动员讲话，刊播当天端内点击量就超80万，全网阅读量超千万，《南方日报》同时配发《岭南处处是春天》《苦干实干开新局　踔厉奋发立潮头》等宏论和综述，有力吹响了广东高质量发展的冲锋号，引发海内外广泛关注，体现了高质量，也带来了大流量，迅速将省委对高质量发展的击鼓催征传遍广东大地。

广东背山面海，是洪涝和台风灾害多发地区。2023年8月底至9月上旬，广东接连遭遇台风“苏拉”“海葵”袭击，创下广东历史上9月最强降雨纪录。地处梅江、汀江干流、梅潭河三江汇流下游，曾多次饱受洪涝之苦的全省防洪重点镇——梅州大埔高陂镇，在省委、省政府高度重视、科学决策下，全面动员、全方位防御，安全平稳度过洪峰。一镇之防可观全局，从省委有关会议获悉这一振奋人心的信息，南方日报迅速反应，多部门紧密协同，分赴防风抗洪全链条、各环节深入采访，推出特稿《高陂抗击台风攻坚战：惊心动魄的五天五夜》，细致还原干部群众众志成城防风抗洪的动人细节，生动展示广东坚持人民至上、全力保障人民群众安全和社会稳定的忠诚担当。在此轮防风即将胜利的时刻，用重磅报道镇版刷屏，响亮发声，极大鼓舞了全省上下奋力抗灾、重建美好家园的信心决心。

可以说，专项机制为南方报业打赢打好一系列重大专项宣传战役，进一步树立良好形象、打响过硬品牌，提供了重要保障。

### 2. 大场景大写意，同心同向奏响奋进曲

在我国改革开放中得风气之先、在全国大局中具有举足轻重地位的广东，受益于习近平总书记系列战略性谋划，坚定不移贯彻新发展理念、构建新发展格局、推动高质量发展。通过大型系列报道、头版综述等高规格高品质的宣传，以厚重笔墨、宏大叙事全景式反映全省上下贯彻落实的担当作为、积极行动，营造勠力同心、昂扬奋进的舆论氛围，是南方报业作为省委机关报所在党媒集团的优势所在。

推进粤港澳大湾区建设，是习近平总书记亲自谋划、亲自部署、亲自推动的重大国家战略。习近平总书记多次作出重要指示，为大湾区建设领航掌舵、把脉定向。南方报业数年如一日深耕湾区，紧盯重大题材、重要节点、重点领域，策划推出重点通讯、世界级湾区深调研、微纪录片、特刊、音视频等大量内容产品，努力打造粤港澳大湾区权威信息中枢，以高频高质的融媒报道，全面呈现粤港澳大湾区的发展活力和潜力。

在改革开放40周年、粤港澳大湾区建设全面推进的关键节点，习近平总书记亲临广东视察指导并发表重要讲话，亲自宣布港珠澳大桥正式开通。重要节点是宣传的重要契机。南方报业迅速行动、精心谋划，《南方日报》第一时间分别推出1份19个版全国两会大型系列报道、2份16个版港珠澳大桥开通和习近平总书记视察广东主题的全媒体特别报道，《南方都市报》也推出共32个版的2份特别报道，浓墨重彩、声势夺人，南方+客户端、南都App等则同步上线集纳式合集、典藏版电子特辑，南方新闻网上线大型网络专题，并辅以大量“出圈”创意产品，充分反映习近平总书记的殷殷嘱托和亲切关怀，积极宣传广东机遇、广东部署、广东作为，达到气势磅礴、铺天盖地、振奋精神的宣传效果。

2019年7月5日，在《深化粤港澳合作　推进大湾区建设框架协议》签署两周年，以及广东正式发布《关于贯彻落实〈粤港澳大湾区发展规划纲要〉

南方都市报

习近平参加广东代表团审议时强调

广东要以新的更大作为实现四个走在全国前列

习近平指出，广东是改革开放的排头兵、先行地、实验区，在我国改革开放和社会主义现代化建设大局中具有十分重要的地位和作用。

习近平充分肯定党的十八大以来广东工作，要求广东的同志们进一步解放思想、改革创新，真抓实干、奋发进取，以新的更大作为开创广东工作新局面，在构建推动经济高质量发展体制机制、建设现代化经济体系、形成全面开放新格局、营造共建共治共享社会治理格局上走在全国前列。

全国两会报道详见A02-11版

2018年，《南方都市报》、南方新闻网全国两会专题报道

的实施意见》之际，南方日报头版推出重点通讯《奋进大湾区　乘风破浪时》，从立足新时代的高度、对标世界级的广度、连接国家级的深度、彰显第一线的角度，对大湾区建设进入全面实施、加速推进新阶段的全方位盘点，既宣传好国家战略，又反映基层呼声，发挥舆论引领作用，获中国新闻奖“文字通讯与深度报道”一等奖。

广东不仅要做经济强省，也要努力塑造与经济实力相匹配的文化优势。省委、省政府高度重视文化强省建设工作，2022年初，扎实推进文化强省建设大会在广州召开，对新发展阶段的广东文化强省建设提出了方向和目标。围绕这场大会，《南方日报》除了通过32版特刊，集中梳理呈现党的十八大以来广东推动精神文明建设、文化产业高质量发展等方面的进展成效，还通过金字招牌“南方宏论”《努力建设更高水平的文化强省》，高站位阐述岭南历史文脉发展和广东文化建设成就，引起热烈反响。2024年5月，第二十届文博会和2024文化强国建设高峰论坛在深圳开幕，南方报业不仅首次以独立特装的形式参展亮相，还组织旗下6家媒体共137名记者奔赴现场采访报道，既推出厚重大气的文化特刊、全面深入的观察综述，也有丰富多样的融媒产品，立体呈现中华文化的独特魅力和广东文化的蓬勃生机。

### 3. 接地气聚人气，生动生趣展现新作为

宣传报道最忌高高在上、自说自话，主题宣传亦是如此。好的主题宣传报道要既能阐释好党的方针政策，又能在广大读者中引发共鸣。南方报业坚持中央精神与基层实践相结合，坚持成效展示和群众感受相结合，从小切口入手，贴近生活，挖掘基层奋斗故事，立体展现中国式现代化建设的广东实践、广东作为。

脱贫攻坚是党中央、国务院作出的重大决策部署，是全面建成小康社会、实现第一个百年奋斗目标的标志性工程和底线任务。党的十八大以来，南方报业紧扣重要节点、深入践行“四力”、创新融媒生产，全力讲好脱贫攻坚的广东故事。至2021年我国宣告全面建成小康社会，报网端共刊发脱贫

攻坚相关稿件超4万篇。“全方位发力　高质量脱贫”、“决战决胜脱贫攻坚”、“广东乡村舌尖脱贫故事”、“山海协作　共奔小康”、《伟大战役的广东篇章——我省全面打赢脱贫攻坚战述评》等重点策划、系列报道，以一个个鲜活的脱贫案例切入，点面结合带领读者感悟众志成城脱贫攻坚的磅礴力量，全面反映广东奔赴小康波澜壮阔的历程。

2020年是全面打赢脱贫攻坚战的收官之年。当年4月起，南方日报推出“百名记者百村蹲点”系列报道。百名记者历时数月，深入广东具有代表性、典型性的相对贫困村蹲点调研采访，所到的村庄上至高山，下至河谷，远及海边渔村、海岛村落。记者通过上门入户与村民、干部交谈，跟随其生产劳动，体味其日常生活，零距离记录还原脱贫历程与发展变化。这组报道在《南方日报》重要版面、南方+首页显著位置持续推出，引发广泛关注，获得时任省委、省政府领导的批示肯定。当年6月30日，第十个广东扶贫济困日之际，《南方日报》策划推出56个版的《脱贫攻坚　广东担当》特别报道，系统梳理广东脱贫攻坚的成效和经验，浓墨重彩呈现决战决胜脱贫攻坚的广东智慧、广东作为。

新冠疫情结束后，我国经济稳步发展，党中央多次强调以强信心为重点加强正面宣传。主流媒体不仅要把握发展大势，也要深挖一线奋斗“小事”，加强经济宣传与舆论引导，唱响中国经济光明论。

南方报业不仅从宏观上洞察时势，深入宣传阐释习近平经济思想和党的经济工作大政方针政策，也善于从微观切入做细做小文章，讲好经济发展故事。比如，2022年，南方日报策划推出《广东经济24小时：昼夜流转　活力不息》等“时光经济”系列报道，聚焦生产生活一线故事和场景，以时间轴串联起上百个鲜活故事，用细腻的文本、生动的画面直抵人心、激发共鸣，有力稳定社会预期、提振发展信心。2024年，南方都市报、N视频策划推出“寻找广东经济活力面孔”专题报道，通过讲述在海外社交平台和全球知名媒体报道中现身的广东凡人故事，生动展现广东经济发展澎湃动能，传递发展信心，在海内外取得不错的传播效果。

“百县千镇万村高质量发展工程”（简称“百千万工程”）是广东推动高质量发展的“头号工程”，为了将这样的严肃题材做活做有趣，让实践成效在群众中更加可感可及，南方日报、南方+选取东北“鹅教授”、乡村“焕颜师”等典型基层“身边人”，采用时下流行的综艺轻快风格，沉浸式记录他们投身“百千万工程”的“整活”小故事，生动展现“头号工程”由施工图转为实景画的过程，年轻态、接地气，相关视频上线后即引发广泛关注和热烈讨论。

无论是大场景、大写意叙事，还是从百姓感受、基层实践入手讲好广东改革发展故事，都是推动主流思想舆论站稳人民立场、凝聚奋进力量的重要手段。新时代新征程，南方报业牢固树立大局意识，坚守在广东现代化建设的热土上，为时代高歌，为人民抒写。

# 第二节
# 挖掘内容深度，秉持专业精神引领主流舆论

《新的中国，新的广东》《历史的定位：从“小三角”到“大三角”——珠江三角洲经济区走笔之一》《非典型肺炎病原是衣原体？》……《南方日报》创刊75年以来的一篇篇经典报道，既是广东壮阔发展历程的生动注脚，也是一代代南方报人秉持专业精神，对客观真实、科学认知孜孜求索的有力写照，是“高度决定影响力”办报理念下一次次挺膺担当的躬身践行。

当前，媒体融合进入深水区，舆论生态、媒体格局、传播方式等持续发生着深刻变化，但无论传播方式怎样变化，内容生产始终是媒体生存发展的根本。信息加速爆炸时代，海量信息“泥沙俱下”，优质内容更显稀缺，主流媒体价值更为凸显。如何打造优质内容、赢得发展优势？南方报业全面提升内容生产水平，深入推进立足高质量发展的内容变革：南方日报、南方杂志社、南方农村报、南方周末、南方都市报等传统纸媒，秉持新闻专业精神，把新闻纸变成“政经纸”“深度纸”“观点纸”，进一步强化公信力、引导力；南方新闻网、南方+等自主可控新媒体平台，在抢抓第一落点的同时，以专业和贴近性的观察解读，以权威且具说服力和感染力的报道，努力抢占舆论制高点。

## 一、让主题宣传走深、走实、走心

习近平总书记指出：“在信息生产领域，也要进行供给侧结构性改革，通过理念、内容、形式、方法、手段等创新，使正面宣传质量和水平有一个

明显提高。”

主题宣传是正面宣传的重要组成部分，也是主流媒体的重要任务。如何有效地推动主题宣传走深走实，更好地触达目标用户，是包括南方报业在内的所有媒体不得不思考和探索的问题。

### 1. 持续增加深度报道供给，让主题宣传更“厚实”

近年来，新技术的崛起与媒体格局的嬗变让传播环境日趋复杂，人人都有麦克风，个个都是自媒体，一个热点新闻刚刚发生，便有无数的解读与网评，看似热闹非凡，但又经常经不起推敲，而那些保持理性、深入核心的深度报道则相对稀缺。在这个环境下，党媒更须强化自身专业能力优势，加大以深度报道为主的优质内容供给，为受众提供新闻事实与权威解读，从而在复杂的舆论环境中发挥更强的传播引导作用，彰显主流媒体的价值。

正是基于此，《南方日报》持续增加深度报道供给，新世纪以来先后进行了十余次改版改革，进一步夯实“政经纸”“观点纸”“深度纸”定位。2023年6月，《南方日报》新一轮改版改革启动。这次改版改革以升级改造周刊为发力点，加大以原创深度报道为主的优质内容供给：新设《政经观察》《周观天下》两个周刊，将《深周刊》升级为《深读周刊》，与原有的《文化周刊》《理论周刊》《产业周刊》《视界周刊》形成精品化、杂志化的七大周刊系列。

升级后的七大周刊紧紧围绕主题主线，秉持新闻专业精神，精准有效开展主题宣传，持续为报端输出高质量的原创深度报道。

当前，我国发展进入新阶段，改革进入攻坚期和深水区。发展新质生产力是推动高质量发展的内在要求和重要着力点，必须继续做好创新这篇大文章，推动新质生产力加快发展。《政经观察》向“新”而行，在2024全国两会前夕开设“寻‘新’记”专栏，结合广东省委“1310”具体部署推出报道，对广东如何加快发展新质生产力进行深度观察。同时，依托南方+客户端，制作推出H5交互产品《广东21地市如何因地制宜发展新质生产力？一张地图看懂→》，集纳21地市优势赛道、部署举措等，为读者提供信息增量，让报道的触角延伸得更广更远。

广东省委十三届三次全会作出“锚定一个目标，激活三大动力，奋力实现十大新突破”的“1310”具体部署，敲定了推进中国式现代化广东实践的施工图、任务书。“1310”具体部署成为近一年多来政经报道的高频词。围绕高质量发展、制造业当家、“百千万工程”、粤港澳大湾区建设等主题，《政经观察》“1310”系列观察推出《“1310”大棋局如何落子？》《推进“头号工程”，21地市如何实现新突破？》等多篇报道，对广东各地措施进行归纳提炼，让读者明晓决策中的考量，辨识政策中的深意。

2023年10月召开的全国宣传思想文化工作会议，首次提出习近平文化思想。做好习近平文化思想的宣传报道是主流媒体的重要任务。如何增强主题报道的落地性和可读性？《深读周刊》推出“双城名家共话文化传承”全媒体报道。3篇报道沿着习近平总书记足迹的地理坐标，分别以“当粤剧《白蛇传·情》遇上越剧《新龙门客栈》”“当潮州古城遇上福州三坊七巷”“当侨批文化遇上嘉庚精神”为对话主题切入，透过对“广州—杭州、潮州—福州、汕头—厦门”3组城市文化创新传承的观察，发掘习近平文化思想在当地生根开花的经验和成果。

### 2. 深入基层践行“四力”，讲好新时代中国故事

调查研究不仅是我们党的传家宝，也是新闻工作的生命线。习近平总书记指出：“宣传思想干部要不断掌握新知识、熟悉新领域、开拓新视野，增强本领能力，加强调查研究，不断增强脚力、眼力、脑力、笔力，努力打造一支政治过硬、本领高强、求实创新、能打胜仗的宣传思想工作队伍。”“四力”对新闻媒体提出了要求，也为新闻工作者的能力提升指明了路径。

近年来，南方报业大兴调查研究之风，大批记者扎根基层、深入生产生活一线，以实际行动践行“四力”，挖掘出一批“沾泥土”“带露珠”“冒热气”的好故事。

推进粤港澳大湾区建设，是我国面向未来国际合作与竞争的战略性举措。早在2017年初，南方日报便敏锐地意识到，“粤港澳大湾区”将成为年度热词，提前启动对大湾区的调查研究工作。

彼时，广东正按照中央有关部署，携手港澳全力打造国际一流湾区和世界级城市群。但在规划建设的过程中，有些具有方向性、关乎未来改革发展的重大课题，却始终没有找到答案：什么样的湾区称得上世界级？湾区发展过程中需要解决哪些挑战？粤港澳大湾区的崛起，能否为世界经济提供新的增长极和动力源？

带着上述问题，2017年8月起，南方日报派出三组共六名骨干记者，分赴纽约、旧金山、东京三大世界级湾区开展深入调研。整个实地走访历时40天，行程53 754公里，采访当地政府官员、代表性企业和专家学者近50名，收集了大量宝贵的一手研究报告和资料并进行深入研究，最终形成了5个“1”的产品序列——一份调研报告、一份内参、一组报纸深度报道、一组全媒体产品和一组专报，总字数规模超过10万字。

全面推行河长制，是以习近平同志为核心的党中央部署的一项重要改革任务，是落实绿色发展理念、推进生态文明建设的内在要求。2018年，广东开展全面攻坚练江等9个劣Ⅴ类国考断面行动，省委、省政府主要领导分别挂点督办污染最严重的茅洲河、练江整治。围绕这一重点工作，南方日报、南方新闻网、南方+客户端于当年6月启动“练江驻河深调研”，数十名记者分批对练江治理进行了持续180天的驻点走访调研，并最终连续三周先后推出《练江驻河日记》互动H5、“练江治理的河长制启示”系列述评、“练江驻河日记”全集连载等融媒体产品，展现练江治理的理念、机制、行动之变，在社会各界引起了广泛反响。

2023年6月25日至7月21日，南方+客户端紧紧围绕广东省委“1310”具体部署，组织近百名采编人员深入广东21个地级以上市，经过连月调查研究，依托实地采访、人物对话、文献研究等方式，精心策划、精致打磨，推出系列融媒体报道“21城·21问——广东城市微调研报告”。报道推出后在网上网下引发热烈反响，截至当年7月22日全网点击量超1.5亿，取得了“正能量+高质量+大流量”的良好效果。

讲好广东高质量发展故事，首先要讲好“百千万工程”故事。2023年2月起，南方日报、南方+客户端聚焦县级党委“一把手”，推出了“县委书记打擂台”全媒体报道。视频节目邀请各县（市、区）委书记公开亮目标、谈举措、挖潜力，同时还推出通讯、评论、海报、H5等融媒作品，让严肃的主旋律报道变得“好看”“接地气”“立体可感”。整个报道过程中，报端各部门充分联动、总部和分社各站同频共振，多部门超百名记者深入14个地市24个县（市、区）采访拍摄。最终，该组节目传播实现破壁出圈，在南方+客户端的阅读量超过1000万人次，全网阅读量超过6000万人次，广东省政府官网开设专题，每期全文转载，推动党媒移动端下沉，奏响广东县域振兴主流强音。2024年，在“县委书记打擂台”的基础上，“百千万工程”报道继续向纵深推进、向镇域下沉，“镇委书记打擂台”全媒体报道也顺利推出。

围绕“百千万工程”，2023年《南方都市报》推出系列深度报道“广东小镇的海外生意”，走进广东信宜“竹器之乡”、罗定“蒸笼小镇”等7个独辟蹊径在世界各地拼抢商机的广东小镇，讲述广东人因地制宜、敢闯敢拼，深耕本土、走向全球的故事，充分展示广东在高质量发展上走在前列、积极探索中国式现代化广东路径的生动实践和精神面貌。

### 3. 以小切口展现大主题，用小故事折射大时代

在进行主题宣传报道时，如何既能围绕党的方针政策，体现政治性，又能快速精准地捕捉受众群体，让新闻作品在广大读者中引发共鸣？中国社会科学院大学新闻传播学院副院长、教授黄楚新认为，省级媒体上承国家级媒体，下接市县级融媒体，与省委、省政府联系紧密，具有独家优势，如果吃透地方最新政策、措施，用群众爱看的方式进行充分解读，就一定能把政策内容传播得更好。从小切口入手，在讲好新闻故事上下功夫，往往更容易找到“主旋律”和“烟火气”之间的平衡点。

全过程人民民主是我们党坚持以人民为中心、坚持从实际出发，带领人民在中国式现代化实践中探索开创的、真正适合中国国情的民主形式，它体现在国家政治生活和社会生活的方方面面。

2024年，是党中央提出建立基层立法联系点制度10周年。经过十年的接续奋斗，基层立法联系点已成为新时代发展全过程人民民主的标志性话语，成为健全人大民主民意表达平台和载体的标志性举措。2024年全国两会期间，《南方周末》头版推出深度报道《“全过程人民民主”走到家门口：基层立法联系点里的那些细节》，通过深入采访上海、柳州、江门等多地的基层立法联系点，从细节处着手，挖掘鲜活故事，进行审慎思考，全面总结“健全向下级人大征询立法意见机制，建立基层立法联系点制度”的十年实践。稿件刊发后引发强烈反响，获得全国人大常委会法工委、省人大常委会、省委宣传部等部门的点赞好评。报道还被中国人大网、《新华文摘》等权威平台全文转载，英文版稿件被50余家海外媒体采用，触达超1亿海外受众。

2023年，南方网、粤学习客户端在全国两会前夕策划推出“中国式民主的广东实践”中英文系列短视频报道，生动讲述珠海、江门、中山、河源等地各级人大代表的基层履职故事，真实反映全过程人民民主的具体实践。报道以小见大、用心用情，为全国两会的召开营造了良好的舆论氛围，获得中宣部表扬。

当前，全球经济形势仍然复杂严峻。作为经济第一大省，广东锚定高质量发展首要任务，坚定扛起经济大省真正挑大梁的政治责任。在其中，不仅有大手笔、大项目，还有无数的小行业、小生意。2024年初，《南方都市报》、N视频推出“广东强新记·2024经济观察系列报道”，记者深入走访电商直播、智能制造、预制菜等特色产业，以记者手记的形式生动评述行业蓬勃发展的现状，展示企业迎难而上、奋勇拼搏的精神，有力响应了“强信心”的主题宣传。南都大数据研究院结合广东数字经济发展特点，推出“韧性小生意”系列报道，以鲜活、生动的成长故事，反映众多商家紧抓数字商机努力向前的信心与期盼。

## 二、让民生报道更有温度、深度、力度

当前我国改革开放走深走实，利益关系、社会矛盾愈加复杂。作为党和政府与社情民意沟通交流的窗口，我们必须走好全媒体时代群众路线，坚持以人民为中心的工作导向，坚持贴近群众服务群众，创新实践党的群众路线，大兴“开门办报”之风，生产群众更喜爱的内容，构建群众离不开的渠道。

中国人民大学新闻学院教授、中国记协新媒体委员会顾问宋建武指出，“服务群众”功能的提出，是马克思主义新闻观在全媒体时代的重要发展，而党媒能够更加深入和全面地体会和理解到人民群众的利益诉求，了解人民群众的呼声，更加实事求是，避免“闭门造车”，防止新闻媒体工作中的官僚主义和形式主义，更好地践行群众路线。

为走好全媒体时代群众路线，南方报业深入基层，深化“走转改”，将居高临下的叙事转变为贴近百姓、更具人文关怀的叙事，以一线视野、民生温度展现凡人微光、人间大爱、基层奋斗，讴歌世间真善美，激发受众情感共鸣，体现以人民为中心的党媒情怀。

### 1. 为奋进者扬帆，让榜样的力量直击人心

历史是由一个个具体的人构成并且书写的。时代的洪流中，大国的发展征程与个人的奋斗足迹交相融汇，一段段平凡而伟大的人民故事，喷发出向上向善的正能量，为砥砺奋进的中国汇聚起强大的精神力量。作为党媒，南方报业必须扛起为平凡人“立传”、为奋进者扬帆的时代责任。

2019年10月，“共和国勋章”获得者、中国核潜艇总设计师、中国工程院院士黄旭华作为读者代表，专程从武汉赶来广州参加《南方日报》创刊70周年座谈会。记者紧紧抓住这个“家门口”采访95岁高龄共和国英雄的机会，自黄老抵穗起，通过随行采访、拍摄、面对面专访等，采集了大量鲜活素材，在繁多的典型人物材料中另辟蹊径，以黄老的重要人生节点、三次泪

湿眼眶为线索，生动讲述他为祖国倾尽所有的感人事迹。4700字的《南方日报》头版通讯、一段3分钟37秒的短视频和图文融合报道发出后，迅速引起强烈反响，人民日报客户端、中国日报等多家中央媒体转载报道。黄老一字一句读完人物通讯、一帧一秒看完短视频，点赞南方速度和品质，并带走3份《南方日报》留念。

“背篓医生”管延萍，是广东珠海金湾区援助云南怒江的工作队中的一员。两年多来，她在云南省怒江傈僳族自治州贡山独龙族怒族自治县播撒柔情，将散落在深山峡谷的46个村组来回走了6轮。为写好她的故事，时任南方报业传媒集团、南方日报社总编辑黄常开和4名文字、摄影、摄像青年记者组成融媒团队，先到珠海，再到怒江，贴近记录管延萍在高山栽种大爱的感人事迹。这一趟采访前后历时半个多月，其中采访团队在云南历经9天的奔波，花了两天半抵达距离广东2000多公里的贡山独龙族怒族自治县。他们在途中与泥石流、落石多次“相遇”，与管延萍一同攀爬悬崖峭壁、横渡滚滚怒江，记录了管延萍的辛劳日常，近距离感受她的百姓情怀。这组报道传播广泛，成为“8·19”中国医师节系列报道中的一股清流，被人民日报客户端、人民网、新华网、央视网、“学习强国”客户端等新媒体平台转载，微纪录片还在许多医院滚动播放。

残疾女孩杨思莹和她的45名同学，是一群普通的学生，但他们的一点一滴汇聚成了《“45双脚”走出求学路》。2019年5月，南方日报、南方+记者偶得线索，茂名化州市文楼镇甲隆小学45名同学成为残疾女孩杨思莹的“双脚”，两年来风雨无阻帮助她上学。随即，融媒团队便深入到甲隆小学采访，通过“上学路”“风雨路”和“成长路”三个独特视角，讲述46名留守大山的孩子同心同行、彼此守护的感人故事。同时，摄制微纪录片《杨思莹和她的“45双脚”》，记录同学背着杨思莹爬楼梯、上斜坡的珍贵暖心瞬间。报道在中央媒体同频共振、协同传播，让正能量更强大、主旋律更高昂，其中央视新闻微博点击量超过330万次，人民日报、新华社客户端的点击量超过15万次。

《南方日报》、南方+特别报道《“45双脚”走出求学路》

同样普通的，还有“影姐”梁艳影。她曾是珠海横琴粤澳深度合作区荷塘社区党委书记、居委会主任，被誉为基层治理的拼命三娘、社区居民的贴心大姐、琴澳融合的拓荒牛。梁艳影因病去世后，《南方日报》以《横琴“影姐”的生命日记》为题，向广大读者讲述了她十余年如一日为社区居民守护平安祥和，直到生命最后一刻仍奋战在防疫一线的普通却不平凡的故事。她的故事让无数人动容，也激励着后来者坚定前行。

作为影响青年人的重要舆论阵地，南方都市报、N视频着眼于生产优质的年轻态产品，以创作有温度的人文短视频为抓手，贴近青少年，影响青少年。2021年，南方都市报、N视频推出“最潮中国观　看我圳少年”学党史系列报道。该组系列报道通过让“00”后学生群体通过“平视世界”角度寻找选题切口，用个性化的话语体系和叙事方式进行创新表达，传递出少年们作为“接班人”的锐气担当，典型人物IP形象也迅速出圈，其中《女生修车有多飒！深圳00后女孩拿下全省大赛一等奖》报道掀起“职业教育不落人后”的话题热潮，阅读量超过2亿。2022年，“最潮中国观　看我圳少年”系列融媒报道，获第三十二届中国新闻奖三等奖。

### 2. 直击第一现场，做“有温度”的新闻

越是在特殊时期，越需要媒体及时发声，传递正能量；越是重大事件，越要善于寻找小的切口。新闻的“温度”，正是新闻媒体的人文高度。做“有温度”的新闻，就是要从社会观照的角度审视和理解新闻现象，找到与基层百姓需求相契合的传播亮点。

2020年伊始，突如其来的新冠疫情侵袭全球，影响了几十亿人的正常生活。战“疫”主题报道，成为全球媒体的关注点。作为党媒，南方报业自1月24日除夕夜起全面投入战“疫”报道，积极组织力量投入新闻采写。除了第一时间发布每日疫情通报、疫情新闻发布会等相关信息，传播权威声音外，还深入挖掘政府部门、一线医护、基层保障等各相关领域的线索，讲好战“疫”故事，体现人间大爱。

疫情发生后，广州市第八人民医院腾空嘉禾院区，集中力量收治新冠感染确诊患者，这里成为广州阻击新冠疫情“主战场”。2020年2月，南方日报、南方+记者连续蹲守在嘉禾院区，进隔离病房，探医护住地，访患者故事，直击广州疫情防控最前线。《广州“小汤山”战疫记》《为了重新呼吸，他们拼尽全力》《直击广州救治一线：疫情风暴中的临时家园》等报道，如实记录了医务人员竭尽全力救治病患，患者面对死亡威胁，渴望活下去，渴望重新舒畅呼吸，医患携手，一起熬过艰难的日子等鲜活场景，勾勒出广州八院一个月来的战“疫”记。

特殊时期，主流媒体更要汇聚正能量，更好地强信心、聚民心、暖人心、筑同心。近年来，广东省内多次出现汛情，南方报业记者奔赴一线，前后方联动作战，推出如2022年《南方日报》《迎战“龙舟水”全省拧成“一股绳”》等现场感强的一线报道，全景呈现各地各部门齐心协力防汛救灾的生动画面。2024年4月，南方日报4位记者徒步进入韶关市江湾镇塌方现场，推出一线报道和特写《最长的24公里》，获人民日报等央媒及广大网络媒体平台转发、推荐，中国记协官微“我在现场”栏目专门发布稿件，由这4位

记者讲述这段采访历程，展现了南方报人的敬业专业。

2023年2月21日，土耳其发生6.3级地震，震中300公里范围内有36座大中城市。地震发生后，广东省蓝天救援队积极动员响应，80多名队员报名参与。记者跟随广东救援力量抵达土耳其地震灾难现场，刊发报道《Thank you China，中国救援力量抵达土耳其》，讲述中国广东救援力量支援土耳其的不凡故事。同年12月18日23时59分，甘肃省临夏回族自治州积石山保安族东乡族撒拉族自治县发生6.2级地震，牵动人心。南方+直播团队和动态新闻部紧密联动，先后推出《甘肃积石山地震救援情况如何？连线现场救援队队员》《甘肃积石山地震后续是否还有强余震？连线专家》两场直播，先后连线甘肃蓝天救援队队长和应急管理大学（筹）地球科学学院教授吴传勇，并通过救援队队员的镜头直击现场一线。

## 三、让深度调查报道更有力、有序、有效

从互联网时代到全媒体时代，人们发表意见的途径和方式方法变得越来越便捷。对于党的新闻舆论工作者而言，这种现状，正日益变成一把双刃剑。一方面，承担着沟通桥梁作用的新闻舆论工作者，有了更快捷、有效的平台去倾听民意、体察民情；另一方面，“话筒”早已不只掌握在新闻工作者手上。如何在纷繁复杂的网络声音中，发挥党媒“一锤定音”的作用？

近年来，南方报业在注重以时效抢抓动态信息的同时，坚持开展深度调查报道，及时回应社会关切，客观揭示事件真相，有力有效引导舆论，推动治理能力现代化。

### 1. 坚定立场，响亮发出中国声音

广东毗邻港澳，是改革开放的排头兵、先行地、实验区。南方报业在国际舆论场上持续唱响中国声音，讲好中国故事，传播好中国声音。

2022年8月2日，美国国会众议长南希·佩洛西窜访中国台湾地区，中方对

此强烈谴责、坚决反对。南方报业在国际舆论场响亮发出中国声音，南方日报、南方+第一时间推出《起底佩洛西：丑闻缠身，借窜台谋私利|图个明白》，长图梳理呈现佩洛西政治生涯，揭露其“反华”把戏；南方周末《“玩火者”佩洛西》、GDToday《谁在制造台海危机？——看美方如何颠倒黑白、言行不一》等原创作品在海内外一经推出，广获关注，多位中国驻外领事及推特网红“大V”点赞、转发。

2021年，瑞典快时尚品牌H&M公司等多家国际品牌被曝拒用新疆棉花，使得新疆棉花成为国际舆论焦点。南方周末提前对此进行了专业预判，派出记者深入新疆，在天山南北对棉花产业链进行了实地调查，于国际舆论最为高涨之际推出8800字深度报道《实地调查丨新疆棉花遭遇“明枪”与“暗战”》，辅以一手原创视频，以专业新闻调查揭示真相，有力批驳错误观点，有效引导国际舆论。报道全文翻译成英文后在海外社交平台阅读量超100万，有网友援引该报道在《经济学人》评论区对该话题进行评论，也有网友自发翻译成日文进行传播。该报道获得第三十二届中国新闻奖二等奖。

2022年1月10日起，南方都市报推出特别策划——“世界期待中国·北京冬奥倒计时访谈”，用8篇图文专访、18条中英双语短视频，传播众多西方人士对北京办好一届精彩、非凡、卓越奥运盛会的信心与期待，其中包括美国、英国、加拿大、澳大利亚等国家主要体育官员以及国际和欧洲体育组织主要负责人。由于一些反华势力疯狂抹黑中国、唱衰并“外交抵制”北京冬奥，南方都市报主动设置议题，克服各种困难，调动多方资源，联系美、英、加、澳等国有影响力的体育官员，听取、汇集、传递支持北京冬奥，反对把体育、奥运会政治化的强烈声音，为营造北京冬奥会的良好国际舆论氛围作出了贡献。同时，推出一批以西方人士专访为主体的“世界期待中国”系列报道，抓住了多个涉冬奥会的原则问题。外交部发言人在例行记者会上两次援引报道内容，我国驻加拿大、英国、希腊等国使馆对报道作了转发。

### 2. 深挖几锹，做好建设性舆论监督

舆论引导和舆论监督是社会主义新闻事业的两大功能。舆论监督是中国特色社会主义监督体系的重要组成部分，是党和人民对新闻工作者提出的重要要求、赋予的神圣职责。一直以来，南方报业坚持做好舆论引导和建设性舆论监督，以科学理性引导舆论走向，以深入调查推动问题解决，通过一篇篇报道展现主流媒体的专业水平和社会责任。

广东作为先发展起来的地区之一，也是率先大力推进环境治理的重要省份。为了进一步总结梳理全省各地治水经验，尤其是推进跨界治水的经验成果，激发全社会共同治水的责任感，2015年8月至10月，南方报业启动“1+X”采编策划联动机制，联合省人大环资委、省环保厅等部门以及相关专家学者兵分多路、明察暗访，分别沿淡水河、石马河、练江、茅洲河、小东江、广佛跨界河流以及珠江入海口，在行进中记录、在记录中思考，对方方面面的情况作了全面、深入的了解之后，推出“跨界治水AB面”系列报道。

同样是在2015年，《南方都市报》推出深度调查报道《重磅！南都记者卧底替考组织，此刻正在南昌参加高考》，引起全国媒体、社会各界的广泛关注和强烈反响。南都持续跟进报道国家及省有关部门的官方回应及调查进展。同年7月，江西省教育厅通报事件调查结果，根据有关规定，6名替考组织者及中介人员、7名被替考考生和7名替考者，以及22名公职人员受到了不同处分。同年11月，国家立法机关在正式实施的《中华人民共和国刑法修正案（九）》中，将代替考试行为入刑。

“高考替考”调查报道直接推动当年相关法律法规的制定和完善，有力维护了高考的公平性和公正性，使建设性舆论监督切实起到发现问题、预警社会、解决问题、造福群众的作用。

2016年4月14日，山东冠县一高利贷团伙以暴力向女老板苏银霞讨债，其间对她进行了侮辱。苏银霞之子于欢在反抗时以刀刺死了催债人杜志浩，并导致另外三名催债人受伤。2017年2月17日，聊城市中级人民法院一审以

2015年6月8日 星期一 南方都市報 国内 A09

编辑 袁炯贤 美编 张博 美编助理 郭红霞 校对 刘俊文

发现替考的南昌十中考点，一名替考生已被公安机关控制，替考生承认参与替考。 新华社发

教育部、江西省教育厅回应“替考事件”

## 接到有人替考举报 警方控制涉事“枪手”

江西鹰潭余江县也抓获一名来自湖北替考人员

**教育部昨日透露，南方都市报以《记者卧底替考组织参加高考曝光跨省团伙》为题报道有团伙组织在江西实施高考替考事件。教育部对此高度重视，已责成江西省教育厅和省教育考试院迅速调查核实情况，并请公安部指导有关地方公安机关立案侦查。同日，江西省教育考试院通报，已要求南昌市教育考试院联合警方展开调查核实，涉事的一名考生承认替考。**

**教育部请警方立案调查**

昨日，南方都市报以《记者卧底替考组织参加高考曝光跨省团伙》为题，报道有团伙组织在江西实施高考替考的事件。教育部、江西省教育厅等部门迅速介入调查。教育部高度重视，责成江西省教育厅、省教育考试院迅速调查核实，并请公安部指导有关地方公安机关立案侦查。截至发稿时，至少已经有1名“枪手”向警方承认其存在替考事实。

教育部说，高考公平、公正关系广大考生切身利益和社会和谐稳定，对于破坏考试秩序、组织替考作弊等违法犯罪行为，一经查实，有关部门将坚决依法严厉打击。对伪造、变造身份证、准考证及其他证明材料，由他人代替或者代替考生参加考试的，一律取消本次考试所有科目成绩，并视情节轻重同时给予暂停参加高考、各种国家教育考试1至3年的处理，相关处理记入考生诚信档案。对参与作弊的在校大学生，还将按照《普通高等学校学生管理规定》给予开除学籍处分。构成犯罪的，由司法机关依法追究刑事责任。

教育部强调，对考试管理不力以及违规违纪等行为，将一律严肃问责，绝不姑息。

南都记者了解到，目前河南、四川、辽宁等地部分考场设有指纹检测和虹膜检测仪，考生入考场前还需核对虹膜和指纹。教育部高考举报电话办公室相关负责人透露，上述检测并非标准化考场的硬性要求，“各地可根据当地的经济发展等实际情况做出决定”。

**一名“枪手”考场内被抓**

这个替考组织为多名“枪手”被抓获。至少已有1人向警方供认存在替考行为。据称，该“枪手”系武汉一所高校毕业生，现已工作，拥有多年替考经验。

江西省教育厅回应，接到有人组织替考的举报后，教育厅、江西省教育考试院立即部署南昌市教育考试院，联合南昌市警方开展调查核实，有关考生已被警方控制。

江西省教育考试院关于此次替考事件通报称，7日11时左右，网上出现南都调查报道之后，南昌市教育考试院联合警方立即展开调查核实。此时距考试结束不到20分钟，南昌市教育考试院与警方采取行动，在语文考试结束前控制这名在南昌十中考点以“李士雨”为名参考的人员。江西省教育厅、教育考试院已经紧急通知江西各地教育行政部门、教育考试机构及各考点，进一步做好考试安全排查工作，确保考试安全、平稳、有序。

**声音**

高考公平公正关系广大考生切身利益和社会和谐稳定，对于破坏考试秩序、组织替考作弊等违法犯罪行为，一经查实，有关部门将坚决依法严厉打击。

——教育部

据南都记者核实，真实的李士雨生于1997年4月，户籍所在地为山东省巨野县丁官屯行政村南隅村×××号，至今未迁过户口，李士雨身份证号与其替考者持有的身份证号一致。南都从巨野县教育部门了解到，经教育部门初步核实，李士雨当日未在巨野县参加高考。

而来自江西省教育考试院的消息称，江西鹰潭市余江县昨日也抓获一名替考人员，也是来自湖北。

新华社 南都调查组

2015年，《南方都市报》“高考替考”调查报道引发强烈反响

故意伤害罪判处于欢无期徒刑，于欢随即上诉。同年3月23日，《南方周末》刊发《刺死辱母者》，将于欢案引入了大众的视野，引发全国轰动。舆论围绕于欢行为的法律定性及是否构成正当防卫爆发争议，随后多家媒体跟进报道，中央政法委、最高检等予以关注。该案件入选“2017年推动法治进程十大案件”。

2018年流感季期间，一款流感病毒抗体喷剂悄然流行，进入不少医院、药房销售，还以疫苗的名义进入一些省份的学校，甚至成为一些地方疾控部门的推荐用品。南方周末就此展开独家调查，详尽起底这款产品的来历、类别和功效，并对其市场情况进行了层层剖析。《一款消毒喷剂的抗流感神话：全国覆盖，疾控推荐，成效成疑》发布之后，国家卫健委要求全国各地卫生健康行政部门全面开展自查自纠，立即停止使用涉事产品，严查当中涉

嫌违法违规事项。

媒体融合发展，也使建设性舆论监督报道更加紧贴民生、快速传递民意。2020年8月，南方日报、南方+同步开设“南方曝光台”栏目，为解决群众的操心事、烦心事、揪心事发挥党媒力量。为讨薪的农民工发声，追回了四百多万元血汗工资；关怀兼职被骗的年轻学生，呼吁各方齐力帮助他们走出困局；聚焦ETC急速扩张下车主权益受损问题，推动平台改善服务……该栏目当年推出的13期报道收获端内流量50万，全网流量过亿，并获得领导多次批示，有力推动问题解决、扩大报端影响力，群众多次送来锦旗对报道点赞感谢。

## 第三节
## 增强表达亮度，融媒创意多元呈现直抵人心

近年来，移动互联网的快速发展在更广范围推动着思想、文化、信息的传播和共享，为融媒产品的迅猛发展提供了肥沃的土壤。

南方报业是全国比较早开展融媒创意生产布局和实践探索的传媒集团之一，强调以先进技术为驱动，推动内容生产、传播方式的全链条革新以及服务手段的调整。深化内容供给侧改革，充分运用新技术、新应用，通过可视化、数据化、智能化赋能内容生产和传播方式，不断创造新亮点、实现新突破。

在实践层面，从《南方日报》的“视界”版、《南方都市报》的“数读”版，到南方+客户端的“视频”“拍客”频道，到海报、SVG、H5、移动端直播、短视频、VR（虚拟现实）全景视频、动漫、MV等融媒体产品，再到南方名记者《武松来了》脱口秀、“叮咚视评”视频评论专题节目……对今天的用户来说，“打开”南方的方式越来越多样，看到的新闻产品形式越来越丰富。

### 一、可视化传播助力传播业态新变革

《中国互联网络发展状况统计报告》显示，截至2023年12月，我国网民规模达10.92亿人。其中，我国网络视频用户规模达10.67亿人，占网民整体的97.7%。新入网的2480万网民中，37.8%的人第一次上网时使用的是网络视频应用，这象征着我国网络视频（含短视频）发展环境持续优化，内容供给不断丰富，推动行业发展迈上新台阶。

在如今的移动互联和视觉传播时代，人们的阅读行为和习惯发生了很大的变化。随着传播技术的快速发展，新闻报道的可视化趋势也得到进一步强化，可以说，可视化报道就是新型媒体信息输出模式变革与广大受众信息获取方式转变的共同产物。

从“视界”“数读”等版面的创新设计，到“南方+视频”等视频创作品牌，近年来，南方报业充分认识到可视化技术在新闻报道中的作用，不断突破传播瓶颈，优化传播形式。

## 1. 报纸端可视化

融媒技术发展也推动着纸媒可视化手段的应用普及，“读图时代”让不少读者从“读报纸”变成“翻报纸”，“一图胜千言”的传播效果日益凸显。新闻图片、版面、数据图表、“一图读懂”等直观形象的可视化呈现，不仅向读者快速传递要点信息，更常常成为活跃版面语言、增强阅读体验的特色亮点。

### （1）新闻图片/版面

对于报纸而言，立足媒介特性，将可视化传播融入内容生产机制，以版面设计为抓手提升可视化传播水平，是改进采编业务、提升报道效果的有效途径。南方日报早在1997年就提出“图文并重，双翼齐飞”的理念，无论是南方日报还是后来的子报子刊，始终坚持建设一个高素质的摄影团队，让新闻摄影“举翼高飞”。在当时，南方日报在纸媒可视化上的探索已经走在了全国省级党报的前列。

随着纸媒发展，南方日报也进一步提升办报观念。新闻摄影的可视性、形象性、纪实性、真实感、现场感，都是文字所无法代替的。《南方日报》也是国内第一批推出摄影专版的媒体。“视界”作为每周一次的摄影专题，与日常新闻版面有所区分，但每个专题都与当前热点有呼应。图片版用影像的形式书写这个大时代的深刻变迁，用每一个关于人的故事片段交织起对社会的大书写。

从1998年“九八抗洪”中，《南方日报》一张《我是记者》的半身照具象化地体现了记者精神，到2008年冰灾期间，南方都市报摄影记者拍摄的“爱心接力”作品，用极强的视觉冲击力传递了灾难现场触动人心的温暖力量……现在，新闻图片不仅仅作为文字的补充和解释，而是作为新闻的核心内容出现在报道当中，通过现场细节的真实反映与此刻此景的瞬间捕捉，将读者拉入新闻现场，强化关键信息，传递情感价值。

除了前期的图片拍摄，后期的报纸版面制作也是可视化呈现的重要一环。2021年6月23日，《南方日报》推出的建党百年特刊《恰是百年风华》创新性地使用八连版形式做好可视化，将100个事件和100张图片穿插其中，系统梳理了建党百年来南粤大事记和广东21地市的红色景点，以精美的绘图呈现大气磅礴的“璀璨粤章”。2024年6月30日，粤港澳大湾区又一超级工程——深中通道正式通车。《南方日报》推出八连版长卷《深中连接　世界无限》，用100多张无人机航拍图拼接成深中通道全景，结合数据可视化制图，震撼呈现超级工程的宏伟与内涵，被中国记协官微转载推荐。

上述版面中多张图片的相互呼应能够弥补单张图片视角的单一性，让读

2024年，《南方日报》八连版长卷《深中连接　世界无限》

者从现场多角度、多元素的新闻图片中更加清晰地获取新闻信息。同时，版面设计中对图片的编辑裁切，能够让关键信息点更为鲜明，另外通过图文排版之间的组合，进一步强化图文之间的链接，突出核心信息点，提升版面美观度。可见，作为最早也是最直接的可视化产品，图片在这个时代依然有着打动人心的力量。“一图胜千言”依然是传播共识，图片在新闻媒体的传播力建设方面仍有着重要的地位。

（2）图表/一图读懂

早在20世纪70年代末，被誉为信息图表设计的代表人物之一的奈杰尔·霍姆斯，就开始了在美国《时代》周刊上的“解释性图表”实践。现在，无论是数据新闻图表还是综合类长图，在新闻报道当中均发挥着重要作用。例如政府工作报告图解和“一图读懂”系列则是图表类可视化产品的典范。通过对新闻信息的深度加工，图表将繁杂的文字转化为清晰简明的图片、表格、关键词，提高信息浓度，使得繁杂细碎的新闻报道变得简明易懂。

以重大事件、政府工作报告、政策变化为主题的新闻报道，其面临的重大问题之一是如何快速、简明地传达新闻讯息，且使其易于传播与接受。“回顾‘十三五’，展望‘十四五’！站在新的起点上，广东如何干？扫码看看《政府工作报告》……”2021年以来，南方日报、南方+客户端聚焦两会重要文件，推出一系列新媒体长图产品，打破固有传播路径，将长图产品二维码印在大会文件上，用户扫码即可跳转南方+“一图读懂”报告亮点，在当年省两会上“九码齐发”，实现线上线下、会场内外紧密联动，内容与形式协同创新，产生多个“10万+”爆款。由此可见，图表可以通过其可视化形式，适应不同的传播形态，从而带来更高的信息传递效率。此外，结合现代化、数字化的传播体系，将图表通过微信公众号、微博、抖音等新媒体平台进行多元传播，可以进一步提升信息的传播面，从而实现更好的传播效果，让可视化形式的趣味性、美观性、实用性服务于新闻的真实性、准确性、时效性。

### 2. 新媒体端可视化

相对于电视、广播、报纸和杂志等传统媒体，新媒体是一个新形势下相对的概念。新媒体依靠手机、互联网、移动电视等载体，以视频、H5、直播、短视频、VR为主要表现形式，具有推广方便、高性价比、到达精准、高覆盖率、广泛的渠道、较强的互动性等优势。

在全国省级党报中，南方报业较早开始视频新闻生产创作。2018年上半年，南方都市报秉承以硬新闻立身的基因，推出“南都N视频”，强现场、正能量、暖新闻、趣味性等特色鲜明。2019年1月，在前期磨合实践的基础上，集团报网端音视频部成立，全力打造“南方+视频”品牌，推动南方日报、南方+视频业务发展迈上新台阶。

#### （1）融合转型，丰富产品形态

近年来，南方报业积极开展媒体深度融合转型，结合新兴技术，进一步丰富新闻传播样态，创新报道呈现方式，锻造融媒精品、爆款，积极推动以直播、视频、长图、H5、动漫为主的可视化产品生产进入更加高速发展的阶段。

报网端音视频部全力打造“南方+视频”品牌，提升“直播广东”产品质量；协同各采访部门、名记者（网红）工作室，同时加大开放性生产，共同推出一批质量好、流量高的新闻；学习掌握H5、动漫、VR等多媒介形态的设计技能，为南方+和“两微”（微信、微博）提供全媒体视觉设计服务，推出大量更贴近用户阅读习惯的融媒体产品。例如，2023年推出“县委书记打擂台”，围绕高质量发展主题，聚焦“百千万工程”，15分钟视频、全年三季24期迭代更新，深入全省14个地市24个县（市、区），拍摄采访县委书记、村镇干部、企业家，激发各地创先争优，奏响广东县域振兴主流强音。“县委书记打擂台”系列报道注重高品质内容生产和融媒方式表达传播，突出融媒移动先行，注重报网端协同，第一季9期视频全网流量突破千万，实现主题宣传“破壁出圈”。边做边思考，边做边迭代，在多机位录播、舞美灯光、录制现场编排等方面不断进行技术更新，把原本传统的问答式节目逐步迭代为一档圆桌沙龙网络谈话节目，持续创新让节目内容更加活泼，效果更加生动，成了融合创新的实践典范。

（2）创新叙事，推动主流价值入脑入心

从传播的本质而言，新闻报道的可视化是一种信息呈现方式，而如果想提升可视化新闻报道的传播力和影响力，我们就不能仅仅考虑可视化的形式，还必须重视在新时代下新闻报道内容生产的新取向。可视化传播形式上的创新创意虽然能够在一定程度上提升传播效果，但从长远上看，传播效果的核心依旧是传播内容，我们依旧需要坚持“内容为王”的传播理念，将有温度、有高度的内容与可视化的形式进行融合，提升可视化新闻报道的内容深度和影响力。“南方+视频”和“南都N视频”积极推动主题教育系列等纪录片制作，通过微观叙事“大题小做”，通过小故事、小切口体现大背景、大主题。

同时，通过创新设计，抓住故事亮点，以网络化、接地气的风格进行表达，符合网络传播规律，引发读者情感共鸣，实现主流价值观的“软着陆”。在学雷锋60周年之际，南方+视频推出系列创意视频《穿越60年，你和他的青春如此相似》，通过历史影像与现实画面跨时空同框的创新形式，讲述当代青年用实际行动传承雷锋精神的生动故事，以“凡人善举”激发用户“共情点”，用创意短片等融合手段让主旋律报道入脑入心，实现了视觉可感染，故事可连接，情感可共鸣，传播可触达，让主旋律报道“活”了起来、“火”了起来。

（3）打通渠道，“破圈”立体传播

可视化内容生产，如何突破“曲高和寡”的魔咒是重要的课题，而通过创新传播渠道进行“破圈传播”或是可行之解。南方报业开拓B站、抖音、微博等网络宣传平台，形成“报、网、端、微、视”多线传播，建立矩阵式、立体式、融合式传播渠道，形成聚合效应与立体传播格局，实现多渠道融合互通、协同互补，将好作品传出来、推出去。

例如，南方+策划推出的“美景+知识”短视频栏目“岭南山海志”，融合地理、历史、人文视角，结合广东和粤港澳大湾区在当下中国、世界发展中的角色定位，将岭南美景与美文相结合，搭配精致动画，生产系列“岭南形象宣传片”，让用户重新认识岭南、爱上岭南。

该系列视频充分利用境内外传播渠道，实现“破圈传播”，全网阅读量超3000万。人民日报官方微博、“学习强国”、环球网、央视频等全国上百家媒体对视频进行转发和报道。多家港澳台及海外主流媒体转载，香港中联办、全国人大常委会、多位香港立法会议员在社交平台关注转发。视频还在海内外部分场馆、户外大屏落地展播，有效触达海外华侨华人。

## 二、数据化传播拓展媒体价值新跨越

大数据技术的飞速发展，给媒体内容生产、产品形态、传播业态带来新变革。自1921年英国《卫报》刊登世界上第一条数据图表新闻起，数据化新闻开始登上新闻报道版面。通俗意义上，媒体的数据化产品主要是将传统新闻报道中的大量文字和复杂数据，通过图片、图表、动漫、H5、直播、短视频、VR等方式来呈现，让新闻表达更加简洁直观、新闻内容更加通俗易懂，提供全新的阅读体验。随着大数据技术的发展，发掘数据资源价值已经成为社会共识，其在传播上的表现形式，已不再仅限于数据化新闻产品，数据化智库产品、数据化服务产品的出现，使媒体正在发挥更大的价值。

南方报业认识到媒体数据的新内涵不仅局限于媒资数据，还包括基于媒体连接能力、地缘优势等形成的各类数据。因此，南方报业致力于盘活媒体数据使用，以市场需求为导向，打造实用有效的媒体数据产品。

### 1. 基于内容驱动的数据化新闻产品

由于长期的资源积累和人才积淀，主流媒体在数据采集核实、分析解读等方面有着巨大优势，必须最大限度把这个优势发挥出来，为用户呈现更具说服力和可信度的报道、更多元更精准的信息，帮助用户更好地理解政经大事、社会趋势和重要政策。

近些年，南方报业较好地发挥了旗下各媒体的调研、观察、分析能力，通过收集、整理、分析大量的数据，并结合新媒体技术，以数据图解、数据动图、数据动画等创新形态，推动重要会议报道、重大政策解读、重大主题宣传出新出彩。

在移动互联时代，重大会议报道更考验媒体的思考力，记者需要在纷繁复杂的信息噪声中进行有价值的思考，生产有思想含量、有价值增量的内容数据产品，才能从信息海洋中脱颖而出，以思想优势赢得话语优势。例如，围绕全国两会报道，南方日报、南方+从权威文件中，提取关键数据，挖掘数据意义，近年来推出了《两会云数据》系列动图产品、《数读两会》《两会TALKS》短视频节目等，以动图看趋势，引导受众客观理性地看待当前经济发展的危与机。

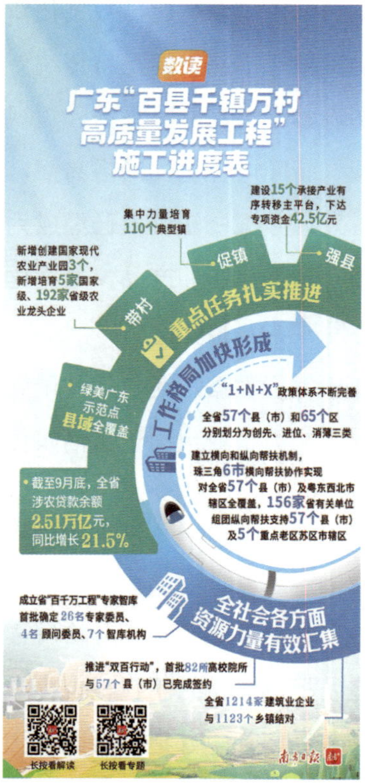

南方+创意海报《数读广东“百县千镇万村高质量发展工程”施工进度表》

就普遍情况而言，政府部门的重大政策文件内容丰富、结构复杂、字数较多，在策划数据新闻时，重在做“减法”。例如，围绕广东“十四五”规划纲要，南方日报报道团队将12.8万字的全文最终浓缩为1990字的脚本，提炼数据亮点，通过轻快、疏朗的视觉语言，来重点展现广东“十四五”规划纲要的主线和关键数据，让整个文件表达变得轻松“悦”读，传播效果也就事半功倍。

重大主题报道只有做到有数据、有故事、有延伸，重视广大受众在信息、情感、互动等方面的多重需要，做好传播手段的创新升级，才能深入人心。例如，围绕广东高质量发展主题，南方日报、南方+推出了创意海报《数读广东“百县千镇万村高质量发展工程”施工进度表》，逻辑层次分明，浓缩了“百千万工程”的成效和获得感。南方都市报推出的“信心有数”栏目，已通过超80期数据动效及视频展现广东高质量发展之路；“湾区100”系列视频，每期借助一个小数据带读者看见大湾区的朝气蓬勃与同心逐梦。

由此可见，基于内容驱动的数据化新闻产品在当前媒体环境下具有重要的意义，可以帮助媒体机构更好地适应和应对信息化的挑战，提高新闻报道的质量和效果。

## 2. 基于研究驱动的数据化智库产品

在数据时代，发掘数据资源价值已经成为社会共识，由此而产生的媒体数据化智库产品最大的优势是了解基层，贴近实践，可以在聚合数据、流转数据、应用数据的过程中，持续发挥数据的量化、测评、服务和监督力量，为各级各地各单位提供有决策参考价值的智库研究报告，推动媒体生产向更加专业化、智慧化的方向迈进，助力社会治理创新。

2017年，南方日报经济新闻部报道团队开展广东民企营商环境深调研、广东中小企业发展情况深调研，记者深入粤港澳大湾区调研，采集了2000余家中小企业数据和2万余家广东制造业企业数据。调研发现，64%的受访企业最近一年推出过新产品或新服务，67%的受访企业开展过生产流程创新。这一系列成果在2019年6月24日举行的第十六届中博会高峰论坛上面向全球发布，为粤港澳大湾区创新发展鼓舞信心、鼓足干劲。

2018年以来，南方都市报持续推动数字化生产转型，成立了南都大数据研究院，以数据生产为核心，以数据挖掘分析技术为驱动，以行业标准制定为抓手，主动将自身纳入国家治理体系和治理能力现代化建设，聚焦数字时代的新现象和新问题垂直深耕，打造课题矩阵，迄今已建设垂类研究课题30余项。如，“网络内容生态治理研究”“网络数据安全治理研究”“未成年人网络保护研究”，维护网络空间的清朗，推动平台内容合规；“数字政府研究”“数据交易实践研究”，围绕数据流通、数据赋能，成为省内多个地方政府推进改革的利器。

南方杂志社2017年11月起建设南方党建智库，在全国党刊系统率先进行智慧转型探索。近年来，南方党建智库组织力量，对各地的新探索、新经验进行汇总、提炼，尝试开发可供学习借鉴的智库型产品：从2019年开始，南方党建智库每两年举办一届广东基层党建创新案例征集活动，迄今已成功举办三届。每届活动参评案例的数量和质量都不断提升，除遴选推荐一批有代表性、有示范价值的优秀案例以外，每届活动交流会还重磅发布一次广东基层党建创新力报告，系统梳理广东基层党建的创新经验，也为广东向全国展示基层党建实践经验提供了高质量范例。

### 3. 基于技术驱动的数据化服务产品

随着媒体智能化的深入推进，媒体的公开数据以及采集的各类数据，都可以通过信息交叉验证以及内容关联等方式，产生更大的服务价值。

2023年在南方+上线的绿美广东公共服务平台就是依托庞大的用户群、过硬的技术、海量的数据与强大的连接能力，集成的爱绿植绿护绿服务产品。平台一头连接着政府，一头连接着群众，让群众“足不出户植绿护绿”，轻松使用认捐认养、绿美赛事、绿美商城、绿美资讯、绿美活动、小绿书等模块，让智能化、便利化延伸到基层，彰显出广东推动绿美广东生态建设的高效。截至2024年5月9日，通过该平台认捐认养功能，已募集资金超2400万元。

2021年南方日报、南方+打造查询工具“广东高考志愿填报助手”，梳理广东高校专业组招生计划、录取人数和最低投档线等超10万条关键数据，用户可一键查询投档录取信息，为志愿填报提供有价值的参考。在处理大量数据的基础上，“广东高考志愿填报助手”以模糊搜索和智能联想技术，为用户提供了极大的便利，用户进入产品页面，选择物理、历史、美术、体育、舞蹈、音乐、书法、广播电视编导等相对应科目，并输入想要查阅的学校或专业，即可获取关键数据。上线短短3天时间，“广东高考志愿填报助手”点击量达37万次，还登上了微博同城热搜榜。

南方日报、南方+还联合广东省政府办公厅推出一站式政策查询工具

“助企高质量发展锦囊妙记”，权威收录近三年来广东发布的助企政策条文672条，适用对象涵盖大中小微企业和个体工商户、自然人等，适用创业扶持、财政支持、市场监管、投资信贷、减税降费、人才培养、产业发展、外资外贸、科技创新等场景，有力发挥新型主流媒体“新闻+政务服务”功能，让助企政策好记、妙记、巧记。

除此之外，儿科医院地图、招聘信息查询等一系列工具类产品，也进一步拓展媒体功能，利用先进技术为用户提供更智能、个性化的数据服务，帮助他们更好地应对复杂的信息环境并作出更明智的决策。

## 三、智能化技术助力媒体新质生产力

2022年11月，ChatGPT的横空出世，让AIGC（Artificial Intelligence Generated Content，人工智能生成内容）受到了空前关注。OpenAI靠着ChatGPT引发全球轰动；Google带着Bard紧随其后；百度推出“国产版ChatGPT”——文心一言……事实上，在ChatGPT诞生之前，AIGC技术已被广泛应用了，智能化驱动了内容生产的新革命，也带来了媒体生态的深层变化。人人皆媒，万物皆媒，信息的洪流如同江河汇聚，媒体的疆域扩展至每个角落。主流媒体作为时代的瞭望者，站在数字化浪潮的风口浪尖，迎接着前所未有的挑战。

在2023年智媒科技大会上，清华大学新闻与传播学院教授陈昌凤分享道：“智媒技术正在成为数字时代新闻编辑部的生产力之一，基于此的新闻编辑部在物理格局、组织架构和生产流程上都在被改造，从一定意义上说，智媒技术正在重塑新闻生产的整个链条。”

在这场变革中，南方报业以智能化技术全方位赋能内容创作、风控、分发、运营，创新媒体内容生产和传播方式。

### 1. 再造新闻生产全流程

在内容创作层面，曾经以人力为主的传统产出模式，如今已逐步演进为“人+机器、以人为主”的新型协同模式。在这一模式下，我们不仅重视新技术的应用，以提高创作效率和质量，更强调“人”的核心地位和不可替代性。

机器人写作是新闻内容采集与生成环节智能化的典型应用，正在逐步改变传统的新闻生产流程。“机器人记者”集数据处理分析、热点筛选、AI创作于一体，以其高效、精准的信息处理能力完成文字、图像、视频、音频等数据信息的综合处理，极大地提升了新闻内容采集与生成环节的时效性。

2023年3月，南方都市报新闻客户端推出新一代写稿机器人——“小南”。作为大湾区首个AI财经记者，自上岗以来，“小南”已生成超过10万篇AI财经稿件，日产稿件超过500条，稿件的生成时间最快仅需3分钟（包括人工审核时间）。“小南”的高效产出令人瞩目，但“人”在新闻生产中的重要性依然不可替代，所有自动生成的稿件均经过严格的人工三审机制，以确保报道客观、内容准确、导向健康。

在新闻内容加工环节，丰富多样的智能化多媒体创作工具已成为采编人员的得力“加速器”。电子周刊工具、明信片工具、地图工具、学习云文档工具等多款智能化多媒体创作工具已累计赋能采编人员创作超过460个融媒产品，这些工具让新闻生产不再是单一的线性流程，而是变得更加灵活、多变，为采编人员提供了更多的创意空间和表现形式，能够迅速响应市场和受众的需求，推动融媒产品向更高层次发展。

例如，2023年南方+客户端推出的系列融媒体报道“21城·21问——广东城市微调研报告”，就运用电子周刊工具进行二次创作，快速生成大型专题报道H5《21城·21问》，系列报道贯通行走与思考，融合心意与新意，兼具文采与见地，在全省各地引发热烈反响。

此外，征稿、投票、打卡、竞赛等多种线上活动配置工具陆续上线，搭建各类线上运营活动变得更加便捷。采编运营人员的创意思维、策划能力和运营智慧，加上不断丰富的工具“百宝箱”，共同推动团队创意成为融媒爆款。

在内容审核环节，智能化技术的应用也使新闻把关模式发生了变革。结合自然语言理解、机器学习以及大数据词库等尖端技术以及编审团队的专业判断和导向引领，我们实现了机器人纠偏与人工干预的有机结合。在这种“人机协作”模式下，无论是文字、图片、音频还是视频，都能精确识别，迅速“揪出”存疑内容，有效保障了报道的客观性、内容的准确性和导向的健康性，全方位筑牢了南方报业内容生产的安全防线。

### 2. 催生报道样态新空间

技术的不断成熟推动了媒体内容生产流程的革新，也为传统新闻报道方式注入了新的活力。通过智能化技术赋能，创新新闻报道样态，虚实交融的报道带来全新的视觉体验与沉浸式的参与效果。

“数智”赋能传播主体，主播队伍频频迎来“新面孔”。随着人工智能、大数据和机器学习等技术的不断进步，虚拟主播的出现，为媒体深融开拓了新赛道。2022年，南方农村报在从化荔枝产业上创新运用元宇宙技术，率全国之先开展虚拟直播，打造荔枝元宇宙形象代言人——荔儿公主，2024年，又以4名真人主播为原型，陆续上线4个数智人形象；N视频推出虚拟主播——小N，在2023年足球世界杯举行期间，25期《小N陪你看世界杯》通过虚拟技术花式呈现赛况及花絮趣闻的图片、视频报道；南方周末推出数字人——“小岚”，“小岚播新闻”以人格化IP带动“南周评论”实现音视频化。

“数智”赋能传播形式，报道样态涌入汩汩不竭的源泉。一直以来，我们致力于创新文本表达方式和产品表现形式，以全新的创意嫁接技术的元素，通过H5、直播等形式，让主题报道“活”起来。在庆祝中国共产党成立100周年、党的二十大、全国两会等重大节点上，巧妙运用VR全景、人脸融合、lottie动画等前沿技术，先后推出《每个年代的流行歌，用心唱》《发给世界的有声明信片》《多彩的中国》等爆款H5，以精准的内容和生动的表

南方+推出《每个年代的流行歌，用心唱》等全媒体产品

达，产出一批大众喜闻乐见的全媒体产品。

VR、AR（增强现实）、MR（混合现实）等技术突破了传统媒体报道所呈现的二维空间，将用户带入多维的沉浸式体验之中。南方+客户端直播广东平台在2019年就尝试了4K级视频直播、6镜头VR视频直播、双镜头VR视频直播等新技术。相较于普通视频，VR、AR、MR等技术加持下的直播更能让人感受到身临其境的氛围，带来不同寻常的视觉体验。随着5G终端覆盖面扩大，没有流量速度等限制后，通过“5G+4K/8K+VR”等技术制作的慢直播更能给用户带来完整的沉浸式情感体验。2020年，南方日报、南方+客户端开始试点慢直播，推出“慢直播植保无人机试验田”，通过131天不间断直播聚焦科技助农脱贫攻坚，通过新技术新手段，创新产品形态，呈现好故事，唱响主旋律。

### 3. 全面释放采编生产力

通过整合大数据、人工智能、区块链和云计算等智能化技术，新闻的生产与运营效率得到了前所未有的提升。大数据技术的应用，使媒体能够深入分析用户行为，洞察受众偏好，实现内容的精准推送；人工智能技术的引入，推动了自动化新闻写作、校对、推送的发展，大幅提升了生产效率；区块链技术为新闻溯源和版权保护提供保障；而云计算的强大计算与存储能力，为媒体的大规模数据处理和实时新闻发布提供了坚实支撑。

笔耕不辍，坚守初心，创新为媒，科技为翼。南方报业通过“智能写作”“智能校编”“智能风控”等技术的应用，构建了一个从“采集事件数据”到“加工新闻素材”，再到“生成新闻产品”“完成编辑校对”“实现自动监控”的全链路闭环，为新闻生产和传播的每一个环节注入了智能化的活力，极大提升了讯息发布效率，更将采编人员从日常的文字记录整理、图片处理、音频视频剪辑、新闻配音等大量琐碎工作中解放出来，让其有机会关注用户更深层次的价值需求，更专注于思考报道的创意与深度。

# 第四节
# 提高传播精度，构建差异定位协同发展生态

内容投资是性价比最高的投资。这几年，南方报业旗下各媒体因应移动互联网时代媒体介质的变化，不断丰富并重塑传播体系，与用户重新建立起有机连接，但不管传媒环境如何变化，做好内容生产传播始终是各媒体立身之本和发展之基。

南方报业在融合发展进程中，一方面推动南方日报、南方新闻网、南方+等气质相近、逻辑相洽的同一类媒体组成一个新的媒体生态圈；另一方面，注意处理好协同发展，不搞“一刀切”“一个样”，充分考虑旗下不同媒体的业务特点，鼓励差异化定位和发展，在立体传播中产生互为犄角的矩阵效应，形成“各美其美、美美与共”的全媒体传播体系。

这是基于目前主流媒体的移动互联网平台建设“窗口期”正在关闭，用户的阅读习惯已经形成，在存量竞争阶段，要契合用户的阅读习惯，必须结合媒体定位、特点、目标受众抢占更多的用户，持续影响大量现实人群，才能形成好的传播效果。如南方日报、南方杂志社、南方新闻网、南方+这样的党报、党刊、党网、党端重点对准党政干部、企事业单位人员、中产白领等主流群体，南方农村报深耕“三农”领域提供专业化内容，南方周末专注新闻与优质内容生产探索内容付费工程，南方都市报重点发力年轻态短视频产品。目前，南方报业旗下六大媒体机构都能够依靠内容生产传播这一主责主业，实现良性发展，实现新兴媒体与传统媒体传播力、影响力的比翼齐飞。2024年《中国500最具价值品牌》榜单显示，南方报业旗下《南方日报》《南方都市报》《南方周末》三报入围，品牌总价值达2198.1亿元，较

2023年增加296.86亿元。

## 一、南方杂志社：打造以深度凝聚力量的“四有”党刊

广东是中国改革开放的精彩舞台，《南方》杂志也是中共党刊发展的精彩样本。在时代的改革呼声中，《党风》《广东支部生活》《文明导报》《粤海同心》四份杂志汇流，广东省委机关刊《南方》杂志于2003年12月26日创刊。20年里，《南方》杂志经历了变与不变，时代在变、方法在变、形式在变、路径在变，不变的是作为党和人民喉舌的担当、围绕中心服务大局的使命。20年里，《南方》杂志经历了两次重大探索，实现了从“传统媒体”到“融合媒体”再到“智慧媒体”的飞跃，率先走出了一条时政党建大刊的道路，荣获“中国出版政府奖期刊奖”“全国百强社科期刊”“新中国60年有影响力的期刊”“广东省出版政府奖”等奖项。

随着中国特色社会主义进入新时代，媒体转型融合发展大潮涌起，党刊融合转型发展迫在眉睫。面对媒体融合发展和新型主流媒体建设的新形势新任务，在巨大的转型挑战中，《南方》杂志也迎来重大的发展机遇。在不断深化对习近平总书记关于新闻舆论工作重要讲话精神的再领会、再认识、再把握基础上，自2014年以来，《南方》杂志确立了打造一份有思想、有温度、有功用、有综合传播力和可持续发展能力的新型党刊的发展思路，在全国党刊中较早提出“有综合传播力”这一突显媒体融合发力点的理念。在这一思路指导下，南方杂志社持续推进党刊话语平台创新，推动纸媒生产力向跨平台生产力转变，全力构建体现广东最权威时政党建大刊社视野的综合立体传播格局。

一是打造“有思想”的理论高地。始终倡导行思兼备的理论风尚和思想潮流，2015年起，逐渐增加每期刊物的理论评论版面，推出《南方》杂志理论季刊，组建核心理论专家队伍，承担南方+“观点”频道的建设，立体打造具有南方特色的理论版块。在省委宣传部的支持和指导下，先后推出“传

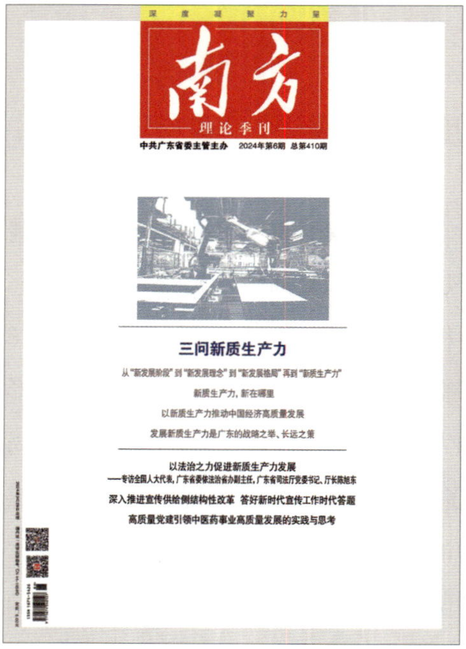

《南方》杂志打造“有思想”的理论高地

习录”“新思想引领新征程”“悦理轩”等一批理论品牌栏目，把深刻阐释习近平新时代中国特色社会主义思想作为首要政治任务抓实抓好。同时，持续推动原创评论向全局性、战略性、理论化方向跃升，截至2024年9月，已有7篇原创评论员文章相继被中央机关刊《求是》杂志转载。

二是夯实“有温度”的媒体担当。近年来，《南方》杂志在历次重大节点推出的《百年奋斗恰风华》《伟大复兴启新程》等系列特刊，从主流的人文观和历史观切入，以党刊的思想力度和报道深度书写社会的温度。聚焦中心工作，深入基层一线，先后推出《笔从溪碧来》《蹲点老区访初心》等一大批优秀“走转改”新闻作品，受到社会各界读者的欢迎和好评。同时全面提升杂志“颜值”，强化杂志视觉体系呈现“端庄、大气、雅致”的悦目观感，多次获得“中国最美期刊”荣誉奖项。

三是强化“有功用”的服务功能。长期以来，《南方》杂志围绕系列重要会议刊发大量的宣传报道以及对重要决策部署的阐释解读，对广大受众来说是学习领会贯彻落实各级党委、政府决策部署精神的“必读”刊物。通过《湾区大未来》《以点破“面”——世行广东农业面源污染治理十年记》等多个重大主题报道，聚焦重大决策、发展新情况新探索、民生诉求关切等问题深入调研，形成系列有思想有价值的深度报道，为党委、政府建言献策。开设多个栏目，如“党知部”“饮茶粤海”“领导艺术”“南方微学堂”等，贴近实际而且实用，架起与广大党员干部读者沟通的桥梁，给读者工作上的帮助、学习上的收获、精神上的陶冶。

四是构建“有综合传播力和可持续发展能力”的党刊传播渠道。面对传统媒体和新兴媒体融合发展的大趋势，《南方》杂志明确“两个融合”思路：进一步融入南方报业传媒集团，进一步与新兴媒体融合。2015年以来，南方杂志社开通“南方杂志”微信公众号，打开杂志新的媒介窗口，承办的“观点”频道和“党建”频道相继在南方+客户端上线，推出一大批“正能量+大流量”的媒体融合精品。与此同时，杂志社积极鼓励以下沉带动服务、以转型拓展空间，通过南方党建智库等新抓手持续下沉，围绕党建传播、党建研究、党建服务这三大核心任务，不断延伸以党建为核心内容的智慧化产品线，提升党刊可持续发展能力。

习近平总书记强调要“努力推出有思想、有温度、有品质的作品”，体现了鲜明的马克思主义新闻观。长期坚持有思想、有温度、有功用、有综合传播力和可持续发展能力的“四有”智慧型党刊探索，聚焦思想高度、报道深度、民生温度、服务力度、传播效度“五度”浓墨重彩做好主题报道，加快探索转型新路径，是对习近平总书记关于党的新闻舆论工作重要论述的生动实践，也是《南方》杂志塑造主流舆论新格局的出圈密码。

## 二、南方新闻网：推动党的创新理论网上传播

近年来，南方新闻网聚焦习近平新时代中国特色社会主义思想网上传播

和广东实践，依托“粤学习”网上理论传播工程，在南方网、粤学习客户端一体打造“学习日历”“学习时节”“学习文库”三大“学习”品牌，做强习近平新时代中国特色社会主义思想网上传播。

创新打造“学习日历”，推动“天天学”。“学习日历”是南方新闻网全新打造的习近平新时代中国特色社会主义思想天天学网上理论传播品牌，于2023年11月上线。以权威数据库为基础，“学习日历”梳理党的十八大以来习近平总书记的重要讲话1.4万余条。该产品每日精选习近平总书记原文金句、活动照片、原声视频，在粤学习客户端每天开屏呈现，全年不间断更新推送，吸引网友在线打卡学习。获评2024年广东省基层思想政治工作优秀案例二等奖。

持续优化“学习时节”，推动“全网学”。该专栏作为全国重点网络主题专栏，自2022年上线以来，结合习近平总书记重要日程活动，依托“总书记的声情厚意”等系列报道，在重大节日、纪念日当天推出包括高清海报、手绘长图、SVG交互长图、H5、音视频等超260期融媒产品，以多元手段助力重大主题“硬”新闻实现“软”着陆。通过新时代中国发生的生动故事巧妙折射宏大叙事，生动诠释习近平总书记治国理政的新理念、新思想、新战略，奏响网上传播习近平新时代中国特色社会主义思想强音。截至2024年8月底，共有153期作品获全国全网首页首屏前三条置顶推荐，其中15期作品获全网头条推荐。栏目入选2023中国正能量“五个一百”网络精品“网络正能量专题专栏”。

全新升级“学习文库”，推动“互动学”。作为全国首个学习习近平新时代中国特色社会主义思想的移动应用数据库，“学习文库”理论与应用兼顾、学习与实践并举，于2024年7月1日全新推出3.0版本。目前已建成“习近平文化思想文库”等6个门类的思想文库，建成思想文库、专家文库、媒体文库、重要思想学习手册、关键词学习图谱、学习公开课等工具类产品线。截至2024年7月底，文库已收录5万多篇学习资料和81位专家的系列文章，拥有123万实名注册用户，总浏览量超过5.1亿人次，共吸引244.2万人

南方新闻网创新打造三大“学习”品牌

次收藏学习文章，108.3万人次做学习笔记，81万人次摘选习近平总书记金句、党中央决策部署和省委工作部署等有关内容生成海报分享。相关产品获评2024年广东省基层思想政治工作优秀案例三等奖，相关经验获中国政研会推广。

在三大传播品牌互为拱卫下，南方新闻网在习近平新时代中国特色社会主义思想宣传方面，走在全省媒体和全国省级网络媒体前列。下一步，将继续优化和丰富产品线，强化互动，擦亮品牌，进一步提升网上传播的力度、广度和深度，推动习近平新时代中国特色社会主义思想更好走进千家万户。

## 三、南方农村报：以专业化内容创造“三农”服务独特价值

南方农村报在实践中总结并坚持“双融合”——与新媒体融合+与“三农”融合——发展战略，以专业化内容创造“三农”服务独特价值，构建了全媒体内容生产与传播新格局，目前全网新媒体总用户破亿，在农业垂直细

分领域拥有多个千万级粉丝的头部大号，牢牢占据“三农”舆论主阵地。

一是坚持做深“三农”专业调查，成就“王牌”内容产品。

深入“三农”调查研究是南方农村报一以贯之的“传家宝”，是转型融合、破圈出彩的关键动力来源，是安身立命、发展壮大的重要方法论。南方农村报始终坚持扎根基层一线和行业一线，围绕国之大者、省之要者、民之所系开展深调研，成就独家、独到、独特的“王牌”内容产品。

如2021年广东省实施“九大攻坚战”行动，加快补齐“三农”领域突出短板。南方农村报迅速响应，围绕农村生活污水治理难题，实地摸查、调研了全省20个地市56个县（市、区）的2014个自然村，走村入户了解民意，并与众多基层干部、相关职能负责人深入交流，获取了大量鲜活的一手素材，策划推出“广东农村‘污水革命’AB面”系列报道，有关区域和部门立时整改。

二是坚持将垂直做到极致，形成垂类融合传播矩阵。

南方农村报深耕畜牧、种业、农化、水产等十多个农业垂直细分领域，移动互联网兴起后，加速推动内容专业化、用户垂直化，深度服务专业用户，引导行业产业舆论，逐步形成垂类融合传播矩阵。

南方农村报以“报道改变行业”为宗旨，以“真话真相真知、独立独家独到”为要求，生产了众多在行业内“一石激起千层浪”的高质量内容产品，进而奠定南方农村报在行业产业的权威地位。同时以内容为本，以用户为中心，推动内容产品化、交互化。目前，“新闻报道+直播+深调研报告+研讨会+活动或产业链大会或展会”已成为垂直领域里南方农村报独有的传播模式。

在深耕细分产业的基础上，南方农村报搭建有效桥梁，推动区域和产业高质量发展。如2023年南方农村报结合产业和区域发展需求，在韶关举办中国牛蛙美食文化节暨第三届牛蛙产业绿色发展大会，引起强烈反响。来自全国各地的牛蛙头部企业悉数到会，千名参会人员把韶关市区酒店挤爆。韶关市委、市政府及10个县（市、区）的主要负责同志参会。

三是坚持创意融媒传播，增创专业媒体新价值。

鲜明主题和专业报道是南方农村报在“三农”领域精准掌握话语权、发

南方农村报坚持创意融媒传播

挥舆论引导力的关键。为了更好实现内容的独家性、价值的重要性、角度的贴近性、形式的专业性和传播的普适性，南方农村报积极拥抱融媒时代，生产了一批内容佳、流量高的融媒产品，每年为乡村振兴导入百亿流量。

南方农村报利用音频、图文、短视频、直播等多种媒介，让“土特产”变得好吃、好玩、好看、好听，广东荔枝等特色农产品登上热搜超过50次；主动设置话题，每年至少20个话题阅读量逾千万，最高达到17.4亿，在网络上引起强烈共鸣，吸引人民日报、新华社、中央电视台等上百家媒体参与宣传报道，切实打响“粤字号”农产品品牌。

中华文明植根于农耕文明，通过农产品展现中华传统文化的博大精深，能产生“润物细无声”的效果。近年来，南方农村报加大特色农产品对外宣传的力度，如2023年为广东荔枝策划一批宣传报道产品，其中，海报设计充分融合东方美学和异国风情，在欧亚非几大洲地标建筑亮屏，惊艳海内外，有效促进广东荔枝出口销售。

## 四、南方周末：以深度稀缺“硬通货”领跑内容付费新赛道

这些年来，面对互联网、数字化及人工智能大潮的汹涌澎湃，全球机构媒体都遭遇了海啸般的巨大冲击。2017年，南方周末也一度跌落至历史低谷。在面对最严峻挑战的关键时刻，经深入研究自身资源禀赋和比较优势后，南周报社决定将“内容”在南周价值链中的地位向上而非向下作出战略调整，走出了一条契合南周特性与全球业界趋势的道路。

内容，是这条道路的出发点。

创刊40年以来，南周推出了大量以独家调查报道为代表的优质内容作品，追寻事件背后真相，关注个体群体命运，推动社会治理进步，由此收获无数赞许，成为一纸风行、口碑与影响力俱佳的媒体。当中，多篇报道得到了中央领导和国家有关部门关注，引发雷霆万钧的整治行动；有的则获得中国新闻奖等权威大奖，甚至被网友自发翻译成英文、日文等，在海外广泛传播；还有的单篇流量高达20亿，创下南周创刊以来的历史纪录。官方微信公众号“10万+”、官方微博“千万+”的作品更是不胜枚举。

然而，南周在乎流量但不媚于流量。在报社内部，南周编辑部确立了评判自身作品所坚守的专业标准——“南周气质、南周品质”。前者是指南周自创刊以来追求真相真理、注重人文关怀的媒体初心，后者是指南周作为头部媒体在新闻规范、品控、工匠精神以及持续创新等方面的积累与精华。这些年，除了坚守南周的核心价值理念、编辑中心制以及专业至上的考评流程等传统有效制度外，南周还强调与时俱进，主动识变应变求变，如近年推出了报网端一体化改革方案、修订南周内部采编专业技术职务评聘办法、修订采编类作品考评办法、修订采编人员年度考核办法等，进一步明确将指挥棒指向高品质内容生产，同时以结构性提升原生数字化内容在南周生产、传播及产品创新中的权重，制度化推动了南周编辑部及全体采编、内容专业人员向全媒体转型。

内容，也是南周融合转型乃至经营发展的第一动力。

“全程、全息、全员、全效”的全媒体时代，进一步扩大了媒体及内容

赛道的空间和价值。这对先天受制于出版周期的南周而言，潜藏着涅槃重生、弯道超车的机遇。

以2018年推出的“内容付费工程”为标志，南周不仅设立了付费墙，成为中国第一家设立计量式软性内容付费墙的媒体机构，同时还着力打造有南周调性的知识付费产品线，进军范畴更大的内容产业。此外，南周立足于超越内容产品，深耕数个有比较优势的垂直领域，建设南方周末研究院。南周经营系统则以内容为主轴，锚定“内容立命、服务安身、品牌引领”的转型路径，以服务能力建设为核心加快转型升级，构建起以品牌综合服务提供为特色的经营发展新格局。

截至2024年6月底，南周“内容付费工程”已累计创造新型收入超5000万元，并累积了付费会员37万、知识付费产品线粉丝47万。南周研究院也设立了十大研究中心或工作室，推出各类研究报告近150份，构建起“善择”“科创坐标”“牧羊犬”等三大特色数据库，每年带动经营收入超3500万元。南周的经营业绩更是开启了至今长达6年、年均两位数的同比快速增长，从曾经的低谷重回历史高地。

南方周末领跑内容付费新赛道

内容，既是南周转型升级之路的出发点，也是落脚点。

经过六年的实践，南周逐步构建起了立足内容优势、全要素专业化的发展模式，其由两个层次的专业化构成：一是行业专业化，即坚信包括新闻在内的优质内容具有足够大的社会价值和市场空间，所以坚定地奔跑在媒体及内容行业这条赛道上；二是业务专业化，即无论是采编、经营，还是运营、服务等业务板块，都围绕内容这一主轴展开，扬长避短，做优做强。

通过生产端专业化产出的优质内容，南周凝铸起强大的品牌影响力和美誉度，再通过营销端专业化服务能力，将品牌势能转化为竞争优势、增长动能，进而再反哺优质内容产出，形成“内容—品牌—经营—内容”的可持续发展闭环，从而做到了既能坚守媒体主业，又能在较长时期内实现快速增长。

## 五、南方都市报：探索年轻态视频化表达的新范式

南方都市报坚持把握正确舆论导向，始终把弘扬主流价值、主流舆论、主流文化牢记在心，持续加强传播手段和话语方式创新，不断提高新闻舆论传播力、引导力、影响力、公信力，努力探索一条顺应行业趋势、切合自身禀赋、以“智库化、视频化、多元化、年轻化”为重要特征的智媒转型之路，近年来建设年轻态新型传播平台成效显著。南都以N视频引领年轻态视频化探索，南都大数据研究院、高质量发展研究院、湾财社、南都娱乐、奥一网等融合转型平台协同推进，推出一大批正能量、大流量的精品视频，实现在年轻群体中的强连接力和强发动力，筑牢主流宣传舆论阵地。

围绕集团的顶层设计，南都坚持与集团兄弟媒体错位发展，2020年9月推出N视频平台，是国内较早主打短视频内容生产的媒体之一。N视频平台精准定位于“年轻态新型传播平台”“视频版广东发布”，截至2023年底，客户端下载量超过2000万，月活超50万，在建设自主可控的新型媒体平台上取得良好成效。

以年轻态产品引领青少年。融媒体时代，青少年日益成为网络传播主要的信息生产者、服务消费者和技术推动者。N视频始终致力于建设年轻态新型平台，用年轻化、创意化、视频化的表达方式赢得年轻受众，在重大主题策划上坚持贯彻并不断强化“青年力”。推出的文化探索纪实综艺节目《探宝觅踪》，探索湾区文化创新表达，挖掘传承岭南人文价值，让湾区文化“破圈”“出海”；《请回答 湾青年》系列报道，聚焦台湾青年和大湾区青年融合发展的故事，获评国台办纳入对台交流重点项目；《Walk in新广东》系列视频，以青年KOL的年轻化表达展示广东各地发展新面貌新成就；“正青春”系列作品讲述广东优秀青年党员不负韶华、接续奋斗的时代故事；“最潮中国观 看我圳少年”多维展示改革开放先行示范区深圳“后浪”们的少年风采，都取得极佳传播效果。

以正能量爆款影响青少年。岭南新民谣传唱计划挖掘岭南原创音乐力量，跨界打造出一批高质量岭南新民谣原创歌曲，邀请知名音乐人常石磊制作的《花醉岭南》广泛传唱，《岭南之歌》被央视一套除夕特别节目选中，多首岭南新民谣在QQ音乐等平台成为爆款，彰显湾区青年文艺力量；音乐创作纪录片《新时代旋律》，以“红色印记+年轻唱作人”为标签；新职业体验栏目“创业多巴胺”，以年轻生动的镜头语言描摹湾区青年紧贴岭南文化点燃创业梦想的故事。

以年轻态活动融入青少年。如发起“湾区青年MAX计划”短视频征集赛，展示当代青年锐意进取的奋进故事；发起“说唱大湾区”比赛，让先锋说唱与红色经典碰撞协奏；“雄狮黄飞鸿”特色文创，是广东首款非遗主题游戏。

以个性化IP聚合青少年。N视频启动“青年+”人才培养策略，鼓励年轻采编团队主导孵化IP栏目。在此策略推动下，N视频陆续涌现“青年+”“C位”“N视评”“主播说”等年轻态原创栏目IP，鼓励采编人员建立更多创作者个人IP，提升优质内容生产效能。

以开放式平台沟通青少年。N视频累计邀请超2.5万名创作者入驻，已构

南方都市报主题教育栏目“正青春”

建起包括政府机关、县级融媒、垂直领域、青少年等各类创作者在内的大湾区年轻态创作生态体系。目前，N视频累计认证创作者中的青年创作者数量高达八成。此外，在广东省委宣传部指导下，N视频着力打造广东省视频服务平台，平台内含虚拟人发布、创作者学苑、素材库、活动空间、融媒社区等功能板块，以视频创作服务赋能广东省县级融媒体高质量发展。

南方都市报将继续按照集团的顶层设计，发挥南都比较优势，凝“青年心”聚“青年力”，并加强与集团内兄弟媒体的协同，以“办中国最好的报纸 做中国一流智库媒体”为目标，以建设具有强大影响力和竞争力的新型主流媒体为方向，大力推进媒体融合转型。

# 第二章
# 深度融合："两端一云"推进系统性变革

时代洪流，滚滚向前。

穿越铅与火，走过光与电，融通数与网，拥抱云与智。媒体融合犹如激流中的一朵浪花，在波浪中前行，在曲折中成长。

放眼全球，媒体融合是长期课题。

1987年，美国《圣何塞信使报》创建电子版，成为世界第一家发展网络新闻产业的媒体。20世纪90年代初，英国广播公司（BBC）和美国有线电视新闻网（CNN）相继开始网络业务，“台网融合”建立起新的制作播出机制。从2007年起，CNN与Youtube、Facebook等新媒体合作，开展新闻直播、用户互动等业务。2011年3月，纽约时报创建“付费墙”，成为传统报业创新经营模式的一个亮点。国外媒体融合不断深入，如今不少媒体应用人工智能生成内容（AIGC）、元宇宙等技术，加速智能转型。美联社于2023年8月推出“生成式人工智能使用指南”，生成式人工智能已介入翻译、采访稿撰写等工作。

立足中国，媒体融合是国家战略。

21世纪进入第二个十年，中国互联网发展按下快进键，媒体格局、舆论生态、受众对象、传播技术都在发生深刻变化。2013年8月，习近平总书记提出“加快传统媒体和新兴媒体融合发展”，开启了波澜壮阔、意义深远的媒体融合征程。2014年通过《关于推动传统媒体和新兴媒体融合发展的指导意见》；2018年要求扎实抓好县级融媒体中心建设；2019年首次提出“四全”媒体（全程媒体、全息媒体、全员媒体、全效媒体），明确要“打造一批具有强大影响力、竞争力的新型主流媒体”；2022年强调“加强全媒体传播体系建设，塑造主流舆论新格局”……随着党和国家关于媒体融合的战略部署向纵深发展，全国媒体融合实践如万马奔腾，一个助力中国式现代化的全媒体传播体系加速形成。

聚焦行业，媒体融合是立命之本。

由"相加"到"相融"，由"融媒"到"智媒"，各级媒体全面挺进互联网主战场，向转型要动力、要活力。一方面，打造自主可控的新型传播平台，人民网《2022—2023报业融合发展观察报告》显示，在考察的全国1330家主要报纸中，有570家自建了客户端，开通率为42.9%；另一方面，报纸积极拓展新终端、新渠道，如入驻微信、微博、抖音、快手等商业平台，广泛连接用户。

身处领时代风气之先的广东，作为平面媒体时代取得成功的媒体集团，南方报业传媒集团在移动新媒体时代坚守媒体主责主业，围绕提升现代传播能力，构建起"报、刊、网、端、微、屏"等多元传播矩阵，走出了一条符合自身特点的融合发展之路。

落实广东省委战略，2023年11月，南方报业正式发布"两端一云"建设蓝图，推动南方+客户端提档升级，建设GDToday（今日广东）客户端，打造"南方智媒云"。这是推进系统性变革、建设高水平新型主流媒体的全新启程，也是奋力走在前列、"智"胜未来的再次创业。

## 第一节
# 南方实践：与时偕行，欣欣向“融”

如果回到从前，你是否会想到，曾经的“一纸风行”“洛阳纸贵”，会变成如今的“一机风行”“人人刷屏”？

中国互联网络信息中心的统计数据显示，我国网民规模已从2013年的6.18亿人增加到了2023年的10.92亿人，其中99.9%为手机网民，手机成为获取信息的不二之选。

在移动互联网冲击下，传统媒体面临“用户连接失效”的危机，“报纸消亡论”“电视消亡论”持续引发热议。置身舆论新生态，以办报起家的南方报业如何突围？

尽管旗下纸媒仍保持着全国领先的发行量和强大的舆论引导力、影响力，但南方报业深知互联网带来的冲击是颠覆性的，办媒体一味守着报纸肯定不行，在移动互联网中开疆拓土成为必然趋势。唯有顺应媒体融合发展大势，以互联网思维重构媒体传播，把原来纸上的强大传播力转移到互联网特别是移动互联网，重建现代传播能力，才不会被扫进历史的故纸堆，才能让南方血脉生生不息。

沿着党中央指引的方向，从2013年开始，南方报业吹响了融合转型的号角，立足多年积攒下来的深厚“家底”，大力革故鼎新，集中优势资源打造了南方+客户端等自主可控、传播力强的新型主流媒体，乘势而上高质量建设“两端一云”，在互联网主战场开辟新阵地，再创新荣光。

## 一、转型不转行：没有传播力就没有一切

近些年来，奔跑在融合转型的赛道上，全国各级主流媒体各展所能，形成了丰富的宝贵经验。

南方报人也时时在思索：我们的主责主业是什么？主业能让我们生存下来吗？做好主业了，还要做产业吗？要做好主业，最根本最核心的是要抓什么工作？

求解这四个“灵魂之问”，让南方报人更加笃信：“转型”不等于“转行”。传播力是媒体最根本、最基础的能力，传播力建设好了，在此基础上的经营、拓展、服务等功能与业务便可以水到渠成。反之，没有传播力就没有一切。媒体融合转型，实际上是介质迭代，即从“纸”的介质转到“网”的介质，本质是传播力的重构。

基于此，南方报业始终将主要精力放在办好媒体、做好内容生产传播上，完成好党赋予的使命任务，传播好党中央、省委、省政府的权威声音，把建设新型主流媒体作为履职尽责的战场、干事创业的舞台、安身立命的饭碗。

融合发展关键在融为一体、合而为一。围绕重构现代传播力，南方报业没有另起炉灶，而是在战略层面实施“三个一体化”——内容一体化生产、技术一体化支撑、经营一体化统筹，战术层面实施“四化”——移动化、平台化、可视化、智慧化，成功走出了一条符合自身特点的融合发展之路。

“三个一体化”发挥了重要的顶层设计作用：内容上，整合同一生态圈内的采编力量，形成一支队伍、一个系统服务报网端微多个介质、生产各类产品的一体化生产新格局；技术上，将技术作为“硬核”能力撑起融合生态传播力的底盘，充分整合分散于各媒体的技术资源，共商共建共享强大、统一、高效的技术体系；经营上，将原本只负责报纸广告的经营队伍，转型为服务报网端等多个平台的经营团队，打通报网端，实行全案营销和全媒体经营。

“四化”则是具体的“打法”：移动化，坚持“移动优先”，推动主要采编力量向移动端转移，着力提升内容品质，奋力抢占舆论制高点；平台化，以打造新媒体优越平台南方+客户端为切入点，建设自主可控的传播平台；可视化，通过内容供给侧结构性改革，不断满足用户的多元化产品需求；智慧化，一方面，依托大数据技术强化内容分发、精准传播，另一方面，突出“新闻+服务”，打造传媒智库矩阵，提升党报围绕中心、服务大局的新能力。

## 二、新业已成：小生态融成大生态

作为省级党报传媒集团，南方报业旗下媒体多、端口多、介质多，将性质相近、逻辑相洽的同一类媒体组成一个新的媒体生态圈，既可以集中资源、集约资源，又避免了重复建设、内卷内耗。

比如，《南方日报》、《南方》杂志和南方新闻网、南方+都是党的权威媒体平台，组成一个生态；《南方都市报》《南都周刊》《南都娱乐》以及奥一网、南都App、N视频、相关第三方平台账号都是基于都市类媒体发展起来的，可以组成另一个生态。集团其他的媒体以此类推。从“相加”迈向“相融”，一个个小生态逐步打通，进而互融共生形成南方报业新的大生态。

共建共享集团转型主平台，南方报业各媒体均在南方+上开设并运营频道或南方号，记者均可同时冠以南方+记者称谓，南方日报的各大采访部门也加挂了南方+采访部的牌子，在内容生产、传播运营等环节深度融合、优势互补。南方+品牌栏目“南方+编委会一周荐读”，便彰显了“集团军”优势，立足国内国外，打通网上网下，每周精选、包装、推送南方报业各媒体的优质原创内容，覆盖深度报道、评论、视频、长图等全媒体形态，兼具信度、深度、广度、温度，成为许多用户每周的“必读”“必看”内容。

多年磨剑，博观约取，厚积薄发。南方报业融合转型成效显著，已构建起包括5家报纸、9种期刊、10家网站、6个客户端、1家出版社以及3000块互

南方报业旗下媒体从"相加"迈向"相融"，互融共生形成新的大生态

动触控屏、1万平方米户外LED大屏的"报、刊、网、端、微、屏"全媒体传播体系，覆盖用户超4.6亿。原来办得很好的报刊如《南方日报》、《南方农村报》、《南方周末》、《南方都市报》、《南方》杂志等依然办得不错，同时南方新闻网、南方+、南方周末App、南都App、N视频、粤学习、GDToday客户端等自主可控、传播力强的新型传播平台发展势头良好，堪称"旧业还在，新业已成""此长彼长，此优彼优"。

## 三、平台进化：两端并立，内外宣并起

第四次工业革命持续深化，AIGC等技术裂变式发展，对新闻舆论工作提

出了新的要求。走过第一个十年，媒体融合已经开启“下半场”，进入了爬坡过坎、攻坚克难、深度推进的关键时期。

作为经济大省、媒体大省，广东如何再创优势？2023年11月13日至14日召开的全省宣传思想文化工作会议指明了方向：“聚焦融合发展打造全媒体传播体系，集中优势力量打造‘两端一云’，牢牢占据传播制高点，激励全省上下奋进新征程、建功新时代。”

新使命，新机遇，新未来。按照省委擘画的全新蓝图，2023年11月15日，南方报业正式发布“两端一云”建设方案，全力推动南方+提档升级、建设GDToday和打造支撑服务全省媒体融合的统一技术平台“南方智媒云”，锻造融媒新质生产力，从弄潮走向领潮，示范带动全省媒体发展，书写媒体融合新篇章。

互联网马太效应显现，新闻客户端竞争在一定领域一定范围内将呈现“强者恒强、赢者通吃”的局面，“有端无客”“有端无市”的情况或进一步凸显。平台进化向何处去？

“两端并立、内外宣并起”，是“两端一云”的鲜明特色。

南方+坚持导向为魂、移动为先、内容为王、创新为要，扎根广东、深耕湾区、辐射全国、面向世界，全力打造升级版，提升首位度，建设在全国具有强大影响力的广东传播主平台；加快由生产主体平台向聚合传播平台跃升，由信息服务平台向社会治理平台拓展，全面提升“新闻+政务服务商务”水平，建设社会治理创新工具。

GDToday志在打造广东对外传播主平台、世界了解广东第一端、粤港澳大湾区外宣旗舰媒体，实现习近平新时代中国特色社会主义思想和习近平总书记形象的全球展示平台、粤港澳大湾区资讯权威发布平台、广东高质量发展服务保障平台、外籍人士网上办事平台、涉外活动策划组织平台、中华文化走出去传播交流平台六大平台功能。

内容与技术并重，“双轮”驱动，是“两端一云”的又一亮点。

在内容侧，南方+、GDToday将加强融媒策划传播，优化激励机制，重点在权威信息首发、主题宣传报道、国际热点引导等方面发力，生产更多"思想+创意+技术"的精品佳作、出圈爆款，提高议题设置能力、舆论引导能力、整合传播能力，以内容优势赢得发展优势。

在技术侧，南方智媒云致力打造支撑全省、服务省市县三级媒体融合发展的"智媒空间站"，建成自主可控、安全可靠、竞争力强的媒体深度融合发展统一技术平台。具体包括"六个一"：建设全省"一张网"，服务省市县融媒完全贯通、高效流转；建设"一体库"，推动全省宣传资源交换共享；建设"一引擎"，构建全省媒体数字化底座，梳理标准版平台功能和能力工具，分阶段面向省内媒体开放；建设"一中枢"，实现全省宣传统一指挥调度；建设"一中心"，支撑全省媒体数据版权服务交易；建设"一实验室"，推动广东高科技发展优势转化为数字化传播优势。

在中国人民大学新闻学院教授、博导宋建武看来："'两端一云'建设思路，遵循中央建设全媒体传播体系的战略部署，依托以互联网为核心的现代信息技术，符合新闻传播规律和新兴媒体发展规律。可以预期，这将闯出一条省级媒体转型发展的新路。"

## 四、引擎驱动：破题探路，赋能全省

南方报业"两端一云"战略"三管齐下"，致力于答好"既要、又要、还要"的考题——既打造强大内宣平台，又积极拓展外宣平台，还为处于媒体架构"腰部"的地级市媒体和末端的县级融媒体赋能。

"两端一云"建设将牵引广东全省新闻战线加快媒体融合。南方+已建成集App、手机站、小程序、PC站等于一体的移动产品矩阵，将持续构建"省市县镇村"五级融合传播生态圈，推进"专业+用户+职业+人工智能"四域内容生产。GDToday将联手广东21个地级以上市开展共建，未来还将搭建容量巨大、分类清晰、把关精准的开放式外宣资源收集平台。

"两端一云"建设将牵引广东国际传播能力提升。GDToday积极构建涵盖多语种网站、英文客户端、IP形象资源库、境外账号群、英文微信公众号、英文电子周刊、海外工作站点、全球合作媒体的国际传播矩阵。以此为牵引，广东将着力构建国际传播大格局，统筹将经贸、教育、科技等各类业务资源转化为内容资源、传播资源，携手港澳共建一流人文湾区，依托在粤举办的国际性会议活动做好主场外宣。

“两端一云”建设将牵引广东“大宣传”工作格局的构建。南方+将以共建频道、南方号平台提质增效工程为抓手，进一步强化与机构媒体、政务新媒体、主流创作者等主体的内容共建、资源共享、议题共振；GDToday将打通南方报业内部、省直媒体、省直单位、港澳和广东省内城市、中央媒体、自媒体和个人用户六类资源，逐步构建内容联合策划、生产、传播的对外传播体系；南方智媒云计划链接省市县三级融媒平台的机构、资源和数据，助力培育内容汇聚、技术共享、运营联动、人才赋能、机制顺畅的广东融媒可持续发展的良好生态。

复旦大学新闻学院教授、传播与国家治理研究中心主任张志安认为，“两端一云”将更好地扎根广东、服务湾区，建设面向全国乃至全球的全媒体传播体系，助力塑造主流舆论新格局。

时代在变，传播方式在变，用户需求也在变，但勇于变革、勇立潮头的南方气质不会改变，为时代书写、为人民抒怀的主流媒体初心不会改变，南方报业对传播力的珍视和追求不会改变，南方报人对媒体使命和新闻品质的孜孜以求也不会改变。迭代的是介质和技术，永恒的是初心与匠心。南方，欣欣向“融”，生生不息。

# 第二节
# 南方+：湾区首"端"，新媒标杆

2015年10月23日，在《南方日报》创刊66周年之际，承载着南方报人新的光荣与梦想，南方+客户端正式上线，吹响了挺进互联网主战场的冲锋号。

时序轮替，这棵从南方报业躯干上长出的嫩芽已经枝繁叶茂，带来"万物生长"。截至2024年9月，南方+总下载量突破1.8亿、日活超600万、入驻南方号超7000家、合作共建频道超500个，综合实力稳居全国主流媒体客户端第一方阵。

"搏击"移动互联网，南方+也深刻感受到：媒体的"打法"已经变了，阵地要不断迭代，用户要持续拉引，传播要精准到位，服务要丰富便捷，没有一蹴而就、一劳永逸的捷径。既要遵循新媒体传播规律，重视开放生产、用户互动、流量运营等新指标，也要坚持和提升原有的内容生产能力、品质要求、政务服务能力，下好"一盘棋"。

乘着"两端一云"的东风，怎样加速腾飞？南方+抱持长期主义，锚定传播力建设，着力打造一流的内容体系、平台体系、运营体系、服务体系，日拱一卒，久久为功，高质量建设"广东传播主平台""湾区第一端""全国标杆新媒体"。

## 一、夯实权威专业的内容体系

在南方报业内部，有句话很流行："只要采编内容保持貌美如花，经营就能做到赚钱养家。"

时空变换，尽管用户、技术、数据等纷纷被冠以“王”的称号，但内容始终是“王中王”。

依托内容一体化生产机制，南方+充分发挥南方报业的内容生产优势和资源整合能力，对内有机兼容集团旗下各媒体的丰富内容，对外深度聚合主流媒体、政务新媒体等的权威内容，年发稿量超百万篇，形成“多、快、新、近、实”的优质内容池，覆盖图文、海报、视频、直播、H5、动漫等全媒体形态，帮助用户知广东、看湾区、观天下。

秉持“协同不雷同”“分工不分家”的理念，南方+协同集团媒体2000名专业记者，踏出“铁脚板”，奉上“拿手菜”，把握广东、大湾区重大新闻及重要资讯在移动端的首发权，同时以互联网思维和用户思维为驱动，孵化“学习导读”“南方读+”“叮咚视评”“粤政头条”“聊点‘政经’事”“珠三角观察”“港澳一周”“国是瞭望”等新媒体特色栏目IP，筑牢意识形态“护城河”。

三个初心“坐标”，定义了南方+内容创新的经纬。

一是“国之大者”。南方+突出移动化、可视化，以“学习导读”为龙头，联合集团媒体“学习时节”“学习日历”等栏目，打造“学习”系列品牌栏目集群，力求准确生动宣传阐释习近平新时代中国特色社会主义思想的核心要义、丰富内涵、精神实质、实践要求，让党的创新理论“飞入寻常百姓家”。建设粤港澳大湾区，是习近平总书记亲自谋划、亲自部署、亲自推动的重大国家战略。讲好大湾区故事，就是讲好家国故事。在香港回归祖国26周年之际，南方+推出《本色湾区人｜7分01秒“港”新声》专题片，香港创业者高月华、舞狮人夏敬文、社工叶文悦的故事一一通过镜头自然传递，让更多香港青年的本色血脉被唤醒。南方+致力成为高水平湾区主流新闻发布门户，每年播发数十万条原创稿件，近六成关联粤港澳大湾区，使“我们都是湾区人”的理念更加可感。

二是“省之要事”。2019年是新中国成立70周年，70年里广东经历了什么？南方日报、南方+23位名记者用3个月走遍广东各地，精心推出“壮丽

南方+充分发挥南方报业的内容生产优势和资源整合能力，形成“多、快、新、近、实”的优质内容池

70年 奋斗新时代——广东日记”全媒体系列产品，聚合精品报道、精美视频、精彩评论、水墨长轴画卷、线下互动展览，并首次使用AR技术强化报网端互动，从大桥、广交会、家电、汽车、外来工、华侨农场、工夫茶、足球、音乐等21个小切口出发，讲述跨时代的奋斗故事，立体生动记录南粤热土70年巨变。广东是改革开放的排头兵、先行地、实验区，要在推进中国式现代化建设中走在前列。围绕高质量发展这个首要任务，2023年春节后上班第一天，广东就召开全省高质量发展大会，擂响了创先争优、苦干实干的战鼓。南方+打造了原创功夫动漫《揭秘广东真实存在的21个“武林门派”，个个有“高”招》，借鉴武侠动画风格，创造性地将广东各市人格化呈现，同时结合各地特点，把21个城市划分为“万亿金刚”“岭南虎将”“胶己四雄”“粤西三杰”“绿美五侠”5个组团，并专门为各市量身定做拿手“高”招，独具特色，备受好评。

三是“民之期盼”。铁肩道义，妙手文章；脚下有泥，心中有光……网上有奔腾鼎沸的人气，现场更有真实鲜活的人民。结合“百千万工程”建设，南方+团队奔赴潮州饶平的山区鹅场、清远佛冈的圩镇乡村、广州增城的田间地头，体验东北“鹅教授”、乡村“焕颜师”、靓妹“农机手”的真实生活，推出沉浸式全真记录系列短视频“整活了@广东百县千镇万村”，展现了一线奋斗者的可爱、可亲，以及广东县、镇、村实干拼搏的热烈氛围。2022年4月，国务院办公厅印发《关于推动个人养老金发展的意见》，南方+“简笔画财经”栏目及时制作发布《个人养老金制度来了！“三大支柱”让你更加老有所依》，用画风可爱的简笔画视频，搭配通俗的旁白，帮助读者掌握民生政策要点。2023年高考放榜前后，南方+运营的南方日报微博综合主持话题“这些都是野鸡大学”，提醒广大考生和家长，避免因“野鸡大学”的虚假宣传而上当受骗，该话题登上微博热搜第一位，阅读量达数亿，社会效益上佳。

## 二、锻造开放共享的平台体系

今时今日，人人都有麦克风，广大党政机关也运用“两微”等平台进行政务发布，然而，一些自媒体平台把关力度的不足和流量变现的“天性”，也可能会损害政务发布的公信力。南方+以共建频道、南方号、拍客等新型子平台为抓手，锻造以开放共享为理念的平台体系，重塑强化用户连接，巩固壮大主流舆论。

### 1. 共建频道广泛覆盖广东五级区域

纸媒时代，南方日报自2002年起实施地市战略，从全省、全国版衍生出了《观察》《视窗》等地方版，形成了树状的纸媒产品结构和人才布局结构，将宣传服务的触角和队伍延伸覆盖至地市、区县乃至镇街。

新媒体时代，通过与南方日报融合发展，南方+以频道建设为载体，继续深化与地方党委、政府的合作，推动新型主流媒体资源下沉到广东各个区域，探索出主流媒体与地方工作之间从"相加"到"相融"的新模式。

目前，南方+已与广东各地各党政机关部门、企事业单位合作共建了超过500个频道，成为覆盖广东五级区域的权威信息发布平台，包括面向省级层面的垂类频道，面向市、县（市、区）、乡镇（街道）、村（社区）层面的城市频道、区县频道和镇街频道等。通过做好权威信息发布、区域政策解读等内容供给，加大政务服务商务功能嵌入，形成一个个全方位、多层次的区域主流舆论阵地，进一步服务基层，增强黏性。

依托共建频道，南方+与基层用户建立了全方位深度连接。一方面，满足了基层群众对权威信息的强烈需求。首发的新闻、首创的产品，助力共建频道成为更多基层用户的首选。以佛山区域频道为例，大流量的爆款内容，有72%来自县（市、区）、镇（街）一级。另一方面，充分撬动县域活力，服务县域治理。例如，肇庆怀集频道推出怀集乡村振兴大擂台项目，各镇党委书记纷纷展示乡村振兴工作成果，频道通过直播、网络投票等方式参与其中，传播好声音；南方+与广州市番禺区钟村街道办事处共建"惠你钟村"

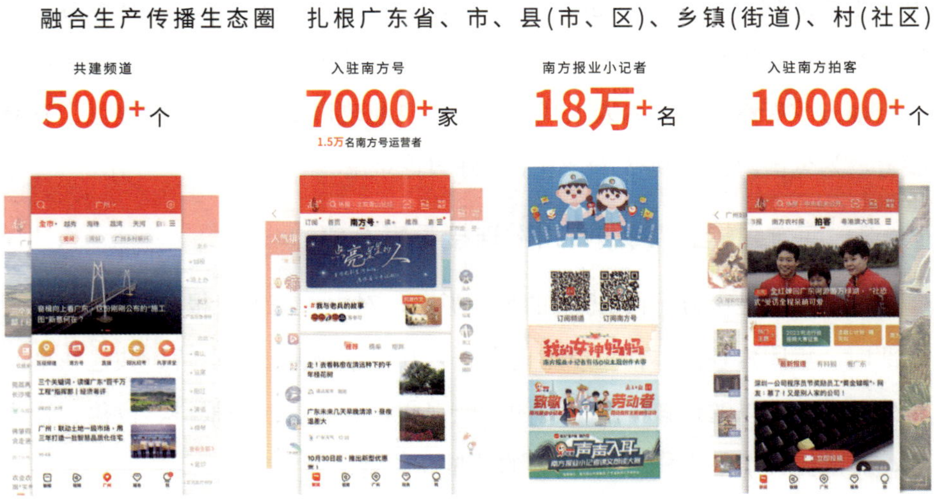


截至2024年9月，南方+入驻南方号超7000家、合作共建频道超500个

频道，将平台覆盖至村一级，广泛服务辖区数十万基层用户。

### 2. 南方号平台构建政媒互动新生态

作为平台型客户端，南方+积极创新产品形态，在党端系统中率先建设南方号平台，形成S2B2C模式，即作为S端（平台能力提供者），重点为B端（党政机关、企事业单位等）提供服务C端（网民群众）的平台。目前，南方号已发展为广东规模最大的政务新媒体聚合平台，入驻机构超过7000家，实现省直、地市、区县政务机构全覆盖，并打造了教育、医疗、政法、科技、团委等垂直矩阵，助力构建“省市县镇村”五级融合传播生态圈。

南方号矩阵的广泛覆盖，进一步拓展了南方+面向基层的凝聚力和生产力。对传统媒体来说，几百人的通讯员队伍已算庞大，而通过南方号平台，南方+聚集了1.5万名运营者，这个新媒体时代的通讯员队伍，为南方+内容池注入了汩汩活水。

在重大新闻硬仗中，南方号平台紧紧围绕中心工作，及时设置热点议题，协调引导各入驻政务新媒体参与重大主题宣传报道，抓牢权威首发、推出融媒策划、培育爆款IP、聚力下沉运营，不断强化内容开放生产的核心竞争力，在移动互联网上形成主流舆论强势。2023年全国两会召开前夕，南方号平台策划“以百姓心为心——广东人民心愿墙”同题作文，从教育、健康、衣食住行等小切口，书写广东民生实事成绩单，共筑新年民生心愿墙，亮出地方政府承诺书，为人大代表履行职责和政协委员参政议政提供了有益参考，为全国两会胜利召开营造了良好舆论氛围。

### 3. 南方+拍客“海纳百川”连接千家万户

拍客平台是南方+开门办端的另一抓手，对内，南方日报、南方+各个采编部门，集团内各媒体都可以申请在平台开设话题并自主运营、共建共享；对外，用户可以通过该平台上传图片、视频、音频，轻松报料、投稿、领奖金，有效提升了南方+多样化内容的数量和质量。

自2019年上线至2024年5月，南方+拍客平台已迭代10多个版本，搭建了

"新闻策划—素材上传—选题派料—审核发布—稿费发放"的完整生产闭环，积累用户超过10 000名。

拍客平台主动策划互动性强的活动，吸引用户参与内容生产。例如，2024年，通过常设的"南方+拍客看广东""南方+拍客一周精选"等栏目，围绕劳动节、儿童节、端午节等节点发起6场征稿活动，累计征集拍客图片约2500幅；围绕深中通道开通，组织"最美深中，魅力湾区"主题征稿活动，以南方+拍客的真实故事为案例，推出"我与深中通道的故事"系列报道，引发了网友的广泛关注。目前，南方+拍客聚集了广东优秀的新锐摄影师群体，覆盖无人机摄影、风光摄影、延时摄影等领域。

拍客平台也鼓励用户报料，担负起倾听百姓声音、反映百姓困难、解决百姓问题的社会责任。迄今集团媒体先后使用拍客平台开设了"南方曝光台""广东防汛应急报料"等众多话题，接收视频、图片素材报料逾50万条，为内容生产加力增效。

## 三、建设精准有效的运营体系

"酒香也怕巷子深"，互联网如汪洋大海，信息日益同质、过剩，如何才能"锁定"用户的注意力？怎样让流量变"留量"？发力"公域引流+私域运营"，南方+已初步构建起多维度、高质量的运营体系。

### 1. "造船借船"并举，做强内容运营

"造船"和"借船"两条腿走路，是南方+建设现代传播能力的重要打法。"造船"即重拳打造自主可控的新型主流媒体平台，"借船"则是借助强大的第三方平台实现广泛传播，包括开设微信公众号、微博号、抖音号、今日头条号等。

南方+统筹处理好与央媒平台、商业平台等机构的关系，构建资源集约、结构合理、差异发展、协同高效的全媒体传播体系，努力实现全方位覆

盖、全天候延伸、多领域拓展，让主流价值占据舆论引导、思想引领、文化传承、服务人民的传播制高点。

在具体实践中，南方+传媒中心负责运营以南方+、南方日报名义开设的全网账号矩阵，覆盖“学习强国”、人民日报、央视频等权威党端，微博、微信、抖音、快手、小红书等社交平台，今日头条、百度、华为等综合资讯平台。运营团队强化全平台运营能力，分门别类，因“台”施策，扩大地域、人群与内容的覆盖面，推动端内端外同屏共振，提升传播效能。例如，围绕“2024年广东高质量发展大会”主题，南方+开设并主持了“高质量发展广东站C位”“王传福说没有广东支持就没有比亚迪的今天”“颜宁说来广东才知道春节何以为春”等话题，创新运营，频上热搜。在“请到广东过大年”主题的全网运营中，南方+推出特色文旅策划，先后有10多个话题登上热搜，涌现出“广东过年豪横宠粉”“广东省菜一吃一个停不下来”“贾玲回应电影《热辣滚烫》为何在广东取景”等9个千万级话题，实现亿级传播，唱响了广东文旅好声音。

### 2. 搭建品牌纽带，做精社群运营

积分商城释放强大引力。南方+积分商城是一种导入，将用户导入主流传播的阵地；也是一种输出，输出权威准确的资讯；更是一种传递，传递同心同向的价值。通过“品牌曝光—用户参与—积分累积—奖励兑换”机制，积分商城有效增强了用户参与度与忠诚度，释放了正向激励效应。除了常规的积分兑换模式，积分商城还结合节庆，以低门槛、高福利、强互动的方式搭建起用户桥梁。截至2024年6月，积分商城用户已超60万人，上架福利礼品近500种，产生兑换订单近1.5万单。这些用户不仅成为南方+的“铁粉”，同时作为“金牌推广员”吸引更多人“入群”“造圈”。

小记者辐射全省百万家庭。在广东省新闻工作者协会的指导下，南方+推出“南方报业小记者”公益品牌，通过“线下研学活动+线上创作大赛”模式，打造具有深远影响力的青少年社会实践教育平台。“南方报业小记

者"与华南师大附中等近400所名校共建校园记者站；与广东省方志馆等42家机构和企业共建实践基地，吸引百万家庭的关注。线下，整合政媒企校四方资源，已成功举办200余场研学活动，涵盖生活科技、智能制造、历史文化等多个领域；线上，推出一系列品牌创作大赛，连接6000所学校超3万名教师，发动超18万名青少年创作了超20万件作品。借助"南方报业小记者"这一平台，南方+与教育垂类用户之间保持了高频且稳定的良好互动。

### 3. 树立特色IP，做优活动运营

"五进计划"贴近群众下沉基层。品牌宣传走到群众中去，是走好新媒体时代群众路线的必然选择。南方+持续深化探索，结合采编业务部门的活动需求，推出富有"南方特色"的线下品牌展示模式。"五进"计划（进社区、进商圈、进企业、进高校、进单位）的实施，让"南方-无处不在"。

"五观团"以活动盛宴抓牢用户。南方+整合文化、体育、娱乐、旅游、科教多方资源，打造出私域IP"好玩南方+"，包含观影团、观赛团、观演团、观展团、观光团五大主题活动，邀约用户共同感受电影里的世间百味、享受球赛中的激情较量、品味戏剧里的漫漫人生、探索文化艺术的瑰丽多姿、领略自然和城市的各异风情。截至2024年4月，南方+已举办"五观团"74场，吸引近18万用户参与互动。

智媒工坊打造"人才孵化器"。发挥南方报业在新闻生产传播和媒体融合转型领域的业务优势和人才优势，南方+打造了多样化的"智媒工坊"培训体系，积累并输出媒体发展中的有益经验，已形成"专+"交流营、融媒培训班、晋阶培训课、校企研讨班四大交流机制，研发超20个精品课程，对内培育媒体融合生力军、媒体创新拔尖人才，对外赋能省、市、县（市、区）、乡镇（街道）、村（社区）五级融媒体人才以及新闻院校学生。

## 四、构建智慧多元的服务体系

南方+不仅是一个新媒体平台，还是以“互联网+”为理念的综合服务型平台。以先进技术为支撑，连接各类资源，拓展服务边界，南方+努力建设“服务型媒体”，走好全媒体时代群众路线，打通连接和服务群众的“最后一公里”，让党的声音和组织力传导到基层最末梢，助力政府治理体系与治理能力现代化。

南方+已形成近百款服务工具，如投票、征稿、打卡、答题、查询、缴费等，并通过巧手策划，打好产品“组合拳”，持续吸引用户。

### 1. 聚焦政务服务，助力基层“智”理

数字化时代，“掌上办”“指尖办”已逐步成为政务服务的标配。通过立体化的布局和互通化的资源，南方+形成了一个便捷的政务服务生态系统。

以“粤省事”为代表的“粤系列”是广东深化数字政府改革的中坚力量。南方+持续深化与“粤系列”的合作，构建服务专栏。用户可直接从南

南方+以“互联网+”为理念，通过连接各类资源，拓展服务边界

方+进入“粤省事”“粤健通”“粤税通”“粤医保”平台，实现看新闻、办政事无缝切换，为数字政府“+”油提速。

此外，南方+与广州市公安局联合推出了“广州出入境及身份证业务自助办查询地图”，集成定位、导航、分享等功能，用户动动手指就能知道距离自己最近的自助办证点，准确实用。

投票系统是南方+的一大服务利器，截至2024年6月已举办1200多场活动，成为用户的好帮手。2023年11月，广东人大网、南方日报、南方+联合开展了“寻找广东‘群众最满意的人大代表联络站’”投票活动，全省21个城市23个代表联络站通过短视频展示听民意、汇民智、解民忧的经验做法。该活动成为广东人大联合媒体开展的覆盖面最广、参与度最高的活动，有效架起社情民意的“连心桥”。

### 2. 聚焦民生服务，满足用户“刚”需

紧扣用户所盼所需，精准切入长尾市场，为用户提供吃、住、行、游、乐、购等方方面面的及时服务，南方+下了不少功夫。

在“+”上课、在“+”看展、在“+”求职等在“+”系列服务产品，深受用户喜爱。在“+”上课的1万多节名师线上精品课，成为广东学子在云端上课的主要选择，仅疫情期间便获得过亿级流量关注；在“+”看展涵盖数十个VR展馆，让用户足不出户便能畅享360°全景式精品大展、学习文博知识；在“+”求职服务全面覆盖广东21个城市，其中的“金牌荐岗”栏目每周固定推荐优选岗位，为求职者提供更为精准、高效的就业服务。

南方+还及时推出实用工具，为群众送去“及时雨”。2023年底，广东各地儿童呼吸道疾病患者数量增加，南方+制作发布“广东提供儿科诊疗服务医疗机构全名单”产品，收录超751家儿科诊疗医疗机构详细数据，为用户解决就医的痛点堵点。

### 3. 聚焦公益服务，奏响绿美“粤”章

“植”此青绿，粤美山河。在广东省“百千万工程”指挥部办公室、省

农业农村厅、省林业局指导下，南方报业承建、运营绿美广东公共服务平台，并在南方+重点布局上线，旨在运用“互联网+”提升绿美广东生态建设的全民参与度，倡导绿色文明生活新风尚。

这一省级创新平台涵盖认捐认养、绿美赛事、绿美商城、绿美资讯、绿美活动、小绿书等板块，集公益、体育、旅游、分享等多元化功能于一体，自上线以来获得社会各界广泛支持与响应，相关项目捐款数额持续增长，多位社会名人纷纷为绿美广东代言并认捐认养树苗，掀起了全民爱绿、植绿、护绿的新浪潮。

依托绿美广东公共服务平台，2024年上半年，南方+联动多个合作单位栽种上千棵树苗，唱响“我为广东种棵树”主旋律。其中，超50家南方号入驻单位齐聚广州花都盘古王公园，挥锹掘土、扶苗培根、灌溉浇水，栽下一片片黄花风铃木，共建“南方+林”；作为新时代青少年，南方报业小记者的代表们也积极响应号召，在广州大夫山森林公园及海珠国家湿地公园种下希望树苗，共建“南方报业小记者林”。

# 第三节
# GDToday：国际旗舰，声播全球

国际传播力是媒体传播力的重要组成部分。广东是改革开放的前沿，既是展示我国改革开放成就的"重要窗口"，又是国际社会观察我国改革开放的"重要窗口"。作为中国经济第一大省、外贸第一大省，广东毗邻港澳，贸易遍及全球，与港澳地区根脉、血脉、文脉相连，粤籍海外华侨华人更是多达3000余万名。

全球化的广东孕育着全球化的媒体。作为广东最主要的媒体之一，南方报业始终重视对外传播工作，并因应时代命题，不断探索对外传播、国际传播规律，改革前行。

## 一、广东媒体对外传播事业改革发展的缩影

《南方日报》是最早经中央批准对外发行的地方报纸之一，1960年已向海外发行，后来因故停止。1978年底，中央宣传部下达文件，批准《北京日报》、《解放日报》、《文汇报》（上海）、《南方日报》从1979年元旦起，对外公开发行。1981年4月，南方日报与香港文汇报签订代销协议，报纸每天由广九直通车运抵香港，由文汇报转发给港澳各大媒体，并由香港空运至美国旧金山、加拿大温哥华、英国伦敦等地发行；与此同时，还通过北京国际书店发行到欧洲、大洋洲等地，一度发行到40多个国家和地区。《南方周末》《南方都市报》《城市画报》等也曾在港澳地区销售，树立"南方"的媒体品牌。

1992年，党的十四大召开，加快了我国改革开放和现代化建设的步伐，

南方日报也加快了对外宣传、对外拓展的步伐。1993年春节过后，报社派人赴香港驻点，建立驻港办事处，工作人员既在香港采访，又负责与文汇报联动，服务报纸在港发行，特别是确保出报当天送达港籍全国人大代表、全国政协委员以及一些知名人士手中。

进入新世纪，国际传播工作再次提档升级。2003年，为进一步面向全球受众介绍广东，在省委宣传部、省新闻办的指导下，南方报业成员单位南方新闻网创办南方英文网，成为广东唯一省级英语新闻网站，也成为全国各省区市首批英文新闻网站之一。南方英文网以全媒体手段为世界各国用户动态播报广东时政、经济、社会热点新闻，也为来粤投资、学习、旅游、工作、生活的各界人士提供全面的生活信息服务。

2010年，为打造全球华侨华人以及国际社会了解广东的重要窗口，南方报业又接办广东省知名外宣平台“今日广东”，成立南方日报《今日广东》编辑部，《南方日报》海外版广泛落地在《侨报》（美国）、《加拿大商报》（加拿大）、《欧洲时报》（法国）等23家海外华文媒体，构建起以《今日广东》新闻版为核心，以《南粤侨情》《中医养生》等专版为骨干的系列海外版，覆盖了全球各大主要城市，每年落地版面达1500余个。2018年3月30日，“今日广东”国际供稿中心上线，成为全国第一家由省级媒体建设的国际供稿中心，向海外媒体免费提供文字、图片、报刊版面等内容，为海外受众提供一站式的新闻服务。

在世界百年未有之大变局下，中国故事的讲述、中国声音的传播和中国形象的塑造面临前所未有的挑战与机遇。党的二十大报告提出：“加强国际传播能力建设，全面提升国际传播效能，形成同我国综合国力和国际地位相匹配的国际话语权。”习近平总书记多次强调，要加强国际传播能力建设。切实提升国际传播效能，成为中华民族伟大复兴征程中媒体必须承担的重任，也成为“南方”新时代下勇担重任的新命题。

2020年，南方报业成立对外传播工作领导小组，集团党委书记、社长担任组长，总编辑任常务副组长，并建立对外传播中心，由集团副厅级领导干部担任负责人，具体统筹全集团在出海新征程中的相关工作。2021年，集团党委研究决定在已经运营18年的南方英文网基础上，成立对外传播中心事业部和市场主体今日（广东）国际传播有限公司，由南方新闻网党委代管，既负责具体统筹集团外宣工作，又作为一个专职的媒体部门，运维南方英文网及多个海外网络社交媒体平台账号，生产英文、葡文、法文以及粤语方言等产品，还管理集团港澳记者站、海外工作站点。

对外传播中心搭建起“多语种新闻网站+GDToday英文客户端+海外网络社交平台矩阵+全球合作媒体传播矩阵+英文微信公众号+英文电子周刊”的对外传播网络，形成了一定的平台覆盖力；生产了近4万条英、葡文等外国语种和粤语方言等新媒体原创产品，相关报道被境外主要通讯社、媒体转载9000余次，被境外政商学界知名人士及相关组织在海外平台转载9000余次，报道总覆盖量超过25亿，成为塑造中国形象、大湾区形象、广东形象的重要媒体力量。

2023年11月14日，南方报业对外传播中心更名为今日广东国际传播中心（简称“GDToday”），GDToday英文新闻客户端上线

在两年多的探索中，对外传播中心培育出GDToday的媒体品牌，发挥了广东外宣主力军、王牌军、生力军的作用，并屡获殊荣。

鉴于对外传播工作发展成效，也为广东对外传播、国际传播事业提档升级，2023年11月，在省委、省政府全力支持，省委宣传部直接推动下，南方报业发布“两端一云”建设全新蓝图，集团对外传播中心也正式更名为今日广东国际传播中心（简称“GDToday”），被赋予“广东对外传播主平台、世界了解广东第一端，打造粤港澳大湾区国际传播旗舰媒体”的定位，成为广东省的国际传播中心，划归集团党委直接管理。

从“破冰”到“出海”，在对外传播事业上，南方报人始终一路开拓前行，GDToday如同南方报业在移动互联网主战场上开出的广东国际“传媒舰队”。这既是南方报业面对新形势启动的又一次深刻改革，更是广东媒体创新深化、改革攻坚、开放提升的一次战略远征。

## 二、广东对外传播聚合与分发的“主平台”

GDToday诞生在媒体快速发展的时代，从打造雏形开始就通过重构国际传播格局、重塑国际传播流程、重组国际传播业务，探索区域国际传播的独特定位，挖掘广东的独特故事，呼应中国故事的讲述，逐渐形成有广东特色的国际传播模式，持续打造“广东对外传播主平台、世界了解广东第一端”。

GDToday通过四个举措，构建多元对外传播网络。

一是建立自主可控的对外传播网络。GDToday已建设起“多语种新闻网站（www.newsgd.com）+GDToday英文客户端+海外网络社交平台矩阵+全球合作媒体传播矩阵+英文微信公众号+英文电子周刊”的对外传播网络，聚拢了近2000万的海外用户。

其中，GDToday新闻网站是广东唯一一家省级多语种新闻网站，以英语网站为主，已开设葡文和法文版，日活超过22万。

GDToday英文客户端是广东唯一的英文新闻客户端，于2023年11月14日

GDToday构建多元对外传播网络

正式上线，包括资讯、服务、生活、城市四大板块，着力打造外籍人士了解广东的“掌上通”、分享在粤生活的“发布端”、英文版的“粤省事”，已在各大手机应用商城以及Google Play应用商城上线，实现境内外手机用户顺畅下载、使用，境外用户可一键分享至Meta（原“脸书”）、X（原“推特”）账号。

英文电子周刊（News Letter）每周整理要情资讯，通过邮箱分发至GDToday网站、客户端订阅用户，外国驻穗领馆和商会，在粤大中型外资企业外国高管等。

二是搭建海外传播账号矩阵。截至2024年6月，GDToday海外网络社交平台机构账号集群粉丝数超过500万，账号普遍活跃度高、互动量大。其中GDTodayMeta专页粉丝数超过375万，“今日香港地”Meta专页粉丝数超过30万，“Hi，GBA”X账号、“Bay Area Morning Tea”Meta账号等粉丝数均超过了10万。这些账号采用差异化的运营策略，开设栏目，发起互动活动，实现高水平互动，增强粉丝黏性，延展海外传播效果。

三是建设港澳媒体合作网络，发挥大湾区的区域传播优势。GDToday几乎与所有港澳媒体都建立了采编合作关系。2022年以来，港澳各媒体转载GDToday中、英、葡文报道近1000篇。

四是打造全球媒体合作网络。GDToday经过多年深耕，与1000余家境外主流网站建立了内容发布机制；与美国商讯、加拿大商报、葡萄牙葡新报、希腊中希网等18家海外华文媒体建立内容互换机制，2022年以来推发GDToday中文稿件约1万条；与泰国亚洲日报、马来西亚太阳报、马来邮报、光华日报等8家东南亚媒体建立战略合作。

同时，GDToday建设境外记者站，探索成立工作站点。

2021年，南方报业获上级批复同意在香港、澳门建立记者站，由GDToday建设和管理。

2023年，南方报业又在新加坡、马来西亚、泰国设立工作站点，由GDToday建设和管理，先后打造“亚太群英会”“东盟问答录”“亚太一线”等品牌，实现报道境外采集、境外传播，大幅提升了国际传播能力。

GDToday努力打造广东英文资讯开放生产的平台。

作为广东全省的国际传播中心，GDToday肩负全面发掘调动和有效链接聚合各层级各类别的国际传播资源，全新优化改造广东国际传播整体链路的职责。成立以来，GDToday着力与理论、新闻、出版、文艺、影视、社会等六宣联动，让全品类传播资源转化为多样化外宣富矿；着力联通中央媒体、省市媒体、港澳台媒体，外国媒体；着力连接外事、商务、文旅等各行各业，打通国际传播供需链、转化链、协同链，拓展国际传播主体，融合国际传播资源，聚合国际传播平台，打造国际传播品牌。

GDToday新闻网、客户端除呈现原创报道外，还为各媒体单位的重点专题策划开设专栏、频道，利用全球传播网络进行宣发推广；另外，开设城市频道，打造对外传播平台，并坚持“一城一策”，联动广东21个地市党委宣传部门以及各地主要媒体，策划、生产国际传播产品，进行宣发推广。

## 三、富有广东特色的国际传播话语体系

广东的国际传播立足粤港澳大湾区，辐射东南亚各国、海外华侨华人乃

至全球，天然具备更加准确全面的受众画像。同时，广东作为中国改革开放前沿，其产业和发展的现代化代表了当代中国的国家形象，尤其是在共建"一带一路"的过程中，广东这一"地方"的代表性产业和产品都是"全球"受众关注甚至依赖的重要符号。

因此，GDToday自成立以来就在摸索一套具有广东特色的国际传播话语体系，打造"国际议题、中国表达和广东实践三个话语场景深度互嵌"的内容体系，把"地方"与"全球"紧密联系起来，为提高国际传播效能创新路径提供了探索。

一是精心组织习近平新时代中国特色社会主义思想的对外宣介，有针对性地推出多层次、多角度的新媒体产品，切实提高对外传播的到达率、影响力。对外宣传好、阐释好习近平新时代中国特色社会主义思想，展示中国道路、中国智慧、中国方案、中国贡献，让世界理解中国式现代化道路。GDToday新闻网和客户端开设了"大国外交"栏目、"读懂中国"栏目等，截至2024年6月已推出报道50余期，被2000多家海外媒体转发，海外阅读量近1亿。

二是全方位开展重大主题国际传播报道，在国际议题中寻找中国故事、中国答案。围绕杭州亚运会、成都大运会、"一带一路"国际合作高峰论坛、读懂中国会议、从都论坛等重大活动，强化议题设置，突出内容原创，多语种对外报道，主动讲好中国故事。

比如，围绕共建"一带一路"倡议提出十周年，GDToday推出"丝路明粤"系列报道，由海上丝绸之路重要起点——广州出发，走访印度尼西亚、新加坡、泰国等10个沿线国家，联手当地媒体，聚焦广东与共建国家的重点合作项目及其给当地民众带来的实惠，通过英文短视频"讲好故事"，展现"一带一路"倡议的成功和中外友好。报道除在GDToday媒体平台发布外，还在希腊Rice电视台、斐济Mai TV等10个沿线国家的电视台播出，被1000多家海外媒体转载，覆盖超过1亿人群。

三是注重国际化共情表达，让中国故事、大湾区故事、广东故事传得开、叫得响、有回声。改革开放以来，广东不仅拥有经济社会等各领域的先

在共建“一带一路”倡议提出十周年之际，GDToday推出了“丝路明粤”大型境外系列报道

发优势，也在国际传播的舞台上先声夺人。美国著名中国研究学者傅高义对于中国改革开放叙事的描述，就是首先从广东开始的。

作为我国重要的国际传播枢纽，粤港澳大湾区具有丰富的传播资源和独特的地缘优势，既是中国话语体系与世界话语体系对话的桥梁，又是讲好中国故事和改革开放故事的引领示范地。GDToday的探索就从广东开始，汲取南粤大地的养分。

回应关切，权威报道。传播的针对性关系到传播效果。国际传播面向世界范围的普罗大众，他们是我们开展国际传播的主要受众，需要解决的是他们对中国信息的需求问题。

随着综合国力的增强和国际地位的提升，中国已经成为世界上“高关注度国家”之一。外国受众从不了解、不关注中国到开始主动寻找中国相关信息，“中国”本身越来越成为一个关键词。

广东是中国经济第一大省，粤港澳大湾区经济总量约11万亿元，是我国开放程度最高、经济活力最强的区域之一。世界关注大湾区、关注广东，对大湾区和广东有较高的信息需求。

基于这样的认识，GDToday将打造“粤港澳大湾区国际多语种和粤语方言权威信息发布平台"作为重要职责使命。GDToday对广东省政府工作报告、"十四五"规划等特别是涉外文件，制作英文等多语种图解报道；对广东本地重要信息第一时间予以报道。比如横琴、前海两个合作区方案出台之后，GDToday的分析报道被1000多家外媒翻译成19种语言转载。很多外国驻穗领馆、外国驻粤商会将GDToday的报道作为重要信息源。

GDToday还重点打造"湾有引力"栏目，包括推出"世界500强企业外国高管看广东""外国驻穗总领事眼中的广东机遇"等英文视频专访报道；围绕外国企业在粤发展情况、广东重大项目进展等，推出"经济上下游"等英文视频调查报道；围绕中央、广东权威机构发布的数据，推出"解码湾区"数据海报系列报道。

以文为媒，展示岭南。岭南文化既是粤港澳三地的共性，又是链接海外3000余万华侨华人的纽带，还是世界文化的重要瑰宝。将广府文化、潮汕文化、客家文化、雷州文化等丰富的文化资源向全球进行展示，将广东宜居宜业宜游的生活环境向全球进行介绍，也是GDToday的重要使命。

为此，GDToday推出了一批视频作品。比如2023年，GDToday联合日本知名纪录片导演竹内亮团队制作系列微纪录片《我在广东》，讲述6位外国朋友在广东安居乐业、奋斗逐梦的故事，在境内外平台的覆盖量近2000万，被纽约时报、福克斯新闻、朝日新闻等600余家境外媒体转发。为讲好大湾区地标和文旅故事，2023年，GDToday与香港无线电视台联合制作4集音乐综艺节目《唱游大湾区》，精心设计路线，邀请3位有粉丝基础的香港知名新生代歌手在大湾区走访采风，各自唱作一首写给大湾区的歌，全球超20家华文媒体报道该节目的拍摄过程，该节目单集最高播出电视收视率超20点（超过127万香港电视观众收看）。此外，GDToday持续3年，每周五推出"乐活广东"系列图文报道，服务大湾区国际旅游目的地建设，让境外人士沉浸式体验，爱上广东。

深耕香港，同声同气。GDToday统筹用好集团港澳记者站，以本港媒体定位，打造GDToday和"今日香港地"这两大媒体品牌，以港言港语、港人视角面向港人传播新闻，面向海外介绍香港。

在外媒炒作香港移民问题的时候，GDToday专访了多位在港的外国知名人士，推出“Why do we choose HongKong？”系列英文视频报道，专访兰桂坊集团主席盛智文、香港投资推广署署长傅仲森等6名不同年龄层、不同工作领域的在港外籍（裔）人士，通过讲述他们的故事，探寻他们选择香港的理由和对《中华人民共和国香港特别行政区维护国家安全法》、香港特区选举制度修改的理解，以事实说话，回击谣言。报道不仅被受访者转载，还被香港多家媒体转载。

在香港回归祖国25周年之际，GDToday联合香港无线电视台制作6集粤语专题片《沿途有你》，邀请香港知名记者陈贝儿出镜，采访粤港地区的60多位代表，共同回忆25年的历史，在香港无线电视翡翠台黄金时段播出；制作《港故事——香港回归25年25人访谈录》系列粤语短视频，专访25年每一年重大事件的亲历者，不仅在GDToday海外平台热播，还被香港有线电视转发播出，获得广泛好评，其中，林郑月娥作为重磅嘉宾之一接受GDToday记者独家专访，是其卸任特首后迄今唯一接受的媒体专访，相关报道被BBC等境外媒体广泛转发。

## 四、广东“走出去”“请进来”的重要桥梁

GDToday是媒体，又不仅是媒体。作为一家致力于经济文化传播的媒体公司，GDToday也致力于在服务广东经济文化“走出去”“请进来”的工作中，发挥重要桥梁作用。

GDToday重视发挥港澳台同胞和海外华侨华人、海外中资企业、国际友人等作用，面向不同圈层外籍人士，打造系列涉外活动品牌。其中，2023年以来在境内外开展参与者以港澳台和外籍人士为主的线上线下沙龙、论坛、音乐会、故事会、品鉴会等活动近50场，参加活动的港澳台及外籍人士近1万人次，组建了知华、友华，爱广东、爱岭南的黏性朋友圈，成为跨文化传播的重要力量。

第一，打造外籍人士体验广东的"欢朋满粤"系列活动。近3年来，围绕广交会、读懂中国会议等落地广东的国际会议，围绕春节、元宵、中秋等中国传统节日，围绕展示高质量发展、乡村振兴、绿美广东等主题，GDToday组织30余场沙龙、游学、故事会等活动，广泛邀请驻穗领馆、商会人士和其他外籍人士参加活动。

很多初来广东的外国朋友，通过参加GDToday的活动，找到了自己的朋友圈；来广东做生意的外国朋友，借此扩大自己的信息渠道，实现了合作；文艺发烧友们还因此组建乐队，开启了表演。

比如，2023年的中秋，GDToday组织德国前驻穗总领事、美国萨克斯演奏者和中国古筝演奏者等一起在广州地标广州塔上合奏中国歌曲《彩云追月》，录制的MV被广泛转发。

第二，在国外举办各种形式活动推介广东。GDToday已先后在埃及开罗、马来西亚吉隆坡、印度尼西亚雅加达举办"魅力广东"视觉展，每一次都吸引200多名外国嘉宾参加活动，并被外国媒体广泛报道。

2024年5月4日，GDToday主办的"欢朋满粤——遇'鉴'马可·波罗分享沙龙"活动在广州大剧院举行

岭南文化是对外推广的重点。比如2023年7月，GDToday协助汕头市政府在泰国举办“侨批展”，邀请联合国教科文组织前总干事伊琳娜·博科娃为侨批展发来视频贺词，派出记者赴泰国，推出一组报道，境外覆盖量超过50万。

GDToday还对外推介广东特色产品。如2023年7月，在意大利罗马举办广东特色优势农产品推介会，中国意大利商会成员、对外贸易委员会代表、营养学家、美食家、网红博主和媒体记者等50余人出席。2024年5月，在美国旧金山举办“风起国潮　粤动金山”活动，展出了东莞11家代表性潮玩企业的200余件原创潮玩展品，吸引千余名游客观展。

第三，组织广泛参与的新媒体征集活动。例如：通过GDToday传播网络、TikTok，组织“粤拍粤钟意全球视频征集活动”，征集各类短视频1万条，点击量超3亿。

GDToday与台湾联合报合作，连续6年组织“粤来粤有趣两岸青年视频大赛”，邀请台湾青年来广东体验并拍摄短视频，并被台湾媒体广泛报道，在国台办新闻发布会上获得表扬。

围绕港澳台青年与粤港澳大湾区的主题，GDToday联合广东文投、中国青年报、KAB全国推广工作室举办了“湾创营——粤港澳大湾区青年创客交流活动”，组织港澳青年走访大湾区企业，培育创业规划等。

从纸媒破冰到网媒传播，从走出“华语圈”到多平台出海精准传播，再到广东故事的国际传播与经济文化产业的国际合作，南方报人出海弄潮，始终冲在前、谋于实。

一代人有一代人的使命，一代人有一代人的际遇。GDToday是南方报人再闯深海的重大举措，正在锚定“立足广东，携手港澳台，面向东南亚，传播全世界”的发展目标，力争在3—5年内成为粤港澳大湾区的国际传播旗舰媒体，打造中外文化交流、文明互鉴的重要平台，发挥广东聚四海新风、连五洲宾客等优势特点，从中西文化交汇点中挖掘中国故事，广泛立体展现中华优秀传统文化魅力和中国现代文明，在文化交流和文明互鉴中各美其美，美美与共。

# 第四节
# 南方智媒云：技术底座，内外兼修

风起南方，云涌湾区。从一纸风行到两端并立，南方报业以卓有成效的转型实践回答媒体融合发展的时代之问。随着南方+崭露锋芒、GDToday灿然而至，其背后的媒体技术平台——南方智媒云也广为人知。

以南方智媒云为代表的媒体技术体系，抓住"两端一云"机遇，正进一步夯实融合转型的技术底座、锤炼生产传播的赋能利器，打造支撑广东全省、服务省市县三级媒体融合发展的"智媒空间站"。内容与技术"双轮"驱动，报人文化与工程师文化融合互鉴，推动着南方报业在"难而正确"的道路上继续奋勇争先。

## 一、技术之道：一体化支撑，全方位赋能

新时代，赋予媒体新使命；新技术，激发媒体新能力。

对媒体而言，传播力是最根本、最基础的能力。纸媒时代，传播力主要体现为采编实力、覆盖能力、传播效力。进入移动互联网时代，传统媒体与互联网媒体传播同样的内容，传播力、影响力为何往往天差地别？其根本就在于新技术是否被广泛研发应用。内容能不能高效生产，能不能广泛覆盖，能不能精准到达，能不能影响该影响的人，用户的体验好不好，客户端的功能友不友好，都与技术息息相关。南方报业充分认识到：建设新型主流媒体，技术与内容如鸟之两翼、车之双轮，技术是媒体融合转型的发动机、传播力提升的加速器。技术支撑力已成为现代传播力的重要组成部分。

深感发展背后的技术之要，南方报业对技术建设的重视达到了前所未有的程度。集团在战略层面实施“技术一体化支撑”，将技术作为“硬核”能力撑起融合生态传播力的底盘，充分整合分散于各媒体的技术资源，共商共建共享强大、统一、高效的技术体系，为媒体业务提供全方位赋能。

在推进技术一体化支撑建设的过程中，南方报业坚持问题导向，深刻把握技术痛点、堵点、难点，逐步明确了技术建设的五个核心理念。

坚持自主可控原则，掌握关键核心技术。推进融合转型，必须有自主研发创新的能力，掌握核心技术，实现核心技术平台的自主可控，避免关键时候被“卡脖子”，改变传统媒体时代技术主要依赖外部公司、总体规划设计不足、需求响应不及时、技术成本高、可控能力差的局面，将技术的主导权牢牢掌握在自己手中。当然，自主可控并不是一切从零开始、所有系统都自己研发，关键是在“自主”和“借力”之间找到相对适合南方报业的平衡点。

坚持互联网思维，技术与业务紧密结合。对媒体来说，技术离开内容、离开具体业务，是没有价值的，而内容离开技术支撑、技术赋能必然传播不远。因此，内容传播到哪里，技术支撑就要跟到哪里。技术一体化支撑，就是要将技术与内容生产深度融合，做到内容与技术一体化发展。只有培养“最懂业务的技术人员”和“最懂技术的采编人员”，加强双向融合，形成共同话语体系，才能做好产品和服务，放大一体效能。

坚持创新驱动，技术领先业务半步。技术之于媒体而言，主要在于应用，媒体技术工作的主要任务是把技术应用于内容生产传播等业务中。因此，适度超前不落后，领先业务半步即可。

坚持“两手抓”，功能性指标与技术性指标并重。功能性指标就是技术平台所能实现的各种功能，使用者能够直观感受到，技术性指标则大都抽象不可见，包括性能、高并发能力、可用性、稳定性、安全性等，二者同等重要。

坚持技术支撑智慧化平台化，走高质量可持续发展之路。当前，“大数据+人工智能”处于风口，但关键还得为我所用。南方报业已自主搭建大数据平台，把"大数据+人工智能"技术作为基础能力，贯穿于内容生产全流程各环节，全面提升内容生产效率和审核把关能力，并赋能报网端系列产品智能策划、智能生产、智能分发与智能评价的应用场景。

## 二、底座支撑：既要"一统江湖"，又要"内外兼修"

向新而行，智谋发展。

为落实技术一体化支撑战略，南方报业专门成立了主攻新媒体技术研发的南方新媒体科技公司（2023年更名为南方智媒科技公司），2020年3月正式启动南方智媒云项目，充分运用智能化技术，统一技术底盘。

南方智媒云涉及组织架构、技术、业务、人才等，以南方+客户端、南方融媒系统既有技术能力为基础，以大数据、人工智能、云计算、区块链、5G、AR、VR等新技术为手段，以符合媒体融合发展的组织架构为保障，以快速优质服务业务为目标，横向扩展，纵向深化，对内实现智能化生产，对外实现智慧化传播服务。

南方智媒云既要"一统江湖"，又要"内外兼修"。

内外兼修，南方智媒云辐射带动广东媒体共同发展

“一统江湖”，就是指要逐步把南方智媒云打造成集团新媒体的技术系统，一统集团各媒体的新媒体技术“江湖”，用同一个技术系统、一个技术标准、一套技术语言、一个技术思维，避免低水平重复建设。

“内外兼修”，“内”是指南方智媒云系统要支撑集团新媒体包括南方日报、南方新闻网、南方+、GDToday及集团其他媒体单元的内部生产和制作，“外”就是要服务好外部访问网民和客户，打造支撑服务全省媒体融合的统一技术平台。

经过数年时间建设，南方智媒云成长为内容丰富、功能强大、自主可控、安全性强的移动媒体公共技术平台。

建设通用能力，赋能降本增效。无规矩不成方圆。南方智媒云成立架构与标准委员会，目前已制定Java开发规范等16份研发标准，形成内容编辑发布等39个通用系统、信息点地图等34个通用工具、短信推送等100余个通用组件及服务，可按需灵活组合使用，最大化适配不同业务形态和不同技术环境的要求。

紧跟技术前沿，创新应用场景。在以AIGC应用为代表的强人工智能时代，南方智媒云初步建立了人工智能在策、采、编等全业务流程的应用场景，并推进AIGC和融媒生产的试点结合，平台集成11种机器学习算法和15种深度学习算法，为媒体提供线索雷达、智能问答、智能写作、AI绘画、虚拟主播、智能审核、智能推荐、智慧考核等57个智能化应用场景。南方智媒云还通过与本地高校、重点实验室等科研机构开展深入合作，形成专属于媒体业务的南方智媒AI大模型，通过大模型与虚拟现实（VR）和增强现实（AR）等应用技术的融合，为用户提供更加智能化和沉浸式的互动体验。

集聚技术资源，共建共享生态。独行快，众行远。面对技术不断迭代的挑战，南方智媒云与华为、腾讯、百度、科大讯飞等企业共同打造南方智媒云生态联盟，与中山大学、广东工业大学、琶洲实验室等本地高校、科研院所等机构合力推动产学研用一体化创新，打造资源高度聚集、技术开放共享的生态环境，共同探索未来媒体的发展趋势和场景化应用。

## 三、业务赋能：智能化生产，精准化运营

南方智媒云的成功建设，为南方报业在媒体融合时代提供了建设新媒体平台的坚实底座，提供了全新的智能化技术和服务体系，不仅可以支撑亿级用户，打造极致的用户体验，还可以赋能媒体内容生产、经营运营、智能管理、机制改革等方方面面，将媒体传播力切实转化为影响力、营收力。

### 1. 内容生产有了新模式

新媒体时代的内容生产，量与质的"鱼与熊掌"能否兼得？南方智媒云一方面打通策、采、编、审、发、评、馈环节，确保内容快速稳定高质量生产；另一方面，可为提升内容创意表达提供解决方案，丰富内容表现形式，提高内容品质。

针对新媒体原创稿件不足的痛点，建设内容开放生产平台。南方智媒云建成南方号、拍客报料、征稿等特色内容开放生产平台，为新媒体提供了海量内容。以征稿平台为例，主要包括活动运营管理、用户投稿、活动作品呈现、作品审核、发稿、数据统计等六大模块，打通了线下与线上，为涵盖作品收集、审核、发布的线上征稿活动提供了全流程解决方案，有效地将活动用户转化为南方+用户，将机构发动能力转化为活动流量和下载量。

针对人工审校效率不高、容易出错的堵点，自主研发报网端智能校对系统。南方智媒云将"大数据+人工智能"贯穿于内容生产传播全流程各环节，研发智能审核、智能校对、智能写作、风险防控等能力。报网端产品研发中心和南方日报要闻编辑部全媒体审校室积极探索，自主研发出报网端智能校对系统。该系统提供文字和图片的智能校对、协同办公、自动修正、校对记录留存、统计等功能，为编辑提供全自动智能校对服务，极大提升了校对效率。其上线后短短几个月，仅南方日报的校对效率就提升了5倍。

### 2. 运营经营有了新抓手

正能量内容如何更好地扩散？内容推广如何更精准抵达用户？南方智媒

云自主研发“南方党媒算法”，将用户兴趣和党媒引导力融合，用主流价值导向驾驭算法，实现了从“用户找内容”到“内容找用户”的转变。除在自有移动媒体产品矩阵（App、手机站、小程序等）进行传播以外，南方智媒云还研发搭建了内容第三方分发平台。平台按照内容部门所拟定的规则自动将优质原创内容分发到第三方平台，借助第三方平台的影响力扩大自身传播力。目前分发的对象包括今日头条、百度等众多平台，每年自动分发稿件数百万条。为了让运营人员在工作开展中更有针对性，南方智媒云开发了包括传播效果分析、用户画像分析以及信息精准推送等数据分析工具，为传播推广、内容分发、信息通知等提供决策参考。

传播力如何转化为营收力？南方智媒云面向移动互联网打造了新型移动广告系统，定制了40余种广告新形态，可根据用户地理位置实现智能精准投放，使信息流广告、开屏广告成为增加营收的有力武器。近年来，南方+实现了“频道首页化”，用户可一键将频道入口添加到手机桌面，添加后用户即可从手机界面中一键触达对应频道，更加贴近用户场景需求，充分激活了地方及行业活力。

### 3. 机制改革有了新保障

技术平台本质上是“组织架构+管理理念+业务模式”的技术实现。南方智媒云从技术侧为媒体机制改革提供了有力保障。

在2023年报网端改版改革中，南方智媒云不仅配套进行平台前后端优化，还协力推动业务绩效改革和管理创新，迭代“智慧管+”系统，实现AI智能排版、引流下载分析、好稿智能评选，以数据和技术支持精细化自动化考评。

为使技术与业务更好地同频共振，南方智媒云在融合实践中形成了“版本评审制+技术工单制+专项项目制”等多种服务机制。例如，南方+每月召开版本评审会，集中评审各业务部门提出需求的合理性、准确性及配套运营条件，按轻重缓急协调资源、研发交付。针对临时性的紧急业务需求，则通过技术工单制调配技术力量快速实现。对大型项目或专项项目，则根据实际需要组建工作专班开展专项支持。

## 四、全域融合：连通省市县，打造大平台

随着南方报业"两端一云"建设启航，南方智媒云被赋予了用技术服务全省媒体融合的更高定位，将打造支撑全省、服务省市县三级媒体融合发展的"智媒空间站"，建成自主可控、安全可靠、竞争力强的媒体深度融合发展统一技术平台。

南方智媒云"智媒空间站"，努力建设"六个一"：建设全省"一张网"，服务省市县融媒完全贯通、高效流转；建设"一体库"，推动全省宣传资源交换共享；建设"一引擎"，构建全省媒体数字化底座；建设"一中枢"，实现全省宣传统一指挥调度；建设"一中心"，支撑全省媒体数据版权服务交易；建设"一实验室"，推动广东高科技发展优势转化为数字化传播优势。南方智媒云将链接省市县三级融媒平台的机构、资源和数据，全力构建内容汇聚、技术共享、运营联动、人才赋能、机制顺畅的广东融媒可持续发展的良好生态。

纵横联通，建设统一指挥调度平台。龙头引领，要在中枢。2023年11月，在省委宣传部指导下，南方智媒云不断细化完善广东省宣传指挥调度平台建设方案，在磨合中不断迭代优化，为全省宣传管理服务工作提供支撑。

指挥调度平台联动各地市党委宣传部门、媒体单位；通过大数据技术，实现对全省宣传情况的数据化统计；通过数字化网络化手段，优化宣传流程，实现信息快速传递和共享。纵向推动省市县三级媒体贯通成一条线、联结成一张网；横向推动内宣外宣一体联动，在资源共享中不断放大宣传声量。

一地一策，支撑各地建设融媒标杆。为更好地支撑地市融媒建设，南方智媒云在开展全省各地调研摸底的基础上，形成了"一地一策、打造标杆"的工作思路，按照横向"优先试点"、纵向"分期建设"的策略开展各地市融媒技术赋能工作。

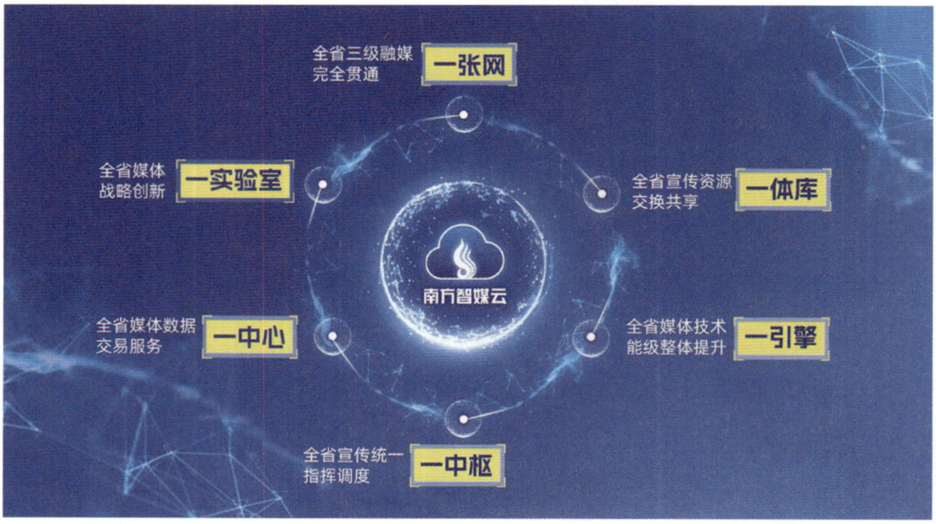


南方智媒云“智媒空间站”努力建设“六个一”

“优先试点”，就是优先选择市融改革力度大、资源机制配套充分的地市，使用南方智媒云原子化能力，针对地市融媒基础需求和当地特色需求提供技术研发支持，确保地市“接得住”，打造赋能地市融媒建设的应用标杆和成功范例。在此基础上，逐步以点带面分阶段有序推进“南方智媒云”在省内的应用覆盖和整合对接，形成省市县三级媒体深度融合发展的统一技术平台。

“分期建设”，就是按各地市融媒改革节奏和建设工作量按阶段分期。一期重点建设一地一端的移动主平台，打造当地具有强大影响力的全媒体传播平台、综合性服务平台。二期重点推进当地报台端等平台生产业务的融合打通，实现融合生产；同时推进地市融媒平台和县（市、区）融媒平台的融合，实现内容和用户数据的双向互通。三期实现市融平台与省级平台的融通，建设当地特色功能服务。

南方智媒云赋能地市融媒项目已陆续在云浮、肇庆、清远等地启动，有力支撑了当地融媒改革。其中，云浮融媒“云浮通”客户端重构改版后下载量提升超6倍，入选全国"市级融媒体中心融合发展典型事例"，获省级优秀案例（创新）奖。肇庆融媒"肇庆+"也打造成为当地舆论引领主阵地、权威发布主渠道、便民服务主平台。

## 五、向新提质：智媒新时代，智慧新南方

媒体深度融合的非凡十年，南方报业跑出了技术创新"加速度"。在融合、破圈、向智、向新中，报人文化与工程师文化澎湃激荡、交相辉映，充实了南方报人的精神内涵，推动着南方报业向智慧型文化传媒集团转型，阔步迈入高质量发展快车道。

第一，技术大会激励"技术赋能、数据驱动"。为充分运用新技术加快推动集团深度融合、全面转型，从2017年起，南方报业连续三年举办技术大会，大力鼓励内部技术创新，集中总结和展示技术赋能、数据驱动内容生产和传播方式的新思路和新探索。

在技术大会的激励之下，技术创新渗透到集团融合发展各环节，技术成果丰富，技术创新奖参选项目从第一届技术大会的15个，到第二届的31个，再到第三届的43个，保持大幅增长，集团技术凝聚力不断增强，工程师文化氛围日益浓厚，有力推进技术工作从"运维"到"赋能"再到"引领"的提升。

第二，"文化+科技"为289大院插上腾飞的翅膀。文化是一个国家、一个民族的灵魂。科技是国家强盛之基。文化与科技深度融合，前景空间无可限量。

2021年，在《南方日报》创刊72周年之际，南方报业成功入选第四批"国家文化和科技融合示范基地"，是广东省唯一入选的主流媒体集团。评审专家组认为，南方报业技术重视程度和应用广度走在全国前列，主业突出、特色鲜明、管理规范、科技创新能力强。

围绕示范基地建设，南方报业加快推进文化科技融合创新体系，文化科技投入逐年递增，以新技术为驱动、为引领，强有力支撑集团创新发

2019年南方报业技术大会圆桌论坛

展，逐步实现从单一新闻服务向集信息服务、政务服务、生活服务、智库服务于一体的智慧型综合服务转变，实现从传统党报集团向智慧型传媒集团的跨越。

目前，南方报业拥有技术人员300多人，形成了南方智媒科技公司、广东南方网络信息科技有限公司以及集团信息技术部三大技术板块。集团入选国家首批数字出版转型示范单位，获原国家新闻出版广电总局授牌成立两个国家级实验室，南方日报社等3个业务单位入选广东省首批数字出版转型示范单位，旗下6家企业被认定为国家高新技术企业。近3年来，集团3次获得传媒行业最高层次的科技奖项——王选新闻科学技术奖一等奖，取得自主知识产权数量近200项。2023年，集团9个项目荣获中国报协技术年会全国媒体融合技术应用案例奖，“南方智媒云”和“智能化内容安全卫士”分别入选中国报业创新发展大会全媒体传播体系建设类和数字技术应用类融合创新案例；“南方报业互联网数据中台”入选中国新媒体大会2023“融媒有技”优秀案例。

第三，“小南5.0”提升精细化管理水平。媒体融合转型不断走向深入，内容生产效率不断提升，对内部智能化管理提出了更高的要求。南方报业信息技术部打造的“小南——智能化管理平台”，适配深度融合和产业转型需要的治理结构、生产流程和体制机制，推动内部决策、运营、管理向精细化提升，全面建设智能化管理体系。

"小南——智能化管理平台"具有两大技术应用创新点：一是跨层级、跨地域、跨系统、跨业务。实现总部、分部和记者站的"全覆盖"、管理职能和运营业务的"全连通"、业务信息和工作流程的"全掌握"，实现流程运行的"数据化"、应用交互的"移动化"和业务决策的"智能化"。二是标准统一、规则一致、上下贯通、整体联动。小南作为统一用户入口和展示窗口，连接应用、集成服务，陆续推出智慧人力、智慧财务、智慧采购、智慧监察、智慧园区等应用域，打造一体化的职能服务平台，持续推动集团内部管理服务改革。

自上线以来，"小南——智能化管理平台"已发布5个大版本，日均服务响应18万次。小南OA提供高效移动办公能力，已设计300多个流程，完成近42万份事项审批，覆盖事项、考勤、合同、用印等事务，审批时间比过去缩短90%。

第四，南方数据构建"智慧媒体数字大脑"。智媒建设，数据是最基础的资源。南方报业建设智慧型媒体的转型之路，从一开始就特别强调以"技术赋能、数据驱动"来推进。

2017年12月，南方报业启动集团中央数据库（大数据服务中心）建设，采用"边建边用、边用边建"的建设原则、"螺旋式闭环"的数据服务模式、技术研发与机制并行的建设模式，进行了媒体大数据建设的应用探索。

经过多年建设，南方数据已构建出一套标准体系、三大服务体系和四大平台产品，为党政机构、企事业单位、高校、智库及媒体等提供"数据获取、数据分析、数据流通"服务。其中，一套标准体系即南方数据标准体系，包含数据基础标准、数据业务标准、数据安全标准；三大服务体系即数据分析服务、数据开放服务和数据流通服务；四大数据产品即南方数据服务平台、广东媒资库、广东城市数据分析库和文献资料库。

第五，全链条防护确保网络信息安全。南方报业按照国家标准建立了集团总体网络安全防护体系，制定发布了一系列网络信息安全管理制度，成立

南方数据体系

了网络信息安全领导小组和工作小组，强化落实执行，为网络安全工作保驾护航。

集团成立网络安全运营中心，培养网络安全预警、发现、分析、修复、验证等流程化管理能力，不断提升安全事件闭环处置水平。密切监测各种风险和漏洞预警信息，对网络流量数据和核心业务系统进行7×24小时的实时集中监控，检查各种异常访问，第一时间在源头上消除安全威胁行为。此外，还建成全量日志分析系统、威胁感知防火墙联动等系统，全面提升防护能力，确保网络安全态势持续保持平稳。

# 第三章
# 智慧转型：新闻+政务服务商务

智慧转型，向新而行。

在“互联网+”背景下，传统媒体“二次售卖”的运营模式难以为继。万物皆媒，各类商业媒体、自媒体如雨后春笋般快速生长，并凭借良好的即时性、交互性和便捷性，逐渐在舆论场掌握更大的话语权和“流量红利”，稀释了传统主流媒体的传播力、影响力，挤占传统媒体的市场份额。

面对冲击和挑战，传统媒体转型迫在眉睫，要破解“平台传播力提升”和“经营模式创新”两大难题，关键在于推进信息生产传播的供给侧结构性改革。供给侧原本属经济学范畴，供给侧结构性改革旨在提高供给体系的质量和效率，增强供给侧的活力和竞争力，并不断创造和引领新的需求，以提升经济增长的数量和质量，实现可持续发展。这对新闻传播领域产生深刻启示，并成为推动信息供需格局“演化”的动力。要改进供给这一端，就必须对信息生产的理念、内容、形式、方法、手段进行创新。

自2014年中央提出媒体融合战略以来，主流媒体在内容、技术层面的融合经过多元而有效的探索取得了重大突破，但在资源整合、运营层面的融合却相对缓慢。2020年9月，中共中央办公厅、国务院办公厅印发《关于加快推进媒体深度融合发展的意见》，为媒体拓展服务能力勾画出“路线图”：“要发挥市场机制作用，增强主流媒体的市场竞争意识和能力，探索建立‘新闻+政务服务商务’的运营模式，创新媒体投融资政策，增强自我造血机能。”

新时代，赋予媒体新使命；新技术，又激发出媒体新能力。南方报业传媒集团坚守初心使命，积极顺应媒体融合发展趋势，在围绕中心、服务大局中找准定位、发挥作用，不断寻找提升党报功能的突围之路，率先开启了智慧转型的探索。早在2013年，南方报业就率先制定“深耕主业、多元开拓、加快转型、融合发展”战略，着力提升媒体服务大局、服务用户、服务市场的能力；从2016年开始，启动“加快融合发展三年行动计划”，首次提出建设智慧型文化传媒集团的定位；至2020年，启动“高质量发展三年行动计划”，大力建设智慧型传播体系、多元化产业体系、引领性技术体系和高效能治理体系，朝着全面建成具有强大传播效能和综合竞争实力的智慧型文化传媒集团而不懈奋斗。

近年来，南方报业“智慧转型”行稳致远，深入实施党报功能提升计划，加快实现从“融媒”到“智媒”的跃升，大力推进以智库化、智能化为标志的智慧转型，培育党媒新能力，提供党媒新服务，增创党媒新价值，更好地服务国家治理体系和治理能力现代化建设。

具体来说，就是通过构建“新闻+政务服务商务”融合发展新格局，将政务、服务、商务作为新闻业务内容的拓展延伸，逐步探索出以传播能力为基础、数字技术为驱动、媒体连接为本质、城市战略为特色的服务场景，在优胜劣汰的媒体市场中拓展了生存空间，在增强传播影响力、服务社会大众的同时还取得了较好的经济效益。

# 第一节
# 从二元到三元，探索多元化运营能力

“人人都是发布者，个个都有麦克风”，随着新媒体异军突起，传统媒体在信息传播渠道上的独有优势逐渐丧失，依附其下的“发行+广告”二元盈利模式受到严重冲击。冲击的另一面，传播技术升级也为信息传播、资源共享、服务社会提供了便利。

南方报业传媒集团主动转型升级寻求突破，不断拓展“新闻+政务服务商务”的新功能，为政府、企业和用户提供决策咨询、信息服务和活动运营等多元服务，通过重构三元经营格局，孕育商业新模式，赢得发展主动权。

## 一、智库化：“新闻+政务”的升维

智库化是媒体转型的重要方向，也是媒体推进中国式现代化建设、提升社会治理能力的重要途径。近年来，“建设具有中国特色的新型智库”逐步上升为国家战略，南方报业紧抓智库建设高速发展机遇期，大力推进以智库化、智能化为标志的智慧转型，开启从传统媒体向智媒体的飞跃之路。

### 1. 担当政府“耳目”，问策产品更深入

进入全媒体时代，媒体已不再局限于传统意义上的新闻生产、加工、分发，而是扩展到更广阔的知识生产、智力输出、决策咨询和信息服务等领域。南方报业立足自身信息采集优势，始终面向党和政府决策急需的重大课题，紧紧围绕构建新发展格局、推动高质量发展等重大战略任务展开研究，提出专业化、建设性建议。

2015年初，南方日报佛山新闻部以“致佛山市的十封信”的形式策划推出一组大型思想策论特刊，立足佛山为珠三角探寻下一个三十年的突围之路。多路记者奔赴珠三角、长三角、大西南等区域调研，采访50余家企业和上百名关键人物，推出15万字的系列报道。报道刊发后引发广泛关注，佛山市市长率领14个职能部门主要负责人，专门约请南方日报采编团队召开专题座谈会，回应“十封信”提及的关键议题，共同求索佛山乃至中国的未来经济走势。这样的政媒互动，在当时的广东乃至中国，可以说是鲜见的。

“十封信”诞生之年，正是移动互联网蓬勃发展的关键节点，也是主流媒体加快融合转型的机遇期。碎片化、海量信息的轰炸，让大众对传统媒体高质量内容供给需求增加，同时也衍生出大量潜在的政务智库服务市场。

南方日报敏锐捕捉到新市场，紧扣国家战略和广东中心工作，推出更具有专业性和权威性的思想产品，将媒体服务领域由单纯的信息传播向思想挖掘、战略研判、方案供给、价值传递延伸，推动主流媒体在新时代增创新的服务价值，开启“新闻+政务”升维的智库新征程。

自此，承载粤港澳大湾区乃至中国城市经济社会发展重大命题的智库调研不断涌现：2015年7月，发起粤桂黔高铁经济带、珠江西江经济带跨省大调研，持续推出系列深度报道；2016年，启动“佛山制造问策全球”跨国大

2015年4月27日，座谈会上，佛山市直部门的负责人阅读当天的“致佛山市的十封信”特刊

调研，奔赴德国、美国、日本、以色列、瑞士、加拿大6个制造业强国，为广东制造转型升级寻找路径……从珠三角到广东、从广东到全国、从全国到全球，调研视野与服务格局不断拓宽。

在做强区域观察的同时，南方日报各垂直领域的智库产品也遍地开花。南方经济智库坚持以习近平经济思想为指导，聚焦国家大政方针、重大战略和经济热点，策划推出世界级湾区深调研、广东战略性产业集群深调研、广东制造业数字化转型深调研等智库活动，敏锐捕捉经济热点，深入企业一线调研采访，全面深度呈现广东经济发展新趋势、新亮点；充分发挥媒体的敏锐嗅觉与智库的深度思考能力，直面问题挑战，完成广东“实体经济十条”评估报告、广东企事业单位和群众办事创业堵点痛点系列调研报告等多份智库报告，助力党委政府科学决策，获得省领导肯定批示。

智库产品不仅顶“天线”，也更接“地线”。从2023年起，南方都市报以高质量发展研究院为依托，打造新的优秀民生新闻品牌，构建起“大民生”新格局，聚焦基层治理、社会治理、行业治理等领域，不断拓展智库触角和提升服务能力。南都高质量发展研究院与广州市文明办、市政数局共建推出“民呼我应·共建美好广州”栏目，通过搭建治理沟通平台，扩大群众参与，邀请群众评价，丰富基层治理民生问题响应机制，形成共建共治的治理合力。此外，南方都市报曾经连续发布的《广州城市治理榜》开辟了媒体第三方视角对一个城市治理水平进行量化评估的创新实践。如今，南都指数类、评测类产品已经成为南都高质量发展研究院的重要研究工具。比如，南都与广州市政法部门联合研发的广州市域社会治理“红棉指数”，成为广州社会治理的“晴雨表”，写进了2023年广州市政府工作报告，还获评全国报业技术赋能媒体融合创新优秀案例。

### 2. 施展传播“拳脚”，场景落地更多元

2015年，中共中央办公厅、国务院办公厅印发了《关于加强中国特色新型智库建设的意见》，支持中央重点新闻媒体先行开展高端智库建设试点，

同时鼓励智库运用大众媒体等多种方式，传播主流思想价值，集聚社会正能量。

为顺应融合转型发展要求，南方报业传媒集团将2018年定义为“智慧转型年”，媒体智库建设成为智慧转型的重要内容。当年6月，南方报业举办首届南方传媒智库高峰论坛，首批十个智库组成的南方传媒智库矩阵正式亮相，意味着一个具有中国特色、南方气质的南方传媒智库矩阵已初步成型。这些智库包括南方经济智库、南方法治智库、南方城市智库、南方教育智库、南方党建智库、南方数字政府研究院、广东乡村振兴服务中心、南方周末研究院、南都大数据研究院、南方舆情数据研究院（以下简称“南方舆情”）等。

南方传媒智库充分挖掘自身潜力，顺应分众化、差异化传播趋势，通过推出个性化、对象化、定制化的内容产品，提供高品质、专业化、特色型的智慧服务。

党的十八届三中全会公报正式提出“推进国家治理体系和治理能力现代化”，为有力展示广东改革开放“排头兵”形象，由南方舆情重点打造的智库品牌“粤治”应运而生。2014年，“粤治—治理现代化”优秀案例推介活动首次举办，至今已连续开展十届，成为国内较有影响力的社会治理领域年

2019年12月12日，2019南方传媒智库高峰论坛举行

度盛会。十年来，“粤治—治理现代化”活动共推介285个优秀案例，讲述一个个与国家发展同频、与时代前进同步的中国故事，并定期通过举办高端论坛的方式引领社会新风尚，打造永不落幕的“粤治”品牌。此外，借力“粤治”平台，围绕广东地方治理的新经验、新理念、新举措，破解深化改革进程中的现实问题，一大批研究成果以专访、汇编以及合著等方式陆续出版，为国家治理体系和治理能力现代化建设提供有价值的参考样本，助力打造共建共治共享的社会治理新格局。

南方杂志社在全国党刊系统率先进行智慧转型探索，凭借其在广东党建传播领域的独特优势和庞大的用户群体，进一步擦亮“做党建垂直领域的思想运营者”的底色，全力建设南方党建智库。围绕党建传播、党建研究、党建服务三大核心任务，南方党建智库不断延伸以党建为核心内容的智慧化产品线，包括党建传播出版物、视频、空间策展、研究报告等，已完成各级各类党建研究课题150多个，已完成和参与完成各类展陈约20个，共建18个基层党建研究基地，举办3届广东基层党建创新案例征集遴选活动。通过持续创新探索党建传播、研究、服务的下沉实践，南方杂志社不仅建设成为广东重要的思想理论阵地和干部学习园地，还更好地发挥党建“专家”角色切入社会治理，为各级党组织全面从严治党提供决策参考。

作为南方+客户端重点打造的权威新媒体内容分发平台，南方号平台聚合党政机关政务新媒体资源，构建起“新闻+政务”的内容生产传播与党媒服务体系，目前依托教育、政法、医疗等22个垂直领域，吸引广东省超7000家机构入驻，实现省直、地市、区县政务机构全覆盖。平台持续与入驻政务机构展开深度合作，探索出“内容创新+技术赋能+运营协同”的平台化时代新型主流媒体内容生产新逻辑和价值创新新方式，打造一个健康积极的政媒互动生态系统，提升政府与公众的互动和政务公开，助力政府治理体系与治理能力现代化。

### 3. 用好数据“大脑”，数字治理更高效

进入全媒体、大数据与智能化传播时代，伴随着我国数字技术广泛应用，数据要素逐渐成为经济社会发展运行的基础单元和战略资源，数字经济蓬勃发展。“十四五”规划提出，要加强数字社会、数字政府建设，提升公共服务、社会治理等数字化智能化水平。党的二十大报告提出：“加快发展数字经济，促进数字经济和实体经济深度融合，打造具有国际竞争力的数字产业集群。”由此可见，“数字治理”已经成为助推经济社会发展和现代化治理体系转型升级的新引擎、新手段和新动力。

在此背景下，南方报业传媒集团以数据技术为驱动，不断拓展党媒数字领域的场景应用，让数据发挥量化、测评、服务和监督功能，促进城市治理高质量发展。

南都大数据研究院是南方都市报打造智库媒体新产品、新服务、新价值的主力平台和重要引擎，以规制标准为抓手，围绕时代所需，不断协同共治，赋能创新，致力成为经济社会发展链条上的重要连接者、共建者。一方面，紧扣中央精神，聚焦数字时代的新现象和新问题，截至2024年，已开展垂类研究课题30余项，包括“网络内容生态治理研究”“数字政府研究”“营商环境问效”“全民阅读指数”等，为政府决策、行业治理提供有力支撑，并通过打造“南都智库产品发布周”，连续六年在多地举办线上线下活动近80场，已成为集中展现智媒发展成果、精准联结各界资源的品牌盛会。另一方面，主动搭建平台聚合资源，置身于行业发展链条，目前建设有南都指数联盟、南都数字金融创新联盟、南都AI治理与创新智联体等平台，积力众智，与社会各界携手，促进数字治理生态的良性发展。

作为南方报业传媒集团融合转型示范项目，南方舆情近年来对数据的开发利用作了很多有效探索，稳步推进南方报业互联网数据中台项目建设，在为集团各业务部门应用互联网数据提供高质量支撑的同时，也为舆情数据服务提供新动能。目前已建设包括舆情监测、视频监测、舆情预警、分析研

判、跨模态检索、以图搜图、主题发现、热搜监测、报告生产等功能应用，并通过对数据的深度挖掘、分析、统计，在南方舆情指数体系的基础上，又衍生出指数榜单、评估报告等智库服务和产品，多维度服务广东省各级党政机关及知名企事业单位用户，有效支撑了广东政企数据治理与精准服务体系建设。

为推进粤港澳大湾区建设、推动高质量发展、推进国家治理体系和治理能力现代化建设，南方新闻网坚持“内容+技术+服务”驱动发展战略，在保障数据安全的前提下，不断拓宽数据资产的应用场景，自主研发了“南方云数”智能数据平台，为构建“市场主导、政府引导、多方共建”的数据资产治理模式提供创新操作思路。其中“粤港澳大湾区智能数据平台”，聚焦粤港澳大湾区经济社会数字化转型，为用户提供数据型、智慧型信息服务和大数据智能应用产品，打造推进湾区建设的决策咨询平台、数据服务平台和宣传推广平台，积极赋能“数字湾区”建设。

## 二、互联网化：“新闻+服务”的进阶

进入移动互联时代，用户在哪里，媒体的触角就要抵达哪里；用户需求在哪里，服务就要延伸到哪里。新型主流媒体被用户需要，才有源头活水，才能枝繁叶茂。

作为以“互联网+”为理念的综合服务型平台，南方+客户端以先进技术为支撑，通过连接各类资源，不断拓展服务边界，围绕三个圈层用户步步进阶，朝着建设“服务型媒体”迈进，打通连接和服务群众的“最后一公里”。

### 1. 围绕核心用户，让党政工作更可感可达

习近平总书记指出，各级党委要高度重视信息化发展对党的建设的影响，做到网络发展到哪里党的工作就覆盖到哪里，充分运用信息技术改进党

员教育管理、提高群众工作水平，加强网络舆论的正面引导。

南方+客户端的定位首先是党端、省委机关端，在其提供的众多服务项目中，不少重点服务便与党政部门需求紧密关联。

为党员用户提供服务，是南方+平台服务的重要内容之一。“智慧党建南方云”就是一款以南方+客户端为载体、建设“互联网-”党建大数据的工作平台。该平台建设了统一的党员用户中心，全面支持机关、高校、社区、两新等各类型基层党组织快速入驻，各单位只须提供党组织架构和党员基本资料便可成为“智慧党建南方云”用户。党员用户在其所在党组织入驻平台后，即可无感登录进各自所属党支部，在线完成各项组织任务。平台还将交党费功能与智慧党建进行了打通集成，党员登录后可直接通过该系统交纳党费。

运用融媒技术，南方+客户端不断为政府职能部门构建触达用户的新通道、新场景。与广东省“百千万工程”指挥部办公室、省农业农村厅、省林业局合作打造的绿美广东公共服务平台2.0升级版，充分发挥“互联网+”多平台力量，集成绿美+体育、公益、旅游、分享等多元化功能，进一步凝聚绿美广东生态建设强大力量，让人人成为绿美广东的参与者、受益者和建设者；“广州置业查询小助手”依据广州阳光家缘网公布的房地产开发商项目备案数据，以及高德和百度地图的实际定位测量数据，从户型、预测总面积、实际得房率、最近地铁站步行距离等多个维度，对广州近300个楼盘推出的840多个待售产品进行大数据分析，为刚需和改善型需求群体置业精准提供实用资讯。同时，南方+持续深化与“粤省事”等“粤系列”的合作，与“粤省事”实现互通，用户可直接从端内进入“粤省事”办事，实现看新闻、办政事无缝切换，为“数字政府”“+”油提速。

除了直接服务党政部门，南方+客户端还为各地各级政务新媒体赋能，引导政府部门加快转变政府职能，建设服务型政府。南方报业传媒集团佛山分社和佛山市南海区精准孵化的“大沥镇委党校”南方号，就是其中的典型。该号借助党史学习教育的契机，主打“线上党课”与“线下培训”相结合，还发动社区以社区党支部的名义在稿件评论区留言打卡。经过一年的运营，“大沥镇委党校”南方号订阅量超10万，已成为大沥镇基层党组织的线上学习阵地，线上党课的影响力逐渐显现。

### 2. 圈粉主流用户，让民生产品更垂直细分

南方+客户端用户的第二层级是有话语权的主流职业人群，包括企业家、中产白领和教师、医生等专业群体，他们关注时政，拥有高学历、高素质。

尤其医疗和教育领域，既是老百姓最大的民生关切，又是政务媒体的主要阵地；教师和医生，既是党报党端的主流用户，也是党报党端优质内容天然的生产者和传播者。南方+客户端紧紧围绕这两大用户群体，发挥资源链接能力，打造出叫好又叫座的垂直类服务产品。

2020年春季学期伊始，南方+客户端及时发现学生和教师的用户需求和痛点，联合教育部门，汇聚名师资源，打造了南方+云学校，发挥出“新闻平台+服务”的强大力量。短短几个月时间，广东城乡的882万名中小学生活跃在这所云端学校里，课程总量1万余节，点击量1.2亿次，留言12.4万条。通过这一服务应用类产品建设，南方+客户端实现了新闻阅读场景和智慧服务场景、传播价值与使用价值、技术能力与用户需求的高度统一。

南方+云学校为教学的延伸、家校的连接打开了新的想象空间。云学校实现下沉深垂，转型成为各市、县（市、区）乃至镇（街）的“第二课堂”。南方报业传媒集团佛山分社和佛山市教育局联合推出“全市中小学心理健康开学第一课”，已连续开展三年，课题设置贴合学生需求，产品制作体现了融媒创新，受到佛山百万学生家庭的喜爱，每期节目流量均超过150万；东莞分社和东莞市教育局策划推出高品质“家心论坛”系列活动，例行在每年秋季开学前后播出，已形成成熟稳定的传播模式与品牌效应，在教育系统形成良好的口碑和广泛的影响力。

在医疗领域，南方+客户端南方号联动医卫矩阵推出开放生产栏目，邀请权威医学专家科普答疑解惑，引领全民健康生活方式。例如围绕全国肿瘤

防治宣传周，推出《肿瘤云百科，一键在+查》，权威肿瘤专家集结南方号平台，携手发布“百科全书”。本次活动充分发挥医卫矩阵的传播能力，有效提升用户关注度及活跃度，产品在各大医护群体中有效下沉运营，进一步体现南方号平台内容驱动力，扩大平台传播影响力。

### 3. 连接广大用户，让平台基础更广泛牢固

南方+客户端的第三层级也是最广泛的用户群体，就是普通市民。作为新型主流媒体，提供的服务与主业不能割裂。一个客户端最重要的是传播力，它必须打造流量入口，让广大用户从中获得新闻，才能拓展提供新闻+服务的机会。媒体要从自身功能、定位切入为用户提供服务，如今信息来源广泛，第一时间提供权威资讯本身也是一种服务能力。

就业是最大的民生，关系到千家万户的生活。南方+深入贯彻党的二十大“实施就业优先战略”有关精神和部署，创新“新闻+服务”，与广东省人社厅等相关单位合作，获取第一手招录信息，搭建企事业单位招考资讯权威发布平台——“在+求职”服务号。该平台自2022年上线以来，按照每周一期的更新频率推出“金牌荐岗”资讯，累计提供了近20万条岗位信息，全网阅读量超6000万，已逐步成为获取事业编制岗位信息的重要权威渠道。

互联网信息纷繁复杂，党报党端必须从众声喧嚣中抓取真实有用的信息。南方+客户端视频栏目“+点知识”重点关注新闻热点背后的门道，以小而精的科普短视频，把复杂的信息通俗化。如《菜比肉贵背后的真相》客观剖析菜价上涨背后的多种因素，并同步展现“国内蔬菜供应链”“国内蔬菜规律”等多方面信息。该栏目贴近民生，及时消除大众心中疑虑，多款作品受政府部门肯定，全网流量超千万。

通过权威、海量、及时的本地新闻吸引用户关注，南方+客户端实现优质内容的精准推送，并持续优化交互应用，进一步向用户提供个性化服务。如今，南方+已形成近百款服务工具，如投票、征稿、打卡、答题、查询、缴费等，并通过巧手策划，打好产品“组合拳”，持续吸引用户。

南方+“服务”专区

南方+辟谣平台

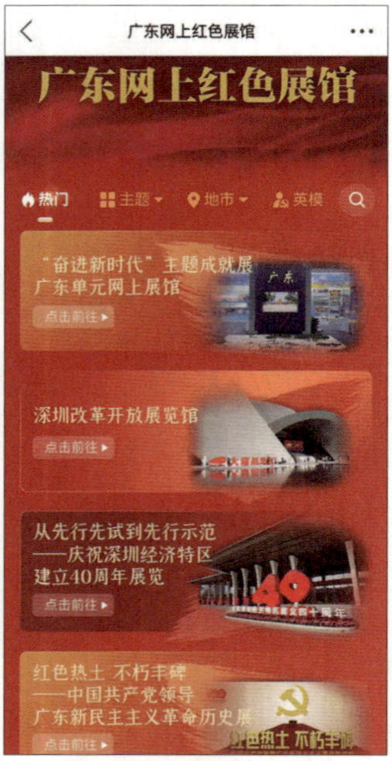

南方+广东网上红色展馆

紧扣用户所盼所需，南方+客户端还精准切入长尾市场，提供吃、住、行、游、乐、购等方方面面的及时服务。在“+”上课、在“+”看展、在“+”求职等在“+”系列服务产品，深受用户喜爱。

## 三、平台化：“新闻+商务”的突围

从以优质内容为基础，到内容与技术“双轮”驱动，随着融合转型渐入深水区，南方报业传媒集团开始对平台、内容和体制机制进行大刀阔斧的改革创新。

以“两端一云”的建设为节点，南方报业的经营模式亦从单纯的渠道销售向纵深的垂直圈层广阔空间多维度拓展，通过平台化突围，实现与产业、企业的链接，开启新商务模式的探索，创造资源共享、价值共创的服务新生态。

### 1. 升级服务平台，构建全媒体传播矩阵

随着外部传播格局和媒体生态发生巨大变化，受众不再被动地从单一途径接收信息，更倾向于主动从多元渠道获取信息。传统媒体过往单一的“发行+广告”业务模式，已不能适应互联网发展趋势和商业市场的变化。

近年来，南方报业坚持立足主责主业，以提升现代传播力为首要任务，走出了一条符合中央精神、行业规律又契合自身实际的融合转型之路，形成了“旧业还在，新业已成”新旧交映的良好局面。集团各媒体通过树立互联网思维，精准挖掘用户需求，提升服务效能，完善产品形态和体系，改革体制机制，推动“新闻+商务”模式不断升级、迭代。服务平台也从过去以渠道销售为特征的报纸专刊、硬广拓展到包括5家报纸、9家期刊、10家网站、6个客户端、1家出版社以及3000块互动触控屏、1万平方米户外LED大屏的“报、刊、网、端、微、屏”全媒体传播体系，提供“报、刊、网、端、微、屏”全平台的商务服务。

南方+客户端上线8年多，总下载量超1.8亿，日活超600万，是大湾区当之无愧的移动媒体第一端。在经营拓展上，南方+客户端连续多年保持跃升态势，2023年营收突破5亿元大关，作为经营主平台的角色越来越明显。

近年来，南方日报（端）收入结构持续优化，2021年，南方+收入首次超过南方日报；2023年，报端收入中南方+的占比继续提升，占近三分之二。除了报端的经营收入，“两微”、户外大屏、全线通、版权等多元化收入亦得到不断拓展。

与此同时，南方日报（端）的广告形态结构持续优化。南方+上线以来，已经陆续形成新媒体制作、直播、焦点图、开屏、贴片、冠名、弹窗、线上展馆等超40种广告形态，对商业客户的吸引力不断增强。其中，2023年南方+信息流广告收入破1.5亿元。南方+客户端还通过南方号矩阵、共建频道等多种方式，不断扩大影响力，已经共建省、市、县（市、区）、镇（街）商业类等垂直频道超500个。

在传统媒体经营环境日益严峻的大背景下，集团各媒体都在探索融合转型新路。2016年以来，南方周末走出了一条“内容立命、服务安身、品牌引领”的突围路径，经营动能从过去以渠道销售为特征的单一品牌传播，彻底转换成以能力输出为特色的品牌全链条服务。通过改革，南方周末完成了经营动能转换，高度契合了客户需求从公关投放逐步转向品牌价值提升的市场变化，实现了收入结构的良性变化：以报纸、杂志硬广软文为特征的渠道销售收入，在经营性收入的大盘中占比已不足1%，而品牌综合服务提供带来的收入比重上升到70%以上。2023年，南方周末报社营收和利润双双创下近10年来新高。

### 2. 精准服务企业，深耕细作强营销优效能

近年来，“新闻+商务”的产品形态已经从传统媒体时代的楼市、车市、快消、3C等，拓展到各行业的企业圈层，以个性化、定制化为指引，通过整合优质资源，精准衔接用户需求，为企业客户提供全案营销服务。

面对新趋势、新变化，在拓展商务渠道的同时，南方报业不断提升服务效能，通过细化服务的颗粒度，创新产品形态与服务模式，增强圈层资源链接能力，实现内容的“传播力变现”。通过在产品形态、市场运营全领域融合转型，南方报业得以更快速、更深入、更积极地拥抱和尊重传播新技术、新规律，不断研究市场的新变化、新诉求和新玩法。

聚焦中国企业出海新浪潮，南方产业智库先后调研江苏欣颖新材料、深圳裕同科技等众多企业，在2024ITES深圳工业展期间发布调研报告《出海新机·2024制造业出海展望》，全景式展现中国制造业企业再出发，开启星辰大海征途的故事。同时，启动“出海新机——中国品牌全球调研行（2024）”暨“一带一路”下的新机遇考案计划，精准切中企业需求，引发众多企业家浓厚兴趣。南方产业智库和中国企业家组成的考察团深入非洲，与当地政府官员、商协会以及深耕非洲的企业家，共同探讨中国企业在非洲投资的机遇与路径。

南方都市报于2022年7月设立湾财社，对财经板块进行品牌化运营，精准服务企业用户需求。一方面，积极拓展机构媒体的内容创新在公共价值上的新可能，尝试切入行业痛点、堵点。如与渣打银行发布了《跨境理财新趋势》智库报告，受到了监管部门的高度重视。另一方面，在垂直领域深耕细作，不断强化圈层传播逻辑，提升圈层资源链接能力。针对白酒、汽车等圈层敏感类行业，尝试对行业协会、地方政府和企业家资源的链接能力进行包装，实现内容产品的价值转换。经过不断摸索，湾财社成立两年，实现内容运营“双效益”，每年营收均超亿元，2023年营收1.21亿元，同比增长2.34%。

### 3. 链接产业资源，垂直领域挖潜力拓营收

广东省委十三届三次全会提出“始终坚持实体经济为本、制造业当家，在建设更具国际竞争力的现代化产业体系上取得新突破”，这是肩负起习近平总书记赋予广东在推进中国式现代化建设中走在前列这一重大使命的必然要求，是“再造一个新广东”的基础性工程。

南方报业传媒集团充分发挥媒体特色优势，积极推动与产业的连接与共建。南方产业智库围绕“产业一线前瞻调研、产业数据沉淀分析、产业发展深度建言”，形成调研报告、数据指数、商业案例、论坛平台等四大核心产品。仅2023年，南方产业智库先后推出《湾区数字经济创新发展研究报告》《广东文旅高质量发展一线报告》《领跑新赛道——解码广东新能源汽车高质量发展报告》等多份深调研报告，举办“2023湾区数字经济与制造业创新发展论坛”等系列主题活动。

2024年4月，为进一步助力广东制造业当家，南方日报、南方+联合财经作家吴晓波共同发起成立南方制造业企业家联盟，链接内外部资源，共同探索媒体融合服务新范式，以此打造一个立足广东、辐射全国，面向制造业企业的政企对接平台、开放合作平台、智库服务平台，着力解决制约制造业高质量发展的痛点难点问题，推动加快建设具有国际竞争力的现代产业体系。

作为联盟的“当头炮”，“吴晓波走读大湾区”活动先后走进广州市、东莞市，走读低空经济、新能源汽车等新兴产业，与地方政府主官对话。

作为“农”字类的专业媒体，南方农村报助力广东乡村振兴，通过与涉农工作融合转型，实现了社会效益和经济效益的双丰收。南方农村报结合行业资源优势和内容生产的传播力，通过搭建渠道平台，形成完善的产业供应链，提升线上线下商业服务能级。

2020年11月，南方农村报牵头的广东省乡村振兴文化服务产业园获批。产业园以“一核两翼”（“一核”为广州289艺术园区，“两翼”为广州翼·空港文旅小镇和广州国家现代农业产业园科技创新中心）为产业园的创建范围，以文化挖掘和品牌赋能高质量发展为核心任务，为全国首创，为文化赋能乡村振兴贡献了宝贵的“广东经验”。同时，南方农村报还搭建广东省现代农业产业园公共服务平台，组建广东省现代农业产业园联盟及线上平台，不断嵌入产业发展链条。目前全省已有350家企业加入联盟，并以联盟为抓手重点实施“九个一”品牌文化能级提升行动，为全省90%以上产业园

2024年4月，南方制造业企业家联盟开展“吴晓波走读大湾区”调研活动

提供宣传推广、资源对接或品牌设计等相关服务。

而在广阔的下沉区域，南方报业传媒集团各分社亦作出了有力探索。走“没走过的路”，佛山分社在集团率先探索城市空间运营，将内容“写”在城市大地上，让传播“飞”入百万访客眼中。2017年起，分社在佛山先后承建十多个大型展览展陈项目，主题涉及城市、产业、人文、金融、科技、医疗、教育等多个领域，筑起多个城市地标，接待访客百万人次。

通过珠三角工匠精神展示馆等一系列项目，南方日报打开了作为媒体本身的资源链接通路，从传统媒体向城市空间运营商走出了跨越性的一步。正是致力于挖掘自身的连接能力，挖掘连接所产生的经营溢价，南方日报在区域市场实现了角色、产品、定位的转型，通过探索商务的新模式，为其自身的转型发展创造了新的可能性。

## 第二节
## 从产品到场景，拓展多业态服务形式

进入互联网时代，媒体在生产力、传播力得到提升的同时，也更加注重连接力，服务触角不断向线上线下两头延伸，不断拓展新的服务能力。

近年来，南方报业以“场景”为抓手，在实践中逐步探索出以传播能力为基础、数字技术为驱动、媒体连接为本质、城市战略为特色的服务场景，构建起“线上全媒体，线下多场景”的模式。

线上顺应新媒体移动化、社交化、视频化、互动化趋势，个性化、差异化精准传播，统筹多种传播渠道，实现资源共享、信息互通、传播互补；线下则构建起包括调研、活动、论坛峰会、会展、评测、评选等在内的多样化的场景。

### 一、以传播能力为基础的场景

主流媒体要在百年未有之大变局中生存发展、赢得未来，最根本最核心的能力是传播力。媒体作为社会信息流转的介质，其传播力也是最根本、最基础的能力。只有建设好传播力，才能在此基础上拓展更多功能和业务，而没有传播力，就没有一切。

#### 1. 从采访范式到调研范式转变

调查研究是谋事之基、成事之道。全媒体时代，扎实厚重的调查新闻依然是实现有效舆论引导的关键，用一线调查作出冷静判断、理性引导，实现

“从快到深”。

调研是南方报业的看家本领之一，从20世纪90年代的“珠江三角洲经济区走笔”系列政论通讯，到后来“四个走在全国前列”深调研、“广东河长·广东江河水深调研”、“寻找广东金融四梁八柱·全球金融中心深调研”、“特区40年创新报道年启示录”、“世界级湾区深调研”、“数字新动能”深调研等，均体现了一代代南方报人的传承与创新。

一方面，围绕党和政府中心工作，南方报业通过深入调查研究，着力摸清情况、找准问题，把脉问诊、提出对策，推动传统新闻内容生产向更高层级的调研报告和决策参考转型，为党和政府决策及产业发展提供有力的智力支持，为推进中国式现代化贡献媒体的智慧。

2020年，是深圳、珠海、汕头、厦门等四个经济特区建立40周年，南方日报策划推出“经济特区建立40年启示录”深调研报道，多个深调研团队奔赴全国各地，用脚丈量特区、新区的土地，挖掘出大量鲜活的故事和细节，呈现出一个个有血有肉的作品。如深入蛇口工业区、“中国电子第一街”华强北、粤海街道、深圳证券交易所、渔民村等地，采访了深圳经济特区发展的见证者、国内外的创新创业者等不同人群，展现这座城市的锐气、大气和志气。经济特区建立40周年是十分重大的题材，但这组深调研报道均能从小切口切入，凸显先行先试、改革创新的魄力。既能深入进去，又跳得出来，既有宏观视野，也有具体剖析，这是高质量的深调研报道所应具备的素质。

此外，2018年6月，中央生态环境保护督察组在练江“回头看”时发现较多问题，并建议当地领导“住在练江边上”。围绕省委、省政府部署的全面推行河长制、攻坚劣V类断面等重点工作，南方日报报道团队随即启动“练江驻河深调研”，在180天接力驻河中，撰写了《关于练江治理的几点思考与建议》等报告，从用好河长制这一抓手、舆情应对、社会动员等角度，向汕头市委、市政府建言献策。练江驻河深调研为党委、政府科学决策提供参考，推动社会治理创新。

另一方面，根据客户需求，按照新闻规律开展调研。佛山是南方报业最早开启定制化调研的区域，以调研为底色，聚焦产业、城市等不同主题，年均调研百家佛山企业，先后深入国内十多座城市，并曾奔赴欧美、非洲等海外实地调研。在近十年的积累下，已成功打造出“品质革命”“隐形冠军”“十城演义”“佛商”等多个具有全国影响力的品牌。仅仅是在2017年，南方日报在佛山区域先后推进66个调研智库项目，包括《珠三角企业欧洲并购调研报告》、《广东创新驱动供需对接暨佛山校地合作发展报告》、佛山民营经济大调研、创新驱动十城调研等。

传统媒体转型，关键在于服务能力的转型。引入产品化思维来管理内容，将之前复杂、随意的知识生产变得像工业产品制造一样，实现标准化，解决效率、流程把控与可复制的问题，这是南方报业在调研中探索出的路径。通过知识产品矩阵规模化地输出内容和思想，革新了传统媒体以报道作为单一核心的产品形态，极大提升了服务能力。

在2022年佛山市企业家日品质革命大会上，南方日报发布《佛山制造业海外设厂及供应链发展调研报告》

### 2. 从选题生产到课题分析转变

新媒体时代，进入报道和内容传播领域的选手变多了，“酒香也怕巷子深”。尽管南方报业在“报、刊、网、端、微、屏”等形成了不错的传播矩阵，但所面对的转型阵痛依旧非常明显。比如在稿件制作流程上，媒体过去是以生产者为中心，采编人员通过自己对该领域的理解和观察提出选题，并进入操作流程形成文章，最后刊发并传播，也收到了一些成效。但这种生产模式，依然带有“我说你听”的惯性，而南方报业提出“用户优先”这一更根本、更关键的问题，适应变化了的用户需求，重构全媒体时代的用户关系。

课题分析是实现“用户优先”的重要手段。针对用户关心的话题，课题分析机制不仅要提出问题、揭示矛盾，更重要的是还要分析问题、解决问题。课题中既有对问题的描述和反映，更有对问题产生背景、影响因素以及解决问题的价值意义等的分析，有对问题解决措施、解决效果的预设和预期，并在此基础上着手解决问题，还要对问题解决措施的效果进行测查，以观察问题是否得到真正的解决、预期目标是否达成。

以南方都市报为例，通过垂直深耕，迄今建设垂类研究课题30余项，为政府决策、行业治理提供有力支撑。如“网络内容生态治理研究”“未成年人网络保护研究”“数据安全治理与发展研究”，维护网络空间清朗，推动平台合规；“数字政府研究”“数据交易实践研究”，围绕数据流通、数据赋能，成为省内多个地方政府推进改革的利器。在区域经济和文化传播领域，还发起“营商环境问效”“全民阅读指数”等课题项目。

这些课题成果大多能精准抵达目标群体，实现研究能力和社会需求的精准匹配，既满足人民群众的信息需求，又为党和政府提供决策参考。比如，南都大数据研究院不仅参与监管部门的标准制定，还在国家部委指导下编制行业报告，发布《中国网络表演（直播与短视频）行业发展报告》《直播与短视频行业未成年人网络保护白皮书》等成果。此外，研究院长期开展网络内容生态监测以及调查报道，发现的问题得到监管部门及时立案查处，多篇深度调查报道获得各级新闻奖，如《一网站含大量儿童色情视频，引导购买卡密查看“隐秘资源”》报道被中央网信办纳入“清朗”专项行动成果等。新闻生产与智媒产品如今在南都大数据研究院已形成相互支撑、互为促进关系。

### 3. 从议程设置到协同共治转变

随着互联网、移动设备与商业传播平台的普及，受众主体性显著提升，媒体不仅承担着传递信息的功能，也是连接社会多元主体的中介，使大众主动参与到公共事务中来，具有社交与服务属性，更意味着媒体从单向度报道传播到多元参与、协同共治的无限可能。

过去，媒体议程设置主要观点是大众传播具有一种为公众设置“议事日程”的功能，在移动互联时代，媒体从过去以新闻报道的观点塑造话语体系和话语权的传统“生产方式”中抽离出来，从“输出意见”提升为“输出态度”“输出逻辑”，运用智力和技术重塑话语权，实现媒体参与社会治理的社会价值。

媒体参与社会治理有两大优势：一是媒体具有独立性、权威性、公信力。媒体可以敏锐地、及时地把握时事热点和社会现实问题，公开公正地报道出来，通过独立第三方视角来发挥媒体作用，不偏不倚、客观中立地推动公共政策更好地完善。二是媒体的传播价值。媒体有着与生俱来的传播能力，借助宣传能力和渠道，媒体智库将上层决策政策和社会治理的价值观传递给公众。

对媒体参与社会治理，南方报业进行了诸多探索。以南方农村报探索开展乡村振兴考核第三方评估为例，团队走遍广东100多个涉农县（市、区），实地走访了1.2万个行政村逾3万个自然村，与数以万计的基层干部、群众进行访谈，撰写了数百万字的调研报告，对县镇村一线情况十分熟悉。2023年以来，南方农村报围绕“百千万工程”多次开展深调研，全面掌握各地的推进情况、亮点成效和存在问题，撰写调研报告，为推进做好“百千万工程”示范典型标准制定和选树工作提供决策参考。聚焦农村集体经济发展，采集了全省603个行政村（涉农社区）的集体经济收入情况，覆盖21个地市63个县（市、区），系统摸清了广东农村集体经济现状，并结合浙江、福建以及省内一些地方的探索经验，总结出一批可借鉴、可推广的路径，为我省壮大村集体经济提出对策。

这种协同共治不仅遍及广袤农村，也深入超大城市基层治理体系。当前，深圳正全力推进治理体系和治理能力现代化，南方报业传媒集团深圳分社连续启动六届“中国式现代化的深圳实践——圳治”品牌活动，旨在展示深圳全市在推进中国式现代化方面的探索和成果，搭建传播渠道和经验交流平台，广泛凝聚各方智力资源，为深圳打造更具全球影响力的经济中心城市和现代化国际大都市提供舆论与智力支持。以2024年3月推出的《数·质——第六届“圳治”调研报告》为例，着眼于数字治理这一课题，深入探究深圳基于发达的信息技术产业，推动城市管理手段、管理模式、管理理念创新的实践。

2020年3月，南方农村报评估团队开展广东省推进乡村振兴战略实绩考核第三方评估工作

## 二、以数字技术为驱动的场景

近年来，广东省各地各部门持续在提高社会治理体系和治理能力现代化水平上下功夫，不断创新社会治理的新路径、新方法，形成一批走在全国前列的创新经验。南方报业以传播智能化为重点，推进媒体与大数据、云计算、人工智能深度融合，努力提升服务的精准度和抵达率。

### 1. 面向数字政府领域，以数字技术参与治理体系建设

在大数据、人工智能、大模型等一系列新兴技术迅猛发展的背景下，从纸媒到智媒，南方报业以数字技术为支撑，以优质内容为保障，不断助推广东数字政府改革建设工作提质增效。尤其是以南方新闻网为代表，积极拥抱数字技术，建设科技型主流网络媒体。

近年来，在南方报业深化媒体融合的大局中，南方新闻网坚持“新闻立网、技术强网、创新兴网”发展理念，以“内容+技术+服务”驱动高质量发展，以媒体人的使命担当持续垒高技术创新优势，努力打造科技型主流网络媒体。

南方新闻网自建团队围绕核心技术攻关，实施“南方网信人才培养工程”，构建自主创新与开放创新相结合的技术研发体系，打造出“南方云安”“南方云媒”“南方云数”“南方云助”四大数字产品服务矩阵，以及拥有自有知识产权的系列产品，深度参与网络强国与数字中国建设。同时，强化技术服务与数字产品运营，重视研发成果转化，实施数字产品官运营机制，培育信息系统开发、软硬件平台租赁、大数据挖掘分析、网络安全运维等新业务，形成云端账号、客户端授权、数据接口、软硬件集成租赁等多元服务模式，新技术新应用以及因为技术优势带来的政务服务在南方新闻网经营收入中的占比超过50%。

另外，南方新闻网还深度参与数字政府建设，规划设计并建设完成全省统一的政府网站集约化平台，构建起“横向到边、纵向到底”，覆盖支撑省、市、县（市、区）、镇（街）6000多个政府机构、近600家政府网站、

3000多个政务新媒体，运行监控超过100T政务动态大数据的统一业务闭环系统平台。

为顺应媒体融合发展趋势，南方舆情则通过科技创新不断推进互联网数据中台的升级、迭代，进一步发挥数据价值，释放数据红利，稳步提升服务大局的能力，助力政府现代化治理服务、数字政府建设以及主流媒体的数智化转型升级。

**2. 面向政经舆情领域，提供监测预警研判等服务**

党的十八届三中全会将“完善和发展中国特色社会主义制度、推进国家治理体系和治理能力现代化”确定为全面深化改革的总目标，国家治理现代化成为继工业、农业、国防和科技“四个现代化”之后的“第五个现代化”。从“管理”到“治理”，折射出我国治国方略总体思想的变革。

南方报业以“传媒+数据”“传媒+智库”的跨界思维，探索互联网数据采集、自然语言处理及数据分析等关键技术应用，为党政机关、企事业单位提供舆情监测、预警、研判及培训等一揽子服务的标杆项目。

近年来，南方周末研究院陆续建成了“善择云平台”“科创坐标”“‘牧羊犬’金融合规数据库”等三个不同场景下的数据库，为公众提供相关数据免费查询、风险监测预警等公共服务。“善择云平台”是在持续18年的企业社会责任调研的基础上，借助大数据技术对企业的社会责任表现进行实时、全面、定向的监测与评价，形成企业履责的“全息画像”，提升企业社会责任信息对相关单位科学决策及经济社会发展的服务效率；“科创坐标”对企业科创力进行系统测算和评估，向公众开放查询，为科创研究和数据服务提供支持；“‘牧羊犬’金融合规数据库”采集人民银行、外管局等部门对金融机构作出的行政处罚等大数据，通过数据库处理和专业分析，支撑金融合规榜单产品和金融合规研究。“智慧转型”有了数据技术的加持，除了使研究、报道和传播等更加高效，还可以进一步提高在相关领域的专业优势，更好地服务于企业治理和社会治理。

南方舆情是集团媒体融合转型示范项目之一，也是集团培育新型南方品

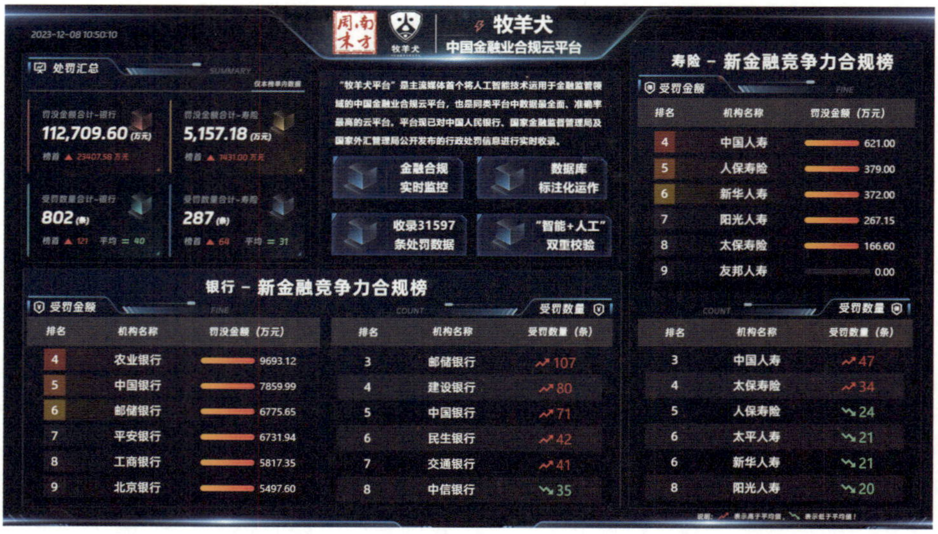

南方周末“牧羊犬”金融合规数据库

牌的一个重要着力点。近年来，南方舆情数据研究院一直在研究和完善“舆评”体系，致力于推动“舆评”与“环评”并举，一齐被列入政府公共治理和重大工程的决策环节。

“舆评”是对重大政策、重大项目、各类活动实施后的舆论反应进行分析、预测和评估，提出更符合民众需求或减轻不良影响的对策和措施，进行跟踪监测，确定舆情风险等级，编制评估报告的专业活动。由南方舆情数据研究院提供的“舆评”服务主要包括三方面内容：一是政策评估，即重要政策施行前的民众满意度评估。二是项目评估，即重要项目建设前的民意接受度评估。三是活动评估，即对举办各种重大活动、会议等的舆情风险评估。

从数据产生指数，指数应用到“舆评”，“舆评”实操校正指数，所有结果再成为数据入库，最终形成良性循环。南方舆情通过自建案例库系统，收纳了自主生产的近万起舆情事件的分析报告，范围涵盖了全国、全省各领域发生过的重要舆情。南方舆情通过将报告数据化，建立一套“舆评”指数，并对各类项目进行科学、精准的分析，集合数据、技术、人才、流程的优势，打造一个完整的生态化体系。

### 3. 面向社会民生领域，数据赋能参与网络内容治理

网络内容治理呼唤多元主体的协同共治，为主流媒体发挥作用提供了参与空间。主流媒体作为网络内容治理主体之一有着独特的行动路径：以开展舆论监督的新闻生产路径揭示问题，以提供决策参考的智库运作路径贡献方案，以整合多方观点的公共服务路径凝聚共识。主流媒体在网络内容治理中的重要价值在于“连接”，可促进多元主体之间的原则性接触，从而产生协同治理的共同动机与联合行动，实现治理结构的优化。

让数据发挥量化、测评、服务和监督的力量，全面释放媒体的连接能力，南方都市报专门成立南都大数据研究院，利用数据生产的理念和能力为内容赋能，让内容更耐看。同时，大数据研究院的设置抬高了内容生产的门槛，这背后要建立相应的数据库、模型、数据分析的团队。深耕“数字经济、数据治理”研究方向，南都大数据研究院强化供给差异、提升竞争优势，成为中国网络空间安全协会人工智能安全治理专业委员会首批成员单位，进入国家级人工智能圈层行列；《中国网络表演（直播与短视频）行业发展报告（2022—2023）》《直播与短视频行业未成年人网络保护白皮书》等报告广受关注；加快数据视频化转型，“信心有数”“湾区100”“广东特有料”等栏目频获全网推荐。

围绕转换内容生产方式、话语表达方式，南方日报房产智媒团队则聚焦住房消费痛点，通过实地走访、现场测算和数据加工，在南方+客户端上线了业内首创的“广州置业查询小助手”。团队从户型、预测总面积、实际得房率、最近地铁站步行距离等多个维度，对广州近300个楼盘推出的840多个待售产品进行大数据整合分析加工，并借助南方+技术平台，形成了一套可以供社会各界在南方+客户端实现一键式查询待售商品房关键性信息的查询系统，既丰富了南方+客户端综合服务功能，也提升了报端对行业的影响力和用户黏性。

## 三、以媒体连接为本质的场景

主流媒体利用自身多年积累的公信力与用户、行业、社会资源建立连接，连接千家万户，链接千行百业，把用户变为客户，形成广泛社会影响力和可持续的变现能力。南方报业就是通过打造自主可控的互联网平台和创新内容、服务、技术，通过多元化拓展，有效地与用户建立起有机连接，并在助力政府治理体系和治理能力现代化方面贡献力量。

### 1. 连接用户与市民

通过线上线下交融、时间空间交融、现实虚拟交融的立体化阵地，不断拓宽、提升和深化这一阵地的粘连度与活跃度，为用户提供无处不在、无时不有的场景式“超市服务”。

线上全媒体，线下多场景。南方+在2024年春节牵头举办“游长隆，抽大奖，开埃安”活动，7场直播在省内外近40家媒体平台播出，视频、图文报道全网点击量超3000万。南方农村报牵头在南方+、南方新闻网和微信小程序上线绿美广东公共服务平台，集成绿美+体育、公益、旅游、分享等功能。用户通过平台可线上开展广东古树认捐认养及植树等绿美项目，上线近一年，吸引逾2万人次认捐，募集资金近3000万元。

民生帮办则以解决民众生活难题为目的，这既是南都新闻报道的传统和底色，更是南都心系人民、人民至上的情怀与担当，同时，助力基层治理，为将矛盾化解在基层作出媒体贡献。比如，南都“记者帮”2018年推出河涌污染问题系列报道、违法建设商铺调查报道，引起广州市委主要领导高度重视，前者推动广州市对河长制进行完善，后者促使23间违法建设商铺被依法拆除，成为政府、百姓和媒体良性互动，促进问题有效解决的典范。广州市越秀区东华社区内巷货车乱停的老大难问题，南都报道后官方立即组织整改，当地居民给南都送来锦旗：“民生无小事，有事记者帮。”

绿美广东公共服务平台上线

## 2. 连接产业与城市

强化媒体广泛连接的功能，南方报业积极融入城市发展、产业变革的关键环节，在智能制造、企业转型升级、企业投融资的大潮中寻找新空间。近年来，不断加快切入城市招商、会展领域，打造区域孵化平台；不断开拓创新创业领域，切入跨国交流与合作领域，为城市招商引资提供信息服务；不断切入产业企业领域，围绕企业多元需求提供全案解决方案。

以南方日报推出的“数字新动能”系列产业调研为例，调研团队连续5年深入大量工厂车间和数字化现场，开展5G、AI、工业互联网等系列主题调研，每年走访超百家企业，透视数字经济大潮下的技术变革与产业变迁，解析数字经济“湾区样本”与广东实践，还举办多场数字化赋能制造业智享会沙龙，以及举办千人参会的2023湾区数字经济与制造业创新发展论坛，推动数字经济与制造业创新发展议题火爆“出圈”。“数字新动能”系列调研围绕数字赋能千行百业，解析数字经济经典案例，探寻新质生产力新场景，推动传统新闻内容生产向更高层级的调研报告和决策参考转型，并从线上走向线下、从传播走向活动，为转型中的主流媒体连接产业资源作了有益的探索。

又如，2020年6月，南方日报推出“惠民行动　南粤有礼”——广东汽车下乡送补贴活动，广汽本田、广汽丰田、广汽传祺和广汽新能源均参与其中，先后在广州市增城区、东莞市、佛山市等地推出活动，实现线上发动、线下互动的场景营销对接，此外，还推出车评榜、南方公益传播奖等评选服务，不断突破新媒体和产业生态之间的界限。

资源链接力和整合力是媒体的重要优势，南方报业还以主题园区、实体产业、金融投资为重点，打造多元文化产业。一是建设主题园区。集团改造旧印刷厂房建设的289艺术PARK，通过线上传播与线下园区融合、文化传播与产业经营融合，打造了一个一体化协同发展的文化产业集群和综合运营平台，成为广州永不落幕的艺术发生地。二是进军实体产业。近年来，先后与多家省直单位、省属重点企业和知名互联网公司签订战略合作协议，拓展了一批战略合作伙伴，进一步做好“传媒+”文章，形成以传媒为核心，融合娱乐、旅游、体育、教育、艺术、健康、物流、电商等的“1+N”新型产业格局。三是做强金融投资。加强与社会投资主体的沟通与合作，支持集团文化产业项目孵化、培育、产业链并购整合等，为开展多元化业务提供更为坚实的金融支持。

当前，南方报业正以开放共享的姿态，尝试将新闻资源、研究资源、市场资源、渠道资源以及内外部的团队资源逐步聚合打通，构建以“传媒+”为枢纽的各类平台，更深度地融入和服务产业发展。

## 四、以城市战略为特色的场景

城市对媒体发展的重要性不言而喻，它不仅是媒体产业的经济基础，也是媒体创新的土壤。

城市作为经济活动的集中地，拥有强大的经济实力和消费市场，为媒体提供了丰富的广告资源和商业合作机会，直接推动了媒体产业的增长和创新。城市还汇聚了多样化的人口结构，不同文化、教育和职业背景的居民为媒体提供了广阔的受众基础和多样化的内容需求，这促使媒体不断探索和创新内容形式，以满足不同受众的需要。

此外，城市政府在推动媒体发展方面也扮演着重要角色，为媒体企业提供了良好的发展环境，对媒体内容的生产和传播发挥着推动作用，推动媒体在技术应用、内容创新、商业模式探索等方面不断创新突破。

作为改革开放排头兵、先行地、实验区的广东，一直是中国最具活力的经济区之一，城镇化率走在全国前列。2019年习近平总书记亲自谋划、亲自部署、亲自推动粤港澳大湾区建设，广东正向着国际一流湾区和世界级城市群的目标阔步前行。身处广东的南方报业，紧紧抓住区域发展的优势，先后通过实施珠三角战略和下沉策略，以榕树模式融入城市发展的每一个角落，积极提升产品质量和服务能力，探索并逐步形成了以城市战略为特色的服务场景。

### 1. 城市决策咨询

作为媒体智库化转型探索平台，南方报业旗下媒体通过智库产品的公共属性、研究属性以及传播属性，对上影响核心的政府决策者，发挥参谋力，对下触达广泛的市民群体，展示影响力。主政者与市民的双重认可，顺利推导出研究产品的市场力，这又继续作用于研究话题的扩展、研究资源与人力的投入，从而形成研究力、参谋力、影响力、市场力“四力”之间的良性循环。

如南方报业传媒集团广州分社与广州市农业农村局合作承接2023—2024年广州市实施乡村振兴战略工作第三方评估项目，与智库团队、高校合作建立专业评估队伍，和广州市农业农村局商讨出统一的分级评估标准，通过实地走访、问卷调查等方式，客观、公正、高效地开展评估工作，达到准确评估全市各区乡村振兴战略工作推进情况、发现存在问题的目的，从而对各区、各成员单位形成激励督促作用，推动广州实施乡村振兴战略各项工作任务顺利完成。同时，将评估工作本身作为贯彻落实乡村振兴战略的具体举措，把评估过程中总结的经验、发现的问题进行转化，一方面转化为有关广州乡村振兴工作的宣传报道，另一方面也通过内参等形式为广州制定乡村振兴相关政策提供事实支撑和决策建议，营造全社会重农强农的浓厚氛围，促进农业农村高质量发展。

南方报业传媒集团东莞分社、南方舆情对东莞青年群体展开专项调研，首次聚焦东莞青年有多少、在哪里、在想什么、需要什么等焦点问题进行研究并形成报告。该报告系东莞市级重点课题，研究成果发全市党政领导参阅，获得2021年度广东共青团调研奖一等奖。

南方周末一方面通过打造榜单及趋势报告等公共产品，为城市发展建言献策，提供一种客观的、专业的、有可靠数据来源的第三方研究成果参考。如理想之城榜、宜商之城榜、城市形象年度观察报告等，通过定量和定性相结合的科学研究方法，总结城市发展的普遍经验与共性问题，并提出宏观建议。另一方面，基于城市特定的需求，提供专项定制服务。通过实地走访调研，深入了解单个城市（区域）的发展实际，重在指出具体问题并提出针对性建议。如2022年10月承接佛山市顺德区委的课题，为了解顺德区打造最友好制造强区的现状，通过实地走访企业、开展问卷调查等综合分析方式，形成《关于顺德打造最友好的制造业强区的调查报告》，供党委政府决策参考。

### 2. 城市空间运营

空间作为人与城市互动的物质性媒介，是城市最外露、最富张力的表现形式。把空间转向与城市传播联系在一起，则是对中国城市化现实的关切与回应。中国改革开放是大规模的空间重组与空间敞开和发现的过程，它既是世界全球化的一部分，又极具中国在地特色。尤其是作为改革开放排头兵、先行地、实验区的广东，城镇化率走在全国前列，由此带来了大规模高强度的空间生产，城市传播研究的空间转向也显得更为强烈。因具有内容建构与叙事能力的天然优势，主流媒体参与城市空间生产，尤其是以内容供应商的角色建设城市主题展示馆，不失为内容生产延伸、传播力落地的有益尝试。

近年来，南方日报积极探索空间媒体建设，打造出城市空间互动传播产品线，将内容从纸上、网上、手机上延伸到城市空间里。近5年来已建设超过20个大中型展馆，主题涉及城市、产业、人文、金融、科技、医疗、教育等多个领域，分布于珠江东西两岸，成为各地传播新思想、展现新文明的重要窗口和极具在地性的文化地标，如珠三角工匠精神展示馆、中国建陶小镇展示馆、顺德发展成就展览、广州市增城区新塘镇党群服务中心、松山湖科学城展览馆、广州市总工会广州工运史展厅、肇庆市三岳自然保护区科普·研学基地等。

从南方日报的实践来看，主流媒体参与空间生产，呈现出两个特点和趋势：一是推动从离身传播走向具身传播，在虚拟与现实之间构建新型叙事方

中国建陶小镇展示馆

式，走出时间的流、空间的场，形成新的传播力；二是从知识传播、文化叙事走向空间生产与文化实践，通过构建城市超级符号，在城市网络中构建空间结点，让展示空间融入城市经济运行、社会交往和文化教育等，参与社会关系的建立和表达。从空间投射、空间叙述、空间隐喻以及促进虚拟空间与社会实体空间两个场域的融通，到参与空间生产和空间实践，为主流媒体的融合发展打开了新的想象空间。

### 3. 城市下沉策略

所谓“下沉”，其实是一个老话题。早在2003年，南方日报就启动珠三角战略，在佛山、东莞、深圳、江门等地陆续开办“地方观察”，这是下沉。近年来，南方报业传媒集团提出深入实施“下沉策略”，推动南方+客户端建设重心不断下移，开设地方频道，全面挺进县（市、区）、镇（街）、村（居）和各垂直领域，这也是下沉。虽然都是下沉，但今天的下沉与过往的下沉有着本质上的区别。从过去依托报纸建设地方版，到如今依托客户端建设地方频道、开设南方号，南方报业传媒集团的城市战略和下沉策略一脉相承，在影响力迭代和进化的过程中，无数“气根”广泛而深入地扎进南粤大地，释放出强大的“榕树效应”。

以南方+客户端深耕区域的下沉策略为例，打的就是一场主力军全面挺进主战场的“战役”，覆盖了数百个县（市、区）及垂直领域，要打造广东“新闻+政务服务商务”权威发布的新平台。媒体平台的城市下沉策略也推动了高素质人才的下沉和技术运用平台的下沉，进一步激活了集团各个区域的内容、产品和服务能力。

具体而言，南方+“下沉策略”可以概括为四个“下沉”、两个“变革”和四个“支撑”。

四个“下沉”：一是平台下沉。在做好首页化建设的基础上，以县（市、区）、镇（街）为重点，加快影响力、服务力向基层一线的延伸，打通服务基层治理“最后一公里”。二是内容下沉。深入基层践行“四力”，内容建设紧扣“多、快、新、近、实”五个方面要求，既要顶天也要立地，既要新闻也要服务，既要深度也要热度，既要高大上更要烟火气，重构南方+在基层的内容生产体系，探索具有南方特色、适应下沉需求的新呈现方式。三是服务下沉。聚合集团服务能力，打通集团内各部门资源，联合政企各方力量，打造涵盖主办城市盛会、融入区域发展、参与基层治理、服务社会民生的活动体系和运营场景，打通线上线下一体化的全场景运营，加大南方+的推广力度，拉动下载，提升活跃度。四是人员下沉。优化人力建设，增加面向基层的人力投入，落实频道主编制，做强“协同小组”，提升生产力。

两个“变革”：一是制度变革。优化制度建设，提升下沉效能。二是组织变革。建设适应于下沉策略的灵活高效的组织体系，释放人才动能，提升协同效能。

四个“支撑”：一是产品创新中台支撑。打造融媒产品创新中台，实现产品制作能力的通用化和平台化输出，提升面向一线的内容生产传播能力、审校流程把关能力、新媒体技术应用能力。二是技术服务中台支撑。通过技术手段，充实“内容池”，实现地理识别、精准分发，提升数据运用水平，让生产更加智能、高效。三是智能管理平台支撑。打造“智慧管+管理平台”，集成多样化的管理工具，形成内容运营管理、全媒体传播分析、原创版权运营为一体的智慧化管理体系。四是运营服务平台支撑。持续完善活动运营服务平台，提升频道交互水平和服务用户能力。

随着深入实施下沉策略，南方日报（端）的产品和服务能力在下沉区域得到了进一步提升。如佛山分社以区镇频道为载体，深入推进下沉策略，一方面将内容、服务、人力等进一步向基层党员群众下沉，让传播力触达层次更深；另一方面深度嫁接各大社区以及区镇教育等部门，将频道传播触角深入基层物业小区和广大家庭中。深圳分社大力推动与深圳10个行政区、1个功能区、1个合作区共建党建交流平台。深圳全市74个街道党工委全部参与到活动中，一批优秀的街道、社区党组织书记走到南方日报党建交流平台，讲述党建工作心得，分享基层治理故事。南方+广州“惠你钟村”专题，打造“家门口的App”，构建“家门口”服务和“+专题”发布双体系，用更接地气的风格，输出群众普遍接受和关心的本土新闻和公共服务，并致力于全面提高公民道德素质以及村和社区精神文明建设，加强本地村和社区新闻政务宣传，为南方+客户端服务基层社会治理、融入社区居民探索出新的合作模式。

### 4. 城市营销服务

城市形象是城市的名片，是一座城市政治、经济、文化、自然等各方面要素整合而成的统一标识。我国正处于媒介深度融合的攻坚期，媒介融合不仅是技术的融合，也是信息传播系统与城市社会系统的融合。主流媒体作为信息传播系统中的中坚力量，在城市形象的构建与传播中扮演着至关重要的角色，是城市形象传播的开拓者、共建者、引领者。

南方报业充分发挥主流媒体平台传播优势，为城市提供形象传播服务。通过深入解析城市发展动能，挖掘城市背后所蕴藏的发展活力和机遇，全面展现城市气质，助力城市品牌形象推广。南方周末城市（区域）研究中心以城市专题深度报道等为抓手，深度结合地方特色，先后为武汉、成都、长沙、青岛、十堰、湖州等地方政府提供城市与区域形象选题策划、地方政府宣传策略全链条服务项目。

如2021年，南方周末推出“来，城市大有可为”成都城市形象推广项目，紧扣关键词“宜居宜业兼得”。财富值和幸福感不均衡是普遍存在的问题，成都则恰恰做到了两者间的均衡和统筹，从而成为当下更多年轻人选择驻留的城市。由此入手，此次城市营销紧扣主题方向，深入解析成都向上的动能，挖掘城市背后所蕴藏的发展活力和机遇，将九天开出“宜”成都的城市气质全面体现，助力城市品牌形象推广。一方面，通过线上多形式传播，全方位展示成都形象；另一方面，策划线下活动“N-TALK”，所邀嘉宾均是文化、音乐、美食、创业等领域极具代表性的人物，在各自领域有较大影响力，与成都有着不解之缘，嘉宾结合自身经历生动讲述和城市的故事，引起共鸣，成都城市形象深入人心。通过线上线下联动，全媒体多渠道多个维度输出品牌形象，同步助力品牌传播，进一步扩大城市影响力。截至2022年2月，全媒介曝光量超过1.5亿，传播总价值超千万元，活动影响力实现中央媒体、四川省内主流媒体全覆盖。

# 第三节 从单点到集群，构建多维度智慧矩阵

近年来，南方报业旗下各媒体单元在探索“新闻+政务服务商务”模式中各展所长，通过智慧转型更好地满足党委、政府及各类社会主体在各个层面、各个领域对决策科学化、信息化、数据化的需求，形成了“南方深调研”“南方党建”“南方舆情”“南方指数”“城市治理榜”等系列智库产品和服务品牌。随着转型步伐不断深化，这些创新实践由点及面，星火燎原，逐渐汇聚成集团层面的强大集群效应。

通过资源共享和优势互补，南方报业在党政服务、社会治理、平台建设、空间传播、城市推广等多个领域积累了丰富经验，构建起一个多维度的智慧服务体系，显著提升了对外的服务能力和市场竞争力，体现了媒体在新时代背景下的新角色和新价值，为媒体转型发展提供了新路径。

## 一、南方日报：“品质革命”打造城市智库产品标杆

在媒体深度融合的背景下，智库成为媒体深度参与经济社会发展、提供决策支持的重要产品服务形态。媒体机构通过深入调研，结合传播优势，形成具有深度和广度的智库产品，为地方乃至国家的产业发展提供策略支持和智慧服务。

佛山分社作为集团内最早开启智库转型的地方站，以调研为底色，聚焦产业、城市等不同主题，年均调研百家佛山企业，先后深入国内十多座城市，并曾奔赴欧美、非洲等地开展海外实地调研。在近十年的积累下，目前

已成功打造出“品质革命”“隐形冠军”“十城演义”“佛商”等多个具有全国影响力的智库品牌。其中，“品质革命”是佛山智库项目中的头牌。

2018年，响应国务院政府工作报告提出的“品质革命”号召，佛山市与南方日报社联合发起了品质革命主题大调研，由北京大学教授周其仁提供专业指导。调研组由政府、企业、媒体和学术界代表组成，以佛山为起点，放眼全球，再将国际视野带回本土。

该调研项目自启动以来，每年均有新的主题策划和实地调研。2018年，调研组深入34家佛山企业，提出“十条战法”，并首发全国地级市品质提升倡议书；2019年，调研组扩展至国际，对标德国、荷兰、丹麦等国的品质企业；2020年，聚焦“品质革命与市场突围”，实地调研43家佛山企业，走读珠三角，对标华为、腾讯等企业；2021年，调研组走读佛山七大产业集群，研究产业生态，提炼扩大品质革命覆盖面的战法；2022年，以“佛山优品　商

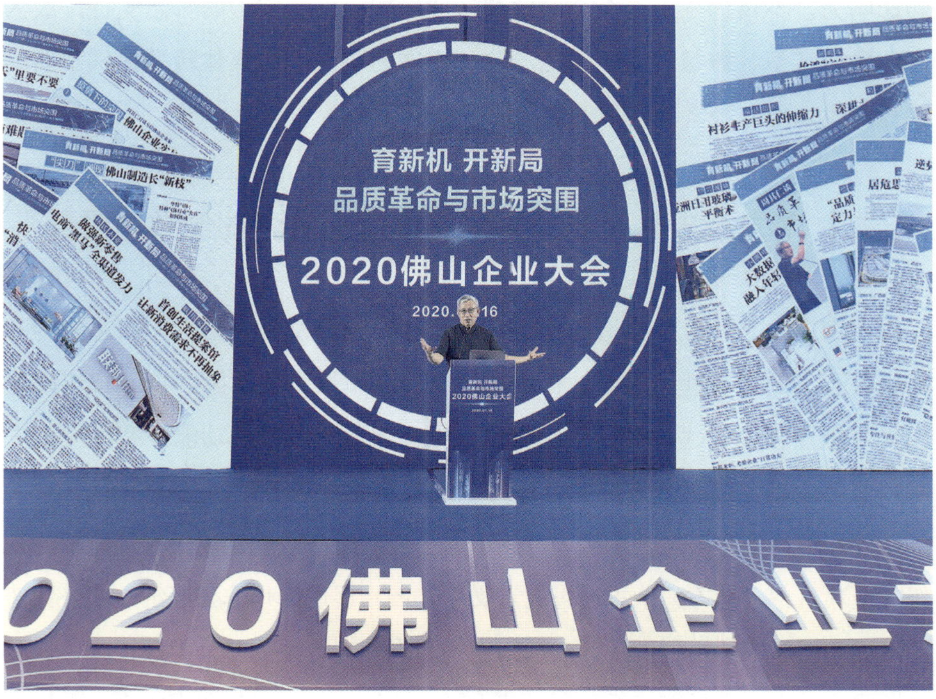

“品质革命”2020佛山企业大会

路全球”为主题，深入调研50多家企业，跨境连线佛山企业家，研究全球市场策略；2023年，调研组发起佛山市隐形冠军企业大寻访，并将调研扩展至非洲，举办佛山人才发展大会暨佛商论坛。

截至2024年，项目已累计调研超过200家佛山企业，奔赴国内外十多座城市，与全球百家企业深度对话。调研组在实地走访和复盘中，不断探寻全球品质标杆，提炼“佛山战法”，为佛山制造业的创新和发展贡献智慧和力量。“品质革命”项目受到全国政企界的广泛关注，深受佛山企业家喜爱，多次获得地方政府官员的肯定，内容被纳入佛山市政府工作报告，知名经济学家周其仁的演讲文章成为现象级报道，提升了南方智库品牌的影响力，成为佛山分社乃至南方报业传媒集团的代表性项目。

佛山分社的“品质革命”项目，充分展现了媒体连接广泛、垂直深耕的优势。从原本擅长的调查报道入手将数据化思维、智库化生产要求融入题材选择、采访调研、内容生产成果传播的全流程，通过自助渠道扩大传播声量和影响力，不仅为佛山乃至全国的制造业发展提供了宝贵的智慧支持，成为媒体融合转型、智慧转型的典范。这种模式的实践，为媒体转型提供了新的路径，也为地方经济的转型升级提供了强有力的智力支持。

## 二、南方杂志社：非公党建展览馆提供个性化党建服务

由南方杂志社牵头打造的南方党建智库，充分发挥《南方》杂志作为省委机关刊物的权威性、指导性作用，根据广东基层党建实际，自2017年筹建以来，重点强化党建传播、党建研究、党建服务三大核心功能。智库立足广东，服务全国，提供全方位的个性化、定制化党建服务。

2018年，南方杂志社承接了广州市非公有制经济组织党建工作展览馆的升级改造项目。《南方》杂志通过大量文字、图片展现广州非公经济、非公党建的发展和创新，拍摄制作了《永远跟党一起奋斗》等系列非公党建视频，让展览馆成为学习宣传贯彻习近平新时代中国特色社会主义思想和党的十九大精神

2019年7月，改造后的广州市非公有制经济组织党建工作展览馆亮相

的重要窗口。

2019年，广州市非公有制经济组织党建工作展览馆升级改造完成并重新开馆，成为具有广州特色的非公党建工作新名片。该展览馆是全国省会城市中第一个非公有制经济组织党建工作展览馆，也是目前规模最大的一个。开馆当日，得到了广东省工商联、广州市委党校等单位领导的点赞。截至目前，展览馆已迎来全国各地参观学习者超10万人，成为广州市非公经济组织开展党建活动的首选地之一。

南方杂志社的这一探索，推动了传统党刊向立体传播平台和智慧服务平台的转型。通过与各级政府部门的合作，南方杂志社在省级党政展览馆、地方志办公室、基层党群服务中心等领域开展了多个展陈项目，展现了其在改革开放、非公党建、乡村振兴等报道中的高度和深度思考。南方杂志社通过专业化服务和智慧化转型，为党建工作提供决策咨询、传播推广和实践指导，推动党建工作与现代信息技术的深度融合。

## 三、南方新闻网：数智化政策库助力公共服务提质增效

智媒时代，媒体通过大数据的挖掘、分析和应用，不断整合和创新信息资源，通过构建集约化的信息管理平台，提供深度分析和智慧服务，不仅能够为政府提供全面、系统的决策支持，也可以为公众提供更加丰富、便捷的信息服务，极大地提升政策制定和执行的透明度与效率。

以南方新闻网开发的广州市政策文件库为例，这是一款探索基层数字治理的数智化产品，依托广东省数字政府网站集约化平台，实现政务数据的全面汇聚和智能化管理。该产品以“一库汇聚+一闭环管理+一源头辐射”的理念，成为政府公共决策与社会有效治理的智慧服务缩影。

作为统一平台，政策文件库保存了行政法规、规章等重点政务信息，是政务信息管理的基础支撑。项目团队采用省集约化平台生态应用构建，与省平台深度耦合，实现政策文件一站式发布和全渠道应用，解决了同源管理问题。同时，通过定制化审发流程和独立用户权限体系，打造全闭环数字化管理模式，简化了复杂的信息审核流程。

数字化治理中，数据是关键。项目团队发挥“内容+技术”优势，联动

南方新闻网开发的广州市政策文件库

广州市三级行政机关，打破数据孤岛，实现政策数据的连接与互动。全面梳理可公开文件，形成数据基础，拓宽文件类型，建立多维度标签分类体系，实现精准分类。项目团队还联动三级政府进行数据清洗，确保信息的权威性和有效性。技术是项目发展的核心。以互联网思维、大数据、智能技术为路径，推动技术创新，开发了文件周期管理、智能推荐、历史版本记录等特色服务，优化用户体验，实现政策信息的智能化管理和传递。政策文件库已应用于广州市500多家政府单位，提升了政策文件数据管理水平和公共服务水平，为政府管理人员提质增效。

## 四、南方农村报：资源整合助力打造“粤字号”农业品牌

近年来，广东提出“粤字号”品牌强农计划，打造一批“粤字号”农业知名品牌，培育若干个“中国第一，世界有名”的农业品牌，推动广东向农业品牌强省转变。南方农村报服务农业农村多年，对农业、农产品以及上下游产业链有深入的认识，从讲好优秀种养户的故事，到讲好区域农产品的品牌故事，再到文化产品输出，全力助力广东打造“粤字号”品牌工作。

南方农村报发挥媒体聚集效应，让“粤字号”农产品的宣传效应最大化。携手人民日报、新华社、中央电视台等全国50多家主流媒体、100多家新媒体，共同奏响“粤字号”合唱曲。整合抖音、快手、微博、微信公众号、微信视频号、腾讯微视、咪咕视频等多平台参与社会化营销；创新营销形式，开展云拍卖、认养活动等，推动“粤字号”农产品上广州塔、上高铁、上游轮、上飞机，形成“海陆空”阵势，登北美、欧洲、东南亚、中东地区地标大屏；创新云直播、云发布、云签约、云采购、云会客厅、网络节等数字营销模式；联名产品、专列、线下主题店、动漫虚拟直播，邀请多名正能量公众人物担任广东六大水果公益形象大使。

拓宽销售渠道，形成线上线下销售网络。南方农村报整合传统批发市场、电商平台，以及商超、进出口、物流资源和科研力量，到北京、上海、

2023年7月5日，由南方农村报创意设计的海报“广东荔枝——来自东方的浪漫Sweet”，在法国巴黎老佛爷商圈大屏闪耀

杭州、重庆、沈阳等20多个销区城市推介，打通“粤字号”农产品“从田头到餐桌”“从枝头到舌尖”“从国内到国际”的畅顺通道，形成产地和销区、省内和省外、国内和国外、线上和线下的产销对接合力，带动“粤字号”农产品销售。

南方农村报多方推动有效市场和有为政府更好结合，成为连接政府和市场资源的有效载体。将市场挺在前面，倒逼供给侧结构性改革，推动品质提升，建设农产品大数据，帮助“粤字号”农产品“适销对路”，让农户对接大市场。动员农业农村、财政、商务、市场监管、海关、文旅、科研院校等部门、单位，以及金融、保险、航空、电商、物流、协会、媒体等各方力量参与项目，取得良好成效。

## 五、南方周末：跨城活动提升城市文化软实力

数字化时代，媒体融合转型与智慧升级不仅推动了内容生产和传播方式的革新，也为城市品牌建设和文化传播提供了更为广阔的平台。通过创新的活动模式，媒体正在成为连接城市特色与公众认知的桥梁，通过深度的内容挖掘和多元化的表达形式，有效地提升了城市的品牌形象和文化软实力。

自2016年起，南方周末主办的N-TALK活动已成为一个融合文化、科学、设计、艺术等领域精英的交流平台。2021年，在成都市委宣传部的支持下，N-TALK成都主题专场成功举办，以“来，城市大有可为”为主题，旨在推广成都城市形象，探索其城市品质与吸引力。N-TALK活动通过邀请电子音乐人、星厨、纪录片导演、前偶像歌手、作家及知名歌手等各领域代表，分享他们与成都的故事，从多元视角解码这座城市的活力与魅力。

活动制作趣味互动H5“有为青年在成都”和活动先导片《来成都大有可为》，通过游戏和视频的形式，让公众沉浸式体验成都的文旅、产业发展和公园城市生态。这些创新的互动方式在社交媒体上引发了广泛关注和参与。活动期间，全媒介曝光量达到1.56亿，传播总价值超千万元。N-TALK成都特

2021年12月12日，南方周末举办N-TALK成都场“来，城市大有可为”活动

别场不仅为成都的城市形象塑造提供了新的视角，也为媒体在城市品牌推广中的角色提供了生动案例。

N-TALK活动的成功实践说明，媒体不仅是信息的传播者，更是城市故事的讲述者和形象的塑造者。媒体参与城市形象推广，通过整合多方资源，创新传播方式，并吸引公众参与。这不仅为城市带来了正面的传播效应，也为媒体提供了发展的新路径。

## 六、南方都市报：南都智库周赋能城市治理高质量发展

数据分析、政策研究和创新传播，正在重塑媒体的角色和功能。媒体不再仅仅是信息的传播者，更是决策的参与者、治理的推动者和社会价值的塑造者。这种转型不仅丰富了媒体的服务维度，也提升了其在社会发展中的影响力和引导力。

南方都市报自2018年提出“做中国一流智库媒体”的目标，开始南都大数据研究院的建设。该研究院以数据技术为动能，规制标准为抓手，推动智库媒体新产品、新服务、新价值的创新。截至目前，南都已建设垂类研究课题30余项，出品智库产品1200余份，精准抵达决策层和行业群体，收获积极评价。

南都智库周自2018年12月首次举办以来，每年年末如期举行，成为集中展现智库媒体发展成果的品牌盛会。2023年，南都响应高质量发展号召，成立南都高质量发展研究院，开展系列课题研究，发布多份重要报告，并在广州等地挂牌分院和研究基地，深化“媒体+政务服务”模式。

南方都市报还编制《大湾区制造业创新动力指数报告》，深耕研发中国（湾区）白酒消费指数，发布《跨境理财新趋势》。

2023年南都智库周以“深融合，新联结，高智量”为主题，通过精品新闻、栏目、课题建设，唱响时代强音，做经济社会发展链条上的重要联结者、融通者、共建者。智库周在广州、深圳、北京、上海4地开展7场线下活

南都大数据研究院产品

动，探讨人工智能大模型技术、治理和应用，促进人工智能领域安全发展。南方民间智库官方网站也同期上线，成为汇民声、聚民智、暖民心的全新平台。

南方都市报的实践，体现了媒体融合转型和智慧转型的深层次逻辑。智库型媒体通过专业化、数据化、平台化的发展路径，不仅提升了自身的服务能力和创新能力，也为政府决策、社会治理和公共价值的传播提供了有力支撑。

## 七、南方+客户端：南方号平台构建开放式服务新路径

随着移动互联网技术的飞速发展，传统媒体亟须突破传统思维，拥抱数字化、智能化的转型之路。正是在这样的背景下，南方+客户端通过整合权威信源，构建起集新闻、政务、服务于一体的新型媒体生态——南方号平

台。这一模式不仅拓展了内容生产和传播的边界，更通过技术赋能，实现内容生产的智能化和精准化，为媒体融合提供新的思路和实践路径。

2016年，南方+聚焦广东全域党务政务资源，推出南方号平台。经过八年的发展，南方号平台已覆盖广东省超7000个机构，涵盖教育、政法、医疗等22个垂直领域，实现了省直、地市、区县政务机构全覆盖，并向社会组织、企业、文化团体延伸。

在内容生产方面，南方号平台采取“同题联动”“矩阵深垂”和“全栈运营”的开放生产模式，通过主题统一但内容多样化的方法，增强内容的深度和广度。例如，2023年广东省高质量发展大会召开后，平台推出“广东21地市高质量发展拼图”同题作文，展示各地发展成果和规划；2023年全国两会前夕，推出“以百姓心为心——广东人民心愿墙”同题作文，获得好评。

技术在南方号平台的构建中发挥关键作用。平台自主开发的南方号内容管理平台，接入南方+啄木鸟智能校对系统，实现内容生产和管理的智能化，简化发布流程，提高安全性和精确度。

服务创新方面，南方号平台将技术优势转化为社会服务能力。如联动医疗矩阵力量开设“医疗健康”服务专栏，提供名医工作室导航、中医秘方、健康知识科普等专项服务。南方号平台以全链条模式运营，组织培训和大赛活动，如“智媒工坊”、新媒体爆款大赛等，培养新媒体人才，为平台发展储备人才和创新力。

南方号平台的实践，体现了媒体融合转型的三个核心要素：内容创新、技术赋能、运营协同。这一模式的成功，不仅为媒体行业提供了宝贵的转型经验，也为政府与公众的互动提供了新的平台和渠道。

## 八、南方舆情：“粤治”平台共享广东社会治理经验

自党的十八届三中全会提出“推进国家治理体系和治理能力现代化”以来，广东省在社会治理创新方面取得了显著成就。由南方舆情数据研究院发

2023年12月29日，第十届“粤治—治理现代化”广东探索经验交流会在广州举行

起的“粤治—治理现代化”优秀案例推介活动，自2014年起已举办十届，成为国内社会治理领域的年度盛会，引发社会广泛关注。

“粤治—治理现代化”活动充分发挥党媒智库优势，推介了285个优秀案例，全面展现了广东现代化建设的成果。这些案例涵盖治理体系的多个维度，从解决具体事项到建立长效机制，为构建共建共治共享的社会治理新格局提供了参考。活动不仅展示了广东改革开放的“排头兵”形象，也为全国治理现代化提供了鲜活的案例和参考借鉴。

南方舆情联合国内10余所知名高校，组成强大的智囊团队，覆盖政务、政法、商业、教育科研、大数据等领域。专家团队在政府治理、社会治理、产业安全等重大领域有较高造诣，为政府和智库的合作搭建了沟通桥梁。

通过“粤治”平台，南方舆情挖掘、总结了广东地方治理的新经验、新理念、新举措，破解了深化改革进程中的现实问题。“粤治—治理现代化”活动已成为华南地区乃至全国治理创新领域和智库行业的品牌活动之一，为讲好中国故事贡献了广东智慧。

通过搭建平台、整合资源、促进多方互动，媒体智库不仅为地方治理提供了新经验、新举措，也为国家治理现代化的理论体系和实践探索提供了有力支撑。

# 第四章
# 多元开拓："传媒+"创造新价值

基于主业，拓展多元。

媒体多元化经营不是一个新生事物。和大多数传统媒体一样，自20世纪90年代以来，南方报业对媒体多元化经营也曾屡次作出探索。即使在传统媒体发行量和广告收入高速增长的21世纪头十年，这种思考和探索也从未停止。

随着互联网特别是移动互联网的快速发展，新兴媒体传播效率更快、与受众互动性更强的优势逐渐显现，传统媒体的既有发展轨迹受到了强烈冲击。宏观层面，互联网变革最终驱动了各行各业的变革，这一变革使得区域和行业的边界被打破，传统媒体难以像过去一样依靠区域和行业的垄断来获利；微观层面，纸媒受众规模急剧缩小，广告量骤减，发行量锐降，原有的产业闭环和商业模式被打破。传统经营模式失灵成为主流媒体转型和实现可持续发展的最大痛点。如何摆脱对原有路径的深度依赖，把握报业生存发展主动权，重构商业模式、打造新的产业发展闭环是摆在媒体人面前的紧迫课题。

在2013年向新媒体转型的初期，南方报业就将多元开拓摆在与媒体主业融合发展同等重要的位置。对于当时传统广告、发行和印刷营收占比仍然高达80%的南方报业来讲，提出这样的党报经营和产业发展思路，体现了发展的前瞻性。

彼时，国内媒体经营转型没有先例可供借鉴，无现成模式可供参考，无一不是“摸着石头过河”。行业变革冲击之下，有媒体经受不住选择退出；也有媒体迫于生存压力，病急乱投医，犯了“盲目拓展，见钱就抓”的毛病；还有一些媒体急功近利，向远离主业的陌生领域冒进，不仅没能改善经营状况，反而折戟沉沙、无功难返。

因此，传媒集团的多元经营不等于“盲目扩张”，更不等于“转行经营”，经营创新也不是拍脑袋“无中生有”，而是基于职责使命和市场规律双重规制下的经营创新，选择合适的发展战略进行规模扩张，不断完善经营性资产资本链，最大限度地实现资本增值。

明者因时而变，知者随事而制。南方报业在不断的实践探索中逐渐认识到：媒体经营多元开拓，既要顺应时代变化，做到与时俱进，更要基于传媒业态的自身逻辑，着眼于媒体长远发展和传媒生态的良性循环。打造新的产业发展闭环也不是脱离传媒主业另起炉灶，而是立足于媒体的核心能力和核心资源，紧扣媒体的新闻、信息、文化主业，勾连媒体属性，积极寻求产业链外的关键价值要素，“跨链”重组产业创造路径，实现多元发展。

南方报业紧紧把握中国经济腾飞和广东转型发展的重大历史机遇，紧紧依靠内容、品牌和公信力，以及资源连接力和整合力等优势，推动集团各种媒介资源、生产要素有效整合，通过探索“传媒+文化”“传媒+园区”“传媒+电商”“传媒+金融”，努力打造新型主流媒体与多元文化产业协同发展的“传媒—产业”价值链闭环。

# 第一节
# 传媒+文化，探索传播新业态

党的十八大以来，着眼媒体深度融合发展遇到的新挑战，南方报业充分发挥省级党媒集团的传播优势、资源链接优势，大力建设智慧型传播体系、多元化产业体系，集聚高质量媒体服务能力、产业发展能力和支持保障能力，形成“传媒+文化”新业态服务矩阵。

其中，南方日报出版社聚焦精品出版、多元开拓，南方版权聚焦“运”“维”并举、创新服务，南方展示聚焦城市空间、多维输出。2023年11月，南方报业“传媒+”矩阵再添新成员，广东教育杂志社移交南方报业运营管理。作为广东省教育宣传出版机构，广东教育杂志社致力于为我省广大教育工作者提供优质的教育资讯服务。

伴随着人民群众的文化需求更加多元、品质要求更高，文化产业跨界融合发展成为新趋势，为南方报业拓展“传媒+”提供了新的时代机遇。

## 一、精品出版多元开拓，南方日报出版社走出“小而美”特色之路

传媒与出版密切关联，互动相融。出版工作是党的宣传思想文化工作的重要组成部分，是文化积累和文化传承的重要载体，承担着传播真理、传承文明、引领风尚、教育人民、服务社会的重要责任。南方报业在1998年成立集团之初就注重“传媒+出版”的文化产业价值链延伸，是国内较早成立出版社的报业集团之一。

南方日报出版社部分获奖图书

1999年，南方日报出版社应运而生。25年来，在南方报业的品牌孵育下，南方日报出版社以书为媒，以质为本，已成为集团"报、刊、网、端、微、屏、出版"立体传播体系的组成部分，也是南方报业多元业务拓展的重要体现。它是南方报业生动实践和文化积淀的记录者和传播者，也是建设智慧型文化传媒集团的努力践行者和智力支持者。

"惟殷先人，有册有典。"出版物是连接过去与未来、传统与创新的文化桥梁，不仅能够传递深厚的文化底蕴与历史信息，还能够反映当下的社会现实和人民的精神需求。党的十八大以来，南方日报出版社秉持"为人民出好书"的宗旨理念，坚持正确的政治方向、价值取向和出版导向，依托南方报业平台和品牌优势，坚持走精品出版之路，致力于建设出版社"新四库"——膺承省委机关报的"时政本质"，创新话语表达方式，锻造"主题出版精品库"；继承南方报业的"传媒本质"，聚焦传媒发展前沿，打造"中国传媒思想库"；坚守地方出版的"文化品质"，立足广东文脉传承，塑造“岭南文化活力库”；因应传统出版的“教育气质”，注重数智融合教育，拓展“教育融媒新智库”。具体实践为：

一是以时政图书立社，锻造“主题出版精品库”。作为广东省委机关报下属的出版社，南方日报出版社围绕省委、省政府中心工作，关注时代需求，将主题出版作为重要的出版方向，传播正能量，弘扬主旋律，创新内容表达，生产了一批有思想深度、历史厚度、民生温度的图书。2019年出版的《港珠澳大桥岛隧工程画册》入选中宣部主题出版重点出版物选题，并获得国家出版基金专项资助；2022年参与“纪录小康工程丛书·广东卷”的编辑出版，该丛书入围中宣部主题出版重点出版物和“十四五”国家重点图书出版规划项目；《廉润南粤》和《勤廉风范》生动讲述广东廉洁故事，传承廉洁文化基因，成为广大党员干部廉洁教育读本。

二是以传媒图书立格，打造“中国传媒思想库”。借助媒体出版社的天然优势，南方日报出版社建社之初就提出打造“中国传媒思想库”，致力于出版传媒理论、传媒实务、传媒前沿等领域的图书。在南方报业发展的不同历史阶段，陆续推出《南方报业战略》《高度决定影响力》《传播力》《从纸媒到智媒》《深度凝聚力量》等专著，在业界产生重要影响。与此同时，还编辑出版了《走进美国大报》、“中国传媒图史系列”等力作，为中国传媒业提供思想的启迪、实务的指引。近年来，因应传媒业日新月异的变革，南方日报出版社密切关注媒体融合与智慧转型，策划编辑了《融合新闻学》《数字新闻十二讲》《大众情绪传播研究丛书》等图书。

三是以文化图书立品，塑造“岭南文化活力库”。文化图书尤其岭南文化图书是南方日报出版社的品质保证。南方日报出版社立足岭南、服务湾区、书写中国、放眼世界，重点关注国学双创、南方学术、岭南非遗、地方读本等领域，出版了《神话历史丛书》《南方学术文丛》《岭南文艺百家》《潮州密码》等。《晚清西学丛书》第一辑入选“十三五”国家重点图书出版规划，并荣获首届广东出版政府奖图书奖；《大湾区文学读本》入围“十四五”国家重点图书出版规划；《人文湾区　岭南三秀》《粤雅小丛书》等实现版权输出，推动岭南文化“走出去”，向世界讲好广东故事。

四是以教育出版立新，拓展“教育融媒新智库”。教育出版是南方日报出版社的创新品牌，也是长效发展的新生力量。近年来，围绕国学教育、家庭教育、主题教育、素养教育四个维度，编辑出版了“国学经典教育”丛书、《幸福，从接纳开始》、《漫话团一大》、《潜龙在渊》、《南周写作启蒙课》、《媒介素养》系列丛书等教育读物。同时，探索“出版+活动”融合发展模式，积极推进青少年网络素养教育，承担了广东省教育厅青少年网络素养主题活动，推动国内首套《网络素养》地方课程教材进学校、进课堂，在广州市少年宫建立了“立体课程博物馆”和研学实践基地。

近年来，随着数字技术和移动互联网技术的不断发展，公众的阅读习惯发生了翻天覆地的变化，数字阅读成为首选的阅读方式，以电子书出版、数字期刊、数字报纸、手机出版为核心的新兴出版业态正在蓬勃发展，这对传统出版造成了极大的冲击，传统出版积极探索转型发展。在这样的背景下，南方日报出版社找准自身定位，充分整合资源，突显个性特色，发挥协同效应，以品质铸品牌，以服务促发展，以创意增效益，以“精与专”锻造“小而美”，实现了营业收入和利润的稳定增长，走出了一条媒体出版社的可持续发展新路径。

立足集团，走好报业出版联动路。加强与集团旗下“报、刊、网、端、微、屏”等多媒介的联动，建立起内容制作的协同，根据不同媒介需求策划运营，以产生乘数效应。楔入集团数据、价值链闭环，成为“报、刊、网、端、微、屏、出版”立体传播的必要一环，为智慧型文化传媒集团创建添上一抹“书香”。新闻与出版密不可分，又有很大区别，南方日报出版社擅长将各种新闻作品进行创造性转化，编辑出版鲜活生动的图书，去新闻化，强数据性，通过固化成果、重新激活、凸显价值，使其传播力、引导力、影响力、公信力进一步延展。与此同时，出版社依托南方日报各分社（记者站），充分整合资源，深入挖掘各地市丰富的出版资源，从时政热点、人文历史等维度入手，为省内各地县（市、区）、镇制作时政读本与地方读物。

广拓深挖，闯出定制出版先行路。南方日报出版社早在2005年就打破传统“编印发”思路，创新盈利模式，探索定制出版新路径，延伸服务触角，将自己定位为多元信息的选择者、内容资源的整合者、创意产业的策划者。近十年来，南方日报出版社的定制出版模式发展成熟，为政府、企事业单位提供出版服务，推出个性化定制图书产品，重构出版新业态：聚焦“出版+政务”，做好主题出版精品图书。围绕湾区建设、乡村振兴、生态文明建设、廉洁教育等方面做好主题出版定制服务，打造双效俱佳的图书产品；拓展“出版+商务”，做好大中型企业定制出版，以服务稳效益，通过优质策划、高效推进、贴心服务为其量身定做企业文化精品书；探索“出版+服务”，积极尝试“出版+文创”“出版+展览”“出版+培训”等，在传统出版之外开发文创产品、展览策划、教育培训，将出版社的创意服务、设计能力、智慧产品转化为生产力和营收力。

数字赋能，探索融合出版新航路。数字内容是宝贵的资产，出版社借助版权的纽带，做好出版产业的价值链延伸，将出版内容中传统的文字内容转换为数字或者视听文本，重点凸显“两个意识”：建立融合发展意识，借助集团现有平台，打造数字阅读阵地。与南方新闻网、南方+、GDToday合作，以南方新闻网出版频道、南方号为抓手，构建定位准确、具有垂直影响力的新阵地，提升出版社的品牌影响力。强化新媒体营销意识，构建立体营销矩阵，推动图书销售收入平稳增长。维护新华书店、传统电商、系统发行、馆配发行四大销售平台，建设天猫、微店、拼多多、视频号小店四大自营网店，形成矩阵式营销，拓宽销售渠道。近年来，随着生成式人工智能技术的快速迭变，出版业面临着新的机遇与挑战。未来已来，智能发展，出版社需要高度重视数字化转型升级，积极促进人工智能技术赋能出版，推出更符合时代需求的产品与服务。

深耕主业，开拓创新，南方日报出版社将继续发挥出版优势，与南方报业同频共振、共生共荣，以专业精神打造时代力作，以创新精神走融合发展之路，进一步推动高质量发展。

## 二、精准破解维权痛点，南方版权打造一站式媒体版权服务平台

新闻作品版权是媒体的核心资源和宝贵资产，版权保护事关媒体的切身利益乃至党的新闻事业的健康发展。随着传统媒体和新媒体深度融合和竞争的加剧，做好主流党媒版权工作有利于构建传统媒体与新兴媒体共赢发展的生态环境，也是主流党媒推进深度融合、全面转型的内在需求。

媒体转型融合发展中如何既预防版权侵权，又对版权资源实施有效保护，已经成为党媒集团发展，特别是媒体转型融合发展中必须解决的棘手问题。正是基于上述考虑，南方报业从2016年起展开维权保护，从探索自身版权保护和推广到打造业内具有一定影响力的“南方版权”品牌，精准破解维权痛点，打造一站式媒体版权服务平台，为规范行业版权秩序、提升党报影响力作了积极的探索。通过近几年的实践摸索，“南方版权”这张新名片已初具雏形。

首先，“南方版权”根植于原创内容生产之中，将版权工作中的预防侵权、有效维权、运营管理融为一体，将版权的“运”和“维”有效统一，形成“运”和“维”相结合的版权运维良性生态链。

版权工作中“运”的目的是盘活现有版权数据资源，使数据资源实现更大价值，同时进一步挖掘、放大原创内容核心价值，从单一的版权维权业务向数据服务延伸，助力版权价值变现；版权工作中的“维”则是通过合法高效的维权手段保障版权运营的实现，而“维”又包括以下内容，即首先做到有效的预防侵权，通过制度、内容、技术、法律四个方面全面介入采编流程，从源头阻断自身侵权风险，减少内容生产过程中因版权问题导致的成本增加。

集团在发布《报网端版权管理规范》基础上，相继制定出台了字体使用、图片音视频使用、两微管理等实施细则，明确了侵权责任承担主体。同时采取“疏”与“堵”相结合的方式，根据内容部门的需求，通过置换、采

购等形式建立并动态更新合法版权素材库，既规避了无序转载内容的侵权风险，又在一定程度上提高了内容竞争力。

技术支撑也进一步提升了集团版权工作的效能，通过在融媒系统用户登录页面生成版权弹窗提醒、转载黑名单预警等手段，不断强化内容生产人员的版权意识。针对图片侵权这一“重灾区”，则将使用频率最高的图片库接入了集团媒体资源中心，方便内容人员一键配图，大大降低了用图门槛。

随着集团新媒体的发展与融合转型步伐加速，因不规范转载的字体、图片、视频等内容产生的侵权诉讼逐日增多。集团将相关被诉案件统一归口管理，模式化区分处理，细分操作流程，在更好应对被诉侵权案件的同时，更积极主动地采取维权诉讼措施。

其次，“南方版权”也是高效的维权保护，即将版权确权、侵权监控、侵权取证、线上线下维权全过程实现流程再造，打造成专业、高效、精准的版权维护体系。

针对媒体维权痛点及版权市场的需求，通过大数据分析、人工智能、区块链技术手段的应用，集团以自主研发的方式开发了一站式版权服务平台“南方版专+”，并逐步将其打造成“国内最懂媒体的版权技术平台”。

“南方版专+”平台已经实现了线上确权、监控、取证及线下维权一体化版权运维。涵盖纸媒、网站、客户端、“两微”、论坛等超过20万个内容主体数据库，利用大数据智能分析技术，可以对原创作品进行全网全天候监测。凭借平台存证系统与互联网法院司法证据链的有效对接，“南方版专+”的全线上一站式特点在疫情期间平台优势尽显，真正做到了维权全流程“全天候不打烊”，成为广东省知识产权局、广州互联网法院的优秀案例。

与此同时，“南方版权”团队积极开拓对外版权服务业务，先后代理了海南日报报业集团、安徽报业传媒集团、宁波日报报业集团三家党媒的版权运维业务，还与21世纪经济报道、中国经营报、时代财经、上海证券报等垂类媒体达成版权业务合作，开媒体间版权代理先河，无论在党媒圈还是财经媒体圈都形成了一定影响力。

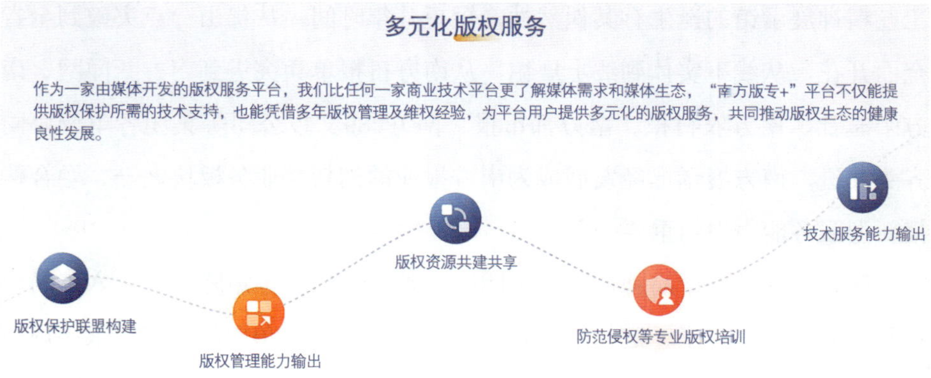


“南方版权”多元化版权服务

未来，在确保集团版权管理工作顺利开展的前提下，“南方版权”还将从侵权监测、维权代理、数据深加工与产品开发等方面不断向外拓展商业化服务，将版权运维平台的服务应用积极推向全国省级党媒集团，并以其所产生的集聚效应，吸引更多主流媒体机构入驻使用。不仅如此，还可以通过各媒体之间协同合作，共同挖掘媒体内容核心价值，利用数据优势对内容平台进行再分发，全方位提升党媒的传播力、影响力和公信力，稳住党媒在媒体舆论场的中流砥柱地位与定音鼓作用，为规范版权文化市场秩序作出应有的贡献。

## 三、深入城市肌理，南方展示打造大湾区展示传播第一平台

南方展示，一出生就备受关注。

2018年，首个项目珠三角工匠精神展示馆在广佛交界的佛山南海千灯湖旁建成，主展区占地达6800平方米，定位为展示珠三角制造业创新发展的第一门户、广东规模最大的工业类展馆、全国首个以工匠精神为主题的城市客厅，为南方展示打造出了“样板间”，受到粤港澳大湾区各城市和媒体界关注。

2018年高起点起步，2019年突飞猛进，2020年全面开花。如果说珠三角

工匠精神展示馆的诞生有其偶然性，短短几年时间，从佛山一点突破到全省全面开花，从线下实体到线上展馆，从南方日报单兵突进到南方新闻网、南方杂志社、南方农村报、南方都市报、南方289文投公司等集团各单位协同齐头并进，南方展示已经发展成为南方报业的创新性业务板块之一、融合传播新型服务能力中的重要一环。

南方展示是一个品牌，是一个团队，也是一个业务矩阵。经过六年的培育和发展，积累起了一定的品牌效应和市场影响力。2018年以来，承接规模化展陈项目超过100个，建成展馆面积累计超过10万平方米；线上展馆超50个，访问量超10亿。

南方展示的展陈项目从佛山出发，走向广州、东莞、珠海、江门、惠州，遍布珠江两岸，然后逐步向粤东、粤西、粤北推进，在广东全省实现落地。项目类型覆盖政治、经济、城市、规划、党建、文化、工业、科普、企业等全链条，产品形态从线下走到线上，客户也不仅是党政机构，还有知名国企和民企上市公司。

南方展示一进入市场即快速覆盖多个细分领域，形成业界瞩目的“南方展示”品牌。顺德工业发展馆，展馆外观呈现出飞机发动机造型，巨大的涡轮风扇营造出“超物之物”的震撼感，成为“中国制造，顺德骄傲”的形象隐喻。在珠江入海口，珠海华发集团展示馆的策展思路更是大胆打造大写意的无界之馆，以珠澳为沙盘，引海入馆，让室内有限的空间与无边的大海连接起来，也让企业和这座城市以及粤港澳大湾区连接起来。南海会馆则是从出发地的视角展示南海人走向全球的路线图，展现全球南海人的“根、魂、梦”，将其打造成全球南海人的精神殿堂。这一座座有个性的展示馆，既是实体建筑的地标，又是城市精神的地标，是城市现实与城市理想的连接点。

一个展示馆的建设包含需求分析、调查研究、理论构建、策展创意、深化设计、内容创作、建设运营等流程。展示产品是高知识密度的产品，它的生产方式、生产流程与媒体有着高度的耦合性。这一生产链条中最关键、附加值最高的环节，正是南方报业擅长的领域，体现了思想研究、知识提取和

顺德工业发展馆

创意传播的能力。

在南方展示建设的城市展馆中，无论是东莞松山湖科学城展览馆"科学礼赞，大国风范"的理想意义、茅洲河工业文明展示馆"江河相遇，文明生长"的地理意义，还是佛山版权中心"城市想象力"的思维意义、南海会馆的"岭南世界观"的文化意义，都展现了主流媒体策展过程中的策划和建构能力。从客观叙事走向主观叙事，从关注事物本身到探求事物背后的内涵，从还原已经发生的成就到展现对未来的美好想象，主流媒体在展览叙事中可发挥的空间越来越大。

实践证明，南方展示是内容的新表达、传播的新形式、媒体的新价值、融合的新场景，是贯彻落实中央关于加快推进媒体深度融合发展要求、拓展"新闻+政务服务商务"的一个实践。

"展示+传播"的跨界，正是南方展示所追求的核心优势。从一开始，南方展示即致力于打通两个链条。一是打通"供应服务链"。对外整合国际国内一流的展示设计技术等行业资源，目前战略合作库已经有超过20家企业，其中不乏国内展示行业的龙头企业、上市公司；对内打通集团内部各媒体的优势资源，尤其是与南方新闻网、南方都市报的线上展馆，南方杂志社的智慧党建平台，南方289文投公司艺术园区等新兴服务实现融通。二是打通“支撑服务链”。南方展示不断完善机制体制，做强“商务、人才储备、考核激励、技术支撑”四重保障，培养展览展示领域一站式的自主服务能力。

近年来，南方展示公司逐步深入、有序推进，在自主服务能力建设的赛道上不断取得突破。2020年，通过ISO质量、环境体系认证，获得了中国展览馆协会颁发的展览工程企业二级资质、展览陈列工程设计与施工一体化二级资质。2021年，获得住建部门颁发的装饰装修工程设计乙级资质，通过了“南方全线通”商标注册，获得多项国家发明专利、实用新型专利授权。2022年，资质申办又取得重大突破，获得建筑装修装饰工程专业承包二级资质，取得安全生产许可证。更为可喜的是，南方展示公司于2022年底成功被认定为国家高新技术企业，成为南方展示公司向科技型企业目标迈进的标志性事件。

可以说，展览展示是一个永不落幕的城市秀场、社会活动和文化产业。主流媒体尤其是省级党报以内容生产者、议程设置者和大众传播者的身份跨界进入城市空间生产和空间传播，为原有展览展示行业带来了新的生产力和可能性，也为媒体融合转型增添了新内涵、带来了新空间。具体而言，一是技术革新、场景创新将会推动媒体融合发展想象力的不断爆发，跨介质、跨媒体、跨场景的实践，让主流媒体转型路上面临着无限可能，在很多意想不到的赛道上可能会生长出新的生产力。二是在城市空间传播的背后，媒体融合发展的核心逻辑没有改变，城市空间传播产品线是信息密集的知识传播载体，技术与内容的充分融合、新闻语言与展示语言的有机结合，事实上是媒体功能的有效延伸。这也再次印证了，保持内容为王的定力、抱持以传播力为核心的长期主义，是主流媒体守正创新的必然之举。三是城市展示空间归根结底是时代的画布，是社会的产物，是城市的音律，是居民的共鸣。一切叙事都要来自脚踏实地的实践，主流媒体只有扎根基层、践行“四力”，才

珠三角工匠精神展示馆

能书写好时代的真实和想象。

以大地为布、以思想为墨、以科技为笔，南方展示在另一种介质上书写内容理想和媒体融合的新故事。在平面媒体的黄金时代，“有盛会，找南方”；在建设高水平新型主流媒体的新时代，“有展示，找南方”。

## 第二节
## 传媒+园区，构建湾区新高地

新闻舆论工作是党的重要工作，是治国理政、治国安邦的大事。新闻媒体是新闻舆论工作的主要阵地和平台，助力国家治理体系和治理能力现代化，也是文化产业的重要组成部分，既具有意识形态属性也具有产业属性。报纸媒体与文化产业有着天然的共性，发展文化产业有先天的优势。报纸媒体本身就是文化产业的领军者，文化产业是报纸传统经营模式之外一块广阔的新天地。当前我国大力发展文化产业，做大做强文化产业也符合国家政策的要求。

在这样的背景下，基于文化产业园区建设的“传媒+”业态成了国内多数主流媒体转型发展的首选方向。羊城晚报报业集团打造的羊城创意产业园，实施“一园多区”战略，成了业内新兴文化创意产业平台建设的典范；湖北日报传媒集团自主规划建设运营的楚天181文化创意产业园，致力于打造文化科技融合的全媒体产业链园区，成功入选国家级文化创意产业试验园区。成都传媒、浙江广电等媒体的文化产业园区也各有特色，成为推动当地文化产业发展的重要引擎。

和众多兄弟媒体单位一样，南方报业在媒体多元化转型的过程中，也将基于文化产业园区建设的“传媒+园区”业态作为多元开拓的重中之重。尤其是党的十八大以来，南方报业紧抓“双区”建设、乡村振兴等国家重大战略机遇，围绕文化强省建设要求，聚焦文化科技融合、文化创意和乡村文旅，打造文化场景，丰富文化业态，整合文化资源，做强文化品牌，全力打造289“一园三区”数字文化高地、全省智媒产业集群、派潭南方乡村振兴综合体等重大文化产业项目。

历经十余载的持续耕耘，南方报业文化产业园区规模不断扩大，集聚效应持续提升，作为政府和企业之间的桥梁和纽带，在服务好各地产业转型升级与创新发展的同时，也为集团带来了新的收入来源和盈利空间，在一定程度上扭转了过往盈利模式单一的局面，更是为集团融合发展尤其是未来的融媒体矩阵和产业布局提供了空间和载体，为巩固壮大党的舆论宣传阵地，推动媒体高质量发展提供了重要保障。

## 一、文化科技双轮驱动，"一园三区"总体布局正式形成

2021年11月，南方报业喜提一块国家级"金字招牌"：成功入选第四批国家文化和科技融合示范基地。评选将媒体深度融合作为促进文化与科技融合的重要内容加以考量，南方报业成为名单中少有的以主流媒体为申报主体的单位之一。作为广东省唯一一家获此殊荣的主流媒体集团，这一成绩既是国家对南方报业成为文化和科技深度融合的示范区、政策体系和管理机制先行先试的试验田、文化科技产业创新发展排头兵的充分认可，也是广东推进文化强省建设取得的又一亮眼成绩，对集团未来融合转型起到积极作用。

面对媒体融合所需物理空间和资金紧缺的问题，南方报业紧跟时代发展趋势与政策指导方向，融入城市更新大局，不遗余力推动文化与科技融合，立足主责主业深耕文化产业园区，努力探索提升文化产业发展品质与服务能力的有效路径。

289艺术园区项目诞生于全国纸媒转型的大背景下。彼时，南方报业新的印务基地启用，老印刷厂房闲置下来，于是拿出生活楼、生产楼、印报楼、印务楼等占地面积约1.4万平方米、建筑面积3万平方米物业的运营权，授予新成立的南方289文投公司管理。一个新的梦想、新的南方品牌，开始以南方大院门牌号"289"之名，悄然孕育。

经过2年多的筹备，南方289文投公司通过引入合作方第一商务控股（深

圳）有限公司，首期投入2027万元进行园区改造。2016年8月18日，广州新中轴线上一颗新的人文艺术明珠——289艺术园区破壳而出，正式开园亮相。

289艺术园区甫一诞生，便风华正茂，也备受关注和期待。带着南方报业优秀的传媒基因和集团党委赋予的使命，南方289文投公司没有简单做“二房东”，而是选择了一条更具挑战的道路，把文化经营起来，“从前把作品写在报纸上，现在把作品写在大地上”。

2016年，岭南活力非遗艺术馆同步开馆，在全国率先打起“活力非遗”大旗。2017年，广东省首家省级平台型非遗工作站——“广东省振兴传统工艺工作站”在289艺术园区挂牌，在全国开新闻传媒参与非遗工作站建设的先河。此后，非遗新造物、非遗在校园、非遗少年说、非遗文创、非遗融媒体等一系列品牌活动走向大众，推动活力非遗的“岭南路径”不断延伸。

不仅如此，289艺术园区还不断探索“南方文创+”模式，提出打造“永

南方289艺术园区

不落幕的艺术发生地”。与广州市文联携手建设广州文艺市民空间，通过发挥“传媒+”优势，开展了500多场文艺活动，平均一年100多场，参与文化名家超过5000人，参与市民超过5万人，线上参与人数超过1000万人。广州文艺市民空间开创了“文艺+志愿”的服务模式，2017年被中国文联授予“中国文艺志愿者服务基地”。该空间和模式还被复制到广州市所有城区，成了广州一张亮丽的文化名片。

2017年4月，在广东省委宣传部的指导下，“广东剧本超市”也成功落户289艺术园区，并连续举办四届广东优秀电影剧本征集活动，共征集上千部作品，签约近百名编剧，为广东培育影视人才，为电影产业补链强链，打造了坚实平台。2021年11月，广东省电影创作培训基地落户，成为广东省电影界品牌打造、培养人才、理论研究的重要平台。此后，南方文化产业智库影视产业研究中心挂牌，出版《广东电影拍摄指南》《广东电影年鉴》，积极培育和引入影视业态。289艺术园区已成为粤港澳大湾区电影产业发展的高地。

开园以来，从最初的艺术传播、艺术园区、艺术电商三位一体，到289艺术集群业态一体化掘进，289艺术园区秉承“艺术就是生活”的理念，在螺蛳壳里做出了大道场：园区先后荣获广东省级众创空间、广州市级孵化器、越秀区级孵化器，广州市创新创业（孵化）示范基地，广州国家高新技术产业开发区黄花岗科技园管理特色园区，广州北京路国家级文化产业示范园区，两岸三地十大创新创意园区，广州文化金融“红木棉”奖广州年度最佳文创园区、最具吸引力文创园区，广州最具价值文化产业园区10强，中国房地产租赁金手指奖“最具成长价值奖”等各项荣誉，入列国家文化和科技融合示范基地，为广东省文化产业园区建设发挥了示范引领作用。

以“传媒+”为核心，289艺术园区的“产业肌”不断加厚，“园区+产业+资本”新的发展闭环逐步建立，实现了从外至内、从空间到产业平台的华丽蝶变。十年来，南方289文投公司先后引入超6000万元社会投资，争取政府专项资金支持超3700万元，目前形成超120家入驻企业、年产值超14亿元的特色产业园区，成功打造为“广州文化新地标”。2015年至今，为集团带来直接租金收益约1.65亿元，有力地反哺了集团传媒主业。与此同时，锻造了“289”这一响亮金字招牌，建设了南方+“文创”频道等媒体矩阵，积极拓展了一批高质量项目，培育出非遗、艺术、电影、数字创意等一批特色产业及发展平台，奠定了集团“国家文化和科技融合示范基地”在文创板块的发展基础，培养了一支懂文化、懂运营的专业人才队伍。

289艺术园区的成功无疑为南方报业多元化探索注入了“强心剂”。2018年，集团“趁热打铁”再次精简压缩总部行政与采编办公面积，引入同创集团合作开发南方同创汇园区。

南方同创汇园区由289大院3号楼和4号楼组成。两栋楼宇均为传统的旧办公楼，建筑师和结构工程师通过缜密的研究和创新的设计，使之改造成了一个与城市空间融为一体的开放园区，焕然一新。尤其是在原有层高19层、楼龄30年的高层塔楼3号楼上面加建7层工程改造项目，进行了建筑领域多项

南方同创汇

革命性尝试。在国家规范没有对应的结构体系可供参考的前提下，结构设计团队进行了可行性研究，经过大量的力学分析，提出了一种"带自感知防屈曲支撑的钢结构加固"的新结构体系；针对原结构难以满足现行规范的抗震构造措施的情况，根据等位移原理提出了一种"基于承载力大、小地震复核的加固方法"新思路，创造性地完成了结构的加建设计；在原有建筑与新加建部分中间巧妙地设置架空层，引入了空中绿岛的新概念，为高层建筑带来了绿色共享空间，创造了广州绿色建筑的新形象。

2019年，该升级改造项目纳入广州市重点建设项目计划，于同年10月23日，《南方日报》创刊70周年纪念日完成改造盛大开放。项目总建筑面积4.5万平方米，3号楼独特的"X"形设计让建筑拥有16面全采光空间，每户都可开启窗扇通风。地面、架空层、屋顶，形成了三个层级的绿色共享空间，创造了办公园区的新建筑类型。4号楼层层退台的小独栋设计，给予每层每户更好的采光与景观，建筑与自然融为一体，让现场办公变成一种享受，被誉为"会呼吸的建筑"。

2021年，南方同创汇园区在第四届中国城市更新论坛中获评2020城市更新特别期待奖，同年获得广州市提质增效试点园区称号，并加入广州国家高新技术产业开发区黄花岗科技园；2022年获评广州市甲级商务写字楼；2023年获评第九届CREDAWARD地产设计大奖·中国—城市再生项目—金奖。

在产业升级定位上，南方同创汇园区采用传播融合科技策略，基于原有传媒领域社会影响力，以及南方大院的整体氛围考虑，将传统的单一产业平台升级为科技、文创、传媒多业态融合的产业平台，让城市文化地标进一步拓展为科技聚集高地，媒体、科技、创意三位一体、跨界融合。经过深耕产业升级，项目成功引入科大讯飞、朴朴电商、XAA建筑事务所、杭州群核广州分公司等优秀企业，构筑中国首个文化传媒融合的科技赋能平台。在运营管理上，引进文创及科技产业的同时，利用平台化服务，整合多方资源，助力产业升级发展。

至此，集团289大院顺利完成整体升级改造，加上集团总部所在的南方传媒大厦，“传媒+文化+科技”的“一园三区”总体布局正式形成。未来，集团将全力推动科技与媒体、文化相融并进，构建粤港澳大湾区文化创意产业新高地，推动形成以广州为中心，辐射全省的智媒生态圈，引领带动省内媒体加快融合发展，为进一步推进文化强省建设作出新贡献。

## 二、紧跟“一体两翼”：聚焦文化创意，共建智媒产业园

随着南方报业媒体转型步伐提速，集团总部仅48亩的占地，已难以提供足够的物理空间承载转型新业态，加上媒体融合仍须持续性加大投入，亟须开发新的产业项目筹措更充足的资金。作为南方报业多元化产业的重要一环，南方智媒产业发展公司应运而生。

从最初的房地产实业公司、房地产公司到文化地产公司，再到后来的智媒产业发展公司，公司名称的演变也从侧面折射着企业发展方式的变化。公司肩负着巩固集团收入和利润水平、支撑集团主责主业发展的重任，在纷繁复杂的市场环境下，行而不辍。

十年来，南方报业顺应大势，强化优势，一个个项目在广东大地纷纷落子。通过一场场实战，在发展和盈利模式上蹚出了一条适合自我发展的道路，依靠强有力的品牌影响力和资源优势，充分利用合作伙伴尤其是大型国企项目开发建设经验，采取“快进快出”的开发模式，在较短时间内创造出较高的利润水平，对集团媒体融合转型发展提供有力支撑。

从2011年开始，智媒产业发展公司初探“文化+产业园区”项目，在广东多地布局建设地方特色文化产业园，陆续投资开发了南方（揭阳）潮汕文化产业园项目、珠海横琴南方金融传媒大厦项目、梅州客家文化产业园项目、深圳滨江爱义南方大厦旧改项目等。

广东省实施粤东西北地区振兴发展战略，昔日欠发达的粤东、粤西、粤北地区和内生动力愈发强劲的珠三角一起形成“一体两翼”格局，共同成为广东经济发力的“双引擎”。其中，构建“汕潮揭”都市圈，形成协调发展

的粤东城镇群被摆到了非常重要的地位。项目跟着规划走。南方报业依托文化产业资源和平台优势，在粤东区域谋篇布局酝酿已久。

2011年12月，揭阳潮汕国际机场建成投入运营，成为广东省内继广州白云国际机场和深圳宝安国际机场之后第三大干线机场，揭阳区位优势得到极大提升。以促进、繁荣揭阳文化产业和提升文化产业事业发展为共同目标，翌年2月，南方报业与揭阳市政府签订战略合作框架协议，共同开发南方（揭阳）潮汕文化产业园。

党报多元化经营，本质上是党媒传播力的转化，是品牌资源优势的转化，绝不能丢掉主业和优势盲目去干。特别在文化产业发展上，不是要成为"地产开发商"，而是要立足于媒体的核心能力，充分发挥党报媒体的品牌优势，强化全流程管理，有效降低经营风险。为此，集团决定引入合作方共同开发南方（揭阳）潮汕文化产业园项目。2013年底，集团通过公开股权挂牌转让方式完成了合作方引入工作。项目后期由合作方主导开发建设工作。2018年，集团完成项目公司剩余股权转让和物业回购，获利全面退出。

同期，在珠海市横琴岛中央商务区内，集团另一项目也浮出水面。不同的是，该项目锚定文化+金融产业定位，探索财务投资和资本运营新路径。集团依托横琴新区在国际金融、传媒与文化创意产业资源汇聚中的重要战略地位，依靠广东省金融与文化创意产业发展的有利条件，实现土地溢价进行地产财务投资，全力推进珠海横琴南方金融传媒大厦项目。

2012年11月，集团与上市房企香江控股公司合作成立珠海横琴新区南方锦江置业有限公司（项目公司）。项目公司拍得地块后由香江控股主导进行建设、销售、运营。项目规划以金融创新、文化传媒为核心，集国际金融文化传媒交流、国际形象展示、文化创意、高档商用写字楼、高档商务公寓式酒店、高档文化产品消费等功能于一体，建设金融文化中心。

揭阳潮汕项目、珠海横琴项目的成功一方面有赖于广东区域发展的政策，另一方面，更重要的是，得益于经济高增长和新型城镇化。但近几年，随着房地产行业整体下滑，进入深度调整期，"高周转"的房地产时代正式

HFC珠海横琴·南方金融传媒大厦落地“国内首个离岸金融岛”

落幕，市场进入“总量过剩，结构失衡”的供需状态。

受行业深度调整影响，房企积极顺应行业趋势，调整投资策略，投资更趋审慎，更加强调底线思维与精准聚焦，追求安全性与确定性，房地产投资模式正发生颠覆性的改变。智媒产业发展公司经过调研和实践发现，与房地产有关的项目投资回收期普遍拉长，收益率明显降低，投资风险随之增大。由此可见，早期推行的“短周期、高利润”“快进快出”的投资开发模式难以为继，“长周期、低利润、重经营”的新发展模式或将成为常态。

道阻且长，行则将至。面对新形势，集团主动探索，对推进智媒产业发展和盈利模式重构进行了深入思考，提出了依托长周期回报与产业结构调整、优化，由物业产权性收益向产品服务化收益转型提升的总体思路。

作为集团探索以长期租金收入为主的具备文化属性的产业项目，南方智媒大厦如期而至，于2019年正式动工。项目位于广州东部黄埔临港经济区核心地段，作为承载南方报业媒体融合与创新发展重要功能的产业新总部，是集团实施智慧转型，重构新型主流媒体与多元文化产业之间相互支撑、相互促进发展的重要举措。

作为广东省“十四五”规划重大建设项目、南方报业传媒集团智媒产业集群的核心单元，南方智媒大厦总投资超过30亿元，构建涵盖全媒体运营中心、全媒体技术研发中心等七大产业板块的“智慧型媒体产业园”，致力于打造全国文化传媒创意产业新高地，进一步壮大集团战略性多元化产业，加速集团融合转型。项目由集团和越秀地产成立项目公司共同开发建设。项目总建筑面积达15.88万平方米，含四层地下室、底部四层商业裙楼、两栋办公塔楼。

2023年7月，中共广州市委十二届六次全会提出，要推动城市老中轴、新中轴、活力创新轴融合互动，实现老城区“历史文化核”、东部中心“现代活力核”、南沙“未来发展核”联动发展。广州东部中心首次上升到广州第三核的战略地位，这是强化“新东进”战略的有力举措。

南方智媒大厦所在的广州海丝城鱼珠片区，正是广州东部中心产业功能最集中最强大的区域之一。该片区集广州国际金融城、广州人工智能与数字经济试验区、“金融城—黄埔湾”世界级地标商圈等规划项目于一身，是助力广州打造金融聚集、数产融合发展，展现滨江一带国际商业商务活力的重要示范区域。

2023年8月28日，南方智媒大厦正式启用，一座全国文化传媒创意产业新地标闪耀珠江之畔。回首建设历程，项目从立项、动工到落成，仅用时四年，实现了“当年立项、当年拍地、当年开工、一年正负零、两年封顶、三年竣备、四年启用”的建设成果，树立了“南方质量、南方速度”双标杆。南方智媒大厦的顺利落成，为集团媒体融合转型开创了新的物理平台，成为集团推进全省智媒中心集群建设的重要起点，是产业反哺主业的良好尝试；随着集团相关产业的进驻，也必将为集团多元产业拓展提供更广阔的发展空间，作为地标性建筑，还将为广州市和黄埔区实现高质量发展插上文化的翅膀、注入传媒的力量。

2024年，集团发行物流公司、星辰投资公司、南都N视频、湾财社等多个产业单位陆续搬迁入驻，开启“289大院”向东跨越新征程。

与此同时，项目的招商运营工作也全面铺开。结合集团的长期战略、黄

南方智媒大厦

埔区的产业特色，项目以引入高质量、绿色的企业商户作为主要目标，以集团现有文化产业为基础，发挥主流媒体品牌传播和资源链接优势，带动上下游产业链资源向项目地汇聚，促进资金、人才、技术等要素优化配置，形成规模化、集约化、高端化生产；打造移动媒体、音视频媒体、自媒体等新媒体业务孵化器和集聚平台，建设涵盖全媒体产业运营中心、全媒体技术研发中心、文化金融投资中心、“传媒+”文创产业发展中心、南方传媒智库矩阵服务中心、智媒电商平台、黄埔文化产业会展中心等七大产业板块的“智慧型媒体产业园”，打造粤港澳大湾区文化创意产业新地标。

“传媒+”在物理空间上做文章，一要向外多元拓展提升集团文化产业体量，二要向内做强服务助力集团内部转型升级。近年来，随着集团总部的采编资源、技术资源、经营资源进一步向基层延伸，各地需要有新的物理平台承载，“改善型、服务型”需求迫切。

最新数据显示，2023年广东文化及相关产业增加值占全省生产总值比重超过5%，连续多年居全国首位。广东是岭南文化的发祥地，文化积淀深厚，区域文化特色鲜明。接下来，各地市的竞争将不再单纯是经济实力的竞争，归根结底会是文化消费的竞争。集团各部门积极配合“下沉策略”和采编业务布局，稳步推进南方智媒产业集群建设，一举多得。这既响应了“幸福集团”建设优化员工办公环境，又为更多元文化产业运营提供空间载体。

结合“下沉策略”，南方智媒产业集群为各地市建设或改造分社（记者站）物业，助力做大做强主责主业。以此为载体，集团在各地不断丰富内涵，因地制宜打造城市新闻发布中心、高端文化人才会客室等，让南方智媒中心集群建设真正融入城市发展肌理。

借力城市更新单元计划，集团于2012年启动深圳滨江爱义南方大厦旧改项目，以“小地块旧改”方式重建。项目于2024年建成交付集团管理，除深圳分社使用一层半外，其余五层物业对外出租。为盘活集团存量土地资源，集团另一区域融媒体中心建设标杆——汕尾智媒中心项目2021年启动，通过EPC（设计—施工总承包）模式自主开发建设，为汕尾记者站迭代物理空间，也取得了可观的租金收益。随着集团事业的迅速发展，各地分社及记者站原有办公场地已无法满足需要，经系列调研分析，多地智媒中心建设工作也陆续启动。

得益于媒体品牌和影响力所带来的资源连接优势，除了物理空间上的集聚，集团智媒产业集群更注重向文化产业链的集聚，通过线上传播与线下园区融合、文化传播与产业经营融合，务求将产业园区打造为一体化协同发展的文化产业集群和综合运营平台。通过合作方和园区优秀企业资源导入，在传媒产品、技术研发、承接媒体外包服务、经营管理机制建设、锻炼干部人才队伍等方面助力媒体融合转型。而媒体优势力量通过整合政府、各界的资源，赋能入驻园区企业，助力企业加速发展，形成良性产业园区生态格局。

土地资源作为经济运行中的基础要素、稀缺资源，虽然目前投资回收期拉长、整体收益率有所降低，但市场风险总体可控。而且，在相当长的时间范围内，国有媒体有体制性优势，可以相对较低价格获取土地等稀缺资源。

故而与其他多元产业相比，通过与优质国企合作、在核心区域争取用地优惠等方式，仍然是相对风险较小、盈利相对稳定的投资方式。

未来，集团将紧抓粤港澳大湾区规划建设重大机遇，继续整合优质业务，拓展对外合作，提升文化产业园区的品牌效应，通过服务输出、搭建平台、合作运营等方式进行复制推广，加快构建立足广州、辐射全省、优势突显、竞争力强的南方智媒产业集群。

## 三、助力城乡融合：探路文旅融合，创建乡村振兴综合体

推进中国式现代化，必须全面推进乡村振兴。为紧抓国家乡村振兴战略重大机遇，南方报业发挥自身品牌优势、宣传优势、资源链接优势以及长期深耕“三农”领域所取得的成效，从城市走向乡村，将“服务乡村振兴战略”作为集团拓展多元文化产业的重要突破口，并正式纳入《南方报业传媒集团高质量发展三年行动计划（2020—2022）》。

在省委、省政府的高度重视下，集团计划在全省布局万亩级乡村振兴综合体项目，突出“传媒+现代农业、文旅、研学、生态康养”南方特色，实现集团千亿品牌在乡村振兴领域落地变现，打造全省乡村振兴领域的引领性项目。

创建南方乡村振兴综合体，可以最大程度整合“三农”资源，以现代农业产业为基础，融合科技示范与精品生产、休闲体验与研学科普、生态康养与旅游度假、品牌培育与融合孵化等功能；也充分考虑示范性、标杆意义，通过人才、技术的导入带动区域产业发展，创造就业和培训带动村集体、村民致富等综合效益模式，形成多方共赢的乡村振兴发展局面。可以说，此举拥有坚实的政策保障和巨大的市场潜力，完全契合国家和广东乡村振兴战略实施的具体要求，契合集团多元化发展需求，意义重大。

南方乡村振兴综合体派潭项目是集团首个万亩级乡村振兴综合体项目，选址广州市增城区派潭镇西南部，距广州市中心约60分钟车程，交通区位优

势明显。2021年2月，集团与增城区人民政府正式签署《南方乡村振兴综合体项目投资（监管）协议》，项目正式启动。项目用地根据项目类型以及用地性质实际情况，通过农用地流转、闲置村落租赁改造、集体经营性建设用地租赁、点状供地申请、建设用地招拍挂等方式获得。规划总面积约11 760亩，其中现状耕地约4000亩、林地约3000亩、园地约3500亩、水库约1200亩，可谓"山、水、林、田、湖"兼具。

项目总体投资约20亿元，建设期6—8年，融合"农业+文旅+研学+康养"等多种业态，构筑"一核、三区"格局，"一核"即现代农业产业创新引领核区，"三区"分别为智慧农业示范区、田园休闲体验区和生态康养度假区。围绕总体定位和功能分区，规划落地现代农业示范基地、农旅研学基地、南方短视频生态直播基地、山谷露营地等项目。总体开发模式以项目公司为主体进行土地和物业租赁，依托南方报业的宣传优势、品牌优势、资源链接能力，吸引农业龙头企业、文旅品牌企业和研学教育机构、康养服务企业等进行合作运营，通过"资产溢价+产业运营+服务"获得长远收益。

2021年7月，项目一期启动。集团因地制宜，创建自有品牌"南方增城丝苗米"，围绕稻田景观，打造遇"稻"好时光田园音乐节等农旅体验活动，提升品牌和基地影响力。

为优化布局，提升项目市场竞争力，2022年起，项目团队展开调研工作，对核心资源高埔水库、连片农田、山林地以及闲置村场进行了全面摸底；南方报业农业公园总体规划设计工作启动，并形成规划初稿。同年8月，稻田驿站完成建设，承办数场户外活动。

2023年起，派潭项目办事处设立，招商展示中心（第二驿站）启动改造建设，并启动网红打卡线路创建，稻田体验场景以及招商展示功能逐步完善；与合作方共同打造南菜北运蔬菜示范基地，"南方优品现代农业育种生产基地"、"高端丝苗香稻+禾虫"绿色生态高效种养模式示范点也在项目地挂牌。

实施乡村振兴战略是国家倡导的长期战略，南方乡村振兴综合体的开发

南方报业农业公园遇“稻”好时光田园音乐节

建设，将会进一步带动区域乃至更大范围内的乡村振兴投资发展。现阶段，集团以平台运作和项目合作的模式运营派潭项目，在投入自身优质现代农业和农旅研学板块资源的同时，以南方报业的品牌影响力和资源链接能力，直接为当地引入省内外各类业态的龙头企业资源，助力当地乡村振兴相关产业的提质增效。未来将全力建设为粤港澳大湾区乡村振兴高质量发展战略高地、广东乡村振兴示范新标杆，真正实现从“美丽风景”到“美丽经济”的完美转变，讲好广东乡村振兴故事。

## 第三节
## 传媒+电商，开拓服务新平台

作为实现内容影响力和内容变现的重要环节，发行和采编、经营一同构成报业相互支撑的“三驾马车”，被誉为报纸“生命线”。随着媒体融合发展的深入推进，传统发行虽然在报纸经营中继续扮演着重要的角色，但逐步成了媒体经营中的不可承受之重。

2012年起，南方报业以“聚合战略”为引领，抓住物流业和电子商务高速发展的契机，对南方日报和南方都市报原有的发行队伍进行融合，成立南方传媒发行物流有限公司，通过整合资源，在做大做强发行业的同时向物流业转型发展。2014年初，南方优品项目正式立项，定位为南方报业传媒集团的电商销售平台，南方报业也正式开启了“传媒+电商”发展路径的探索。

媒体发展电商的优势是背靠媒体，且国有背景具有先天公信力优势，相较于非国有体制下的电商业态，有助于缩短消费者的认知时间。但非国有体制电商业态的高度灵活性，以及大电商平台先行一步的跑马圈地，也给媒体电商生存发展带来巨大压力。南方优品正视问题补短板，作为集团重点培育打造的粤港澳大湾区主流媒体电商平台，畅顺机制发挥集团媒体“融”力量，多方联动创新联农带农新模式，用实际行动拓宽集团多元化产业路径，让发行队伍再度焕发生机。

### 一、电商转型初探索：从“落地配”到“南方优品”

曾经的报纸发行，有荣誉有辉煌。但时代变迁，传统发行人看重的提价、上量、补贴“三板斧”受到极大限制，原来擅长的“跑”发行的方法也不再灵光，数千人的发行队伍靠报纸吃不饱。转行还是转型，全国报业发行系统各谋出路，有的就地解散甩“包袱”，有的整合资源攻物流。南方报业选择了后者。

报纸发行网点全、渠道广，可以覆盖城市的每一个角落，离市民生活几乎零距离，而且仓储设施齐备，运载工具齐全。这很符合城市生活物流业的特点。顺着这一逻辑，南方报业紧紧抓住发展契机，于2012年3月正式成立南方传媒发行物流有限公司，迈开对电商物流模式初步探索的第一步。

2013年，发行物流公司加速转型发展，在报刊发行的基础上建立总部统一集中管理的物流运营及业务体系，重点发展以电子商务同城配送为主的仓储物流一体化业务。五年间，多链条布局，成效颇丰。同城配送业务的覆盖范围和业务规模不断扩大，业务类型从单一的配送扩展为运输、仓储、DM投递、揽件等多种类型，配送产品涵盖鲜花、果蔬、生鲜、3C数码、美妆、快消品、图书、办公用品等各个种类，积累了可覆盖珠三角重点城市最后100米的强大配送网络（全省站点共500多个）和配送经验，为后续转型重点发展电商平台奠定基础。

2016年，“双11”期间配送总票数约40.5万票；2017年“落地配”日均配送票数近4.5万票，同比增长71%，“落地配”业务进入鼎盛时期。但随着菜鸟（阿里）自建物流，唯品会战略调整牵手顺丰，传统快递与“落地配”服务日趋同质化，“当日达”服务要求与报纸出版时效产生较大冲突，市场“价格战”导致配送单价不断下降。“落地配”业务遭遇瓶颈，公司物流业务面临再次转型的困局。

发行物流转型对上游电商巨头的“过度依赖”，是导致转型突围半途夭折的祸首。因为这始终不能形成自己的核心竞争力，完全仰人鼻息绝难长成参天大树，一遇风吹草动，最先也最容易沦为牺牲品。

意识到这一致命弱点的发行物流公司痛定思痛，下决心改变思路，调整方略，打造自主可控的电商物流平台。

其实，早在2013年5月，发行物流公司便以端午节为契机，推出粽子和茶叶两个产品套餐，拉开了搭建自营商品销售平台的序幕。经过半年多的试运营，初步建立了商品销售的运营模式，搭建了以绿色、健康、安全为主推产品的产品体系，创立了商品销售项目品牌“南方优品”。这便是“南方优品”最早的雏形。当然，彼时发行物流公司转型的主营业务还是“落地配”，“南方优品”只能算是“副业”。

为进一步推动业务转型，构建从产品端到消费端的业务闭环，推动物流业务向上游延伸，2014年初，南方优品项目正式立项，定位为南方报业传媒集团的电商销售平台。项目以安全、健康、优选为标准，在具有地域优势的产区，精选天然绿色食品和优质产品，致力于为追求高品质生活的人群打造放心消费的服务平台，提供优质产品的定制销售和配送上门服务。

同年6月，南方优品首家实体体验店在集团生产综合楼正式营业，不仅满足了员工在集团内对日常快速消费品的服务需求，同时也为南方优品的产品体验和会员发展提供了线下支持。10月，南方优品官方网站和微信服务号同步上线，线上销售平台初步建立。11月，南方优品探索新的销售模式，与广东广播电视台东方购物合作，推广“南方家家购”电视购物销售。进驻有赞微商城平台，改善了线上平台技术支持缺乏等问题，大大提升了线上渠道的销量。

经过前期的探索，在COD业务运营的基础上，通过丰富产品体系、建立实体体验店、搭建线上销售平台等举措，采用产品预售、报纸广告与微信联动、电视购物销售等多种销售模式，南方优品线上线下销售渠道初步建立，业务规模稳步增长。

## 二、C端B端双线并行：开启业务多元探索

2017年的《中国电子商务发展报告》显示，电子商务在引领数字经济、促进全面开放、推动深化改革、助力乡村振兴、带动创业创新等方面都发挥

了重要作用，成为数字经济中发展最活跃、最集中的部分。中国电子商务在数字经济加快发展的新形势下，步入新一轮创新增长空间。

同年，发行物流公司改制转型列入南方报业“加快融合发展三年行动计划”六大标杆项目之一。“南方优品”发挥物流与供应链整合优势，以“生鲜+快消品”为市场切入口，先后开展社区团购、企业团购、食材供应等业务，实践“传媒+电商”新模式，开启了多元化电商业务发展阶段。

2018年，发行物流公司开始试点社区团购业务，并成立项目试点小组小规模试点。当年4月，南方优品最早的社区团在广州碧桂园和万科四季花城建立，员工当团长，左邻右舍是最早的团员，私家车成为最早的送货车，全新的社区团购业务上线开跑。小规模试点的效果超出了预期，两个社区团都异常火爆，私家车的后备厢天天被农副产品塞满。

8月，经过经营团队充分论证，社区团购揭开规模化运营大幕，将南方优品带进了全新的领域，成为广东市场上最早一批启动社区团购业务的团队之一，引领了三年多的社区团购风潮。

社区团购业务上线6个月，实现了广州、深圳主要城区及周边地区大型社区全覆盖，先后在广深佛珠四大城市开通330个社区，积累客户5.4万人，成为珠三角重要的社区团购电商新势力。2021年10月23日，单日销售额突破200万元，创造了纪录。

在大力拓展社区团购业务的同时，南方优品也在努力尝试与传统发行业务相契合的鲜奶订销、大健康产品定制等C端业务。2018年6月，南方优品与光明乳业达成合作，开始在广州试点鲜奶订销业务。同时，业务团队充分利用此前多年发行业务积累的丰富的读者和用户资源，针对报刊读者和新媒体用户开发大健康产品定制业务，为用户提供食疗、滋补、保健等健康好物和专业健康知识，并开设了线上线下南方优品健康专柜和频道。

C端的繁荣铸就了南方优品的供应链基础，初步形成竞争优势。“南方优品”品牌渐渐走向公众视野，为B端的业务起步奠定了基础。2018年，以“社交+社区/社群+新零售+大客户”为关键词的媒体电商模式——单位福利团购应运而生。

单位团购为客户提供定制、产地直送和配送上门等服务，能够充分发挥发行物流公司大客户拓展的经验及优势，是传统业务与互联网结合的新路径。南方优品的单位团购业务瞄准端午、中秋、新年的福利与礼品采购，第一年尝试即实现销售收入超过300万元。

单位团购为南方优品开辟了新赛道，而超万亿体量的食材供应市场，带来了更广阔的想象空间。2018年前后，恰逢国内食材供应行业处于发展初期，供给分散、需求分散、中间环节多、效率低、成本高等问题凸显，亟待头部企业整合。南方优品运营团队敏锐发现了这个商机。翌年4月，食材供应项目正式立项，8月完成筹备，先后与多家银行、学校和医院等客户开始合作试点，签订逾千万元合同。月销售额从0到100万元，只用了4个月。

经过几年的发展，南方报业“传媒+电商”——“南方优品”不断发展壮大，至2019年底，初步形成了以社区团购、鲜奶订销等面向C端客户的销

南方优品欢乐购

售体系，确立了以单位团购、饭堂食材供配等面向B端客户的销售模式。这样的模式，全然不同于靠承接第三方业务或依赖上游电商巨头的“寄生型”发展方式，而是以我为主、敢从电商巨头市场蛋糕中“虎口夺食”的内生内涵式可持续发展模式。

## 三、精细化运营B端：优化全链条服务模式

2020年，南方优品主打的社区团购、单位团购和食材供应三大业务板块快速发展，项目规模和覆盖范围不断扩大。其中，社区团购在广深核心区域建立约1300个社区群，粉丝约16万，C端整体实现年度销售额超8000万元；单位团购与500多家政府、企事业单位合作，实现年度销售额超5000万元；食材供应服务从“原材料”到“净菜”供应，实现年度销售额近2000万元。

同年，南方优品完成了团购系统、进销存系统、配送系统等的全面升级，基本实现从下单到配送的全流程闭环精细化管理、内部协同管理、产品溯源和安全检测管理等，获得国家ISO体系认证等多项国家体系认证。同时，通过南方+商城上线运行、食材配送中心投入使用等，逐步完善了产品运营体系，南方优品电商平台的专业化和智能化初见成效。

为进一步做大做强南方优品物流电商平台，理顺运维管理机制，南方报业审议通过《做大做强物流电商平台　加快推进发行物流公司转型》总体规划，同意发行物流公司牵头，于2020年6月正式成立广东南方优品运营有限公司。

但公司成立当年，阿里、拼多多、美团、滴滴、腾讯等互联网巨头相继进入社区团购领域，这次社区团购大战被形容为“解决消费端‘最后一公里’痛点”的又一次“科技创新”。他们甩出高额奖励吸引“团长”，并以高频刚需的生鲜品类作为价格战的切入口，抢占客户，培养用户黏性。在巨头的冲击下，各地社区团购企业的盈利遥遥无期，最早的你我您、千鲜汇、同城生活，以及背靠滴滴的橙心优选等相继倒下。南方优品审时度势，调整业务发展方向，主动撤出社区团购，回归传媒核心优势，将重心转移到B端

的单位团购、食材供应业务上。

2021年，南方优品发力挖掘报刊发行中积累的客户资源，瞄准企业福利与礼品采购，扩大企业团购规模，形成B端业务的供应链优势。利用报刊大客户资源优势，契合食品安全和国有企业、银行、学校、医院等重新建立食堂的机会，提供较长期的食材供应服务，做大食材供应平台，打造食材供应链体系和安全体系。

南方优品开始重点打造"政府+媒体+电商+龙头企业/合作社+困难群众"的扶贫新模式，建立"南货北上，北货南下"及"广东名优"的扶贫产品营销机制，先后设立了广东名优、广州扶贫馆、深圳扶贫馆、佛山扶贫馆、梅州扶贫馆等，并加入扶贫832、粤工惠等平台，为省内乃至全国各地扶贫产品搭建长期有效的供应链机制，并成功入选官方消费帮扶平台。南方优品消费协作馆也连续三年荣获"广州市消费帮扶积极参与单位"称号。

2022年，南方优品持续以消费帮扶和农产品上行为抓手，扎实做好巩固拓展脱贫攻坚成果与乡村振兴有效衔接工作。同时通过启动政府采购业务、建设"南方优品乡村振兴数字馆"等举措继续探索更多元商业模式。官方消费帮扶平台的认定奠定了南方优品单位团购的市场地位和权威性。

借此契机，南方优品大力拓展党政机关及企事业单位一站式工会福利采购服务。2022年，以广州、深圳市场为主，其他珠三角重点城市多点开花，单位团购业务规模同比均超过往年。年初，南海食材配送中心的全新食材检测室及加工车间建成，全面提升了项目硬件实力。食材供应业务借助集团影响力和乡村振兴相关政策，精准识别，系统性开发教育、公安、监狱、法院、税务等行业客户，拓展重点行业，扩大食材供应业务规模，同时进一步优化运营管理，提升毛利润，夯实服务能力。同年7月，南方优品成功入围成为深圳市政府采购供应商，政采业务正式启动。11月，"南方优品乡村振兴数字馆"消费帮扶线下实体展示馆正式开馆，逐步确立了南方优品在深圳区域消费帮扶行业中的权威地位。

为更好应对市场变局，南方优品不断丰富产品内涵，迭代服务能级。通过调整单位团购业务结构，优化为以服务于党政机关和企事业单位为主，在稳定客户的同时，提高市场占有率；依托“报业品牌+媒体宣传+活动营销+渠道销售”的全链条服务模式，大力发展产销对接业务，助力好产品走出“深闺”；整合优势渠道资源，提升特色产品销量，助推好产品打入市场，推动各地农文旅在粤港澳大湾区的发展。

2023年，南方优品实现营业收入超2亿元，“研产供销配”全产业链供应服务平台建设初见成效，并成功入围“省级官方消费帮扶平台”。

电子商务作为数字经济中规模最大、表现最活跃、发展势头最好的新业态新动能，是新发展格局中的“蓝海”。电商行业新的商业模式也将不断涌现。

展望未来，“南方”的品牌优势让“传媒+电商物流”不止步于“卖货送货”，为产品赋能，打造差异化竞争力才能突围而出。依托媒体资源和渠道优势，南方优品在做好产销对接业务的基础上，将充分整合利用集团报、网、端、屏等宣传资源，建立南方优品宣传矩阵，多渠道多角度讲好南方优品品牌故事和“百千万工程”农产品故事，为省内外产品赋能，提升认知度和附加值，打造“湾品”区域公共品牌，全面构建“三产”品牌融合发展体系。

百舸争流，奋楫者先。背靠粤港澳大湾区万亿元市场，南方优品将紧跟政策指引，一体化运营，全方位服务，使产销两端实现“双向奔赴”和精准高效“直联”，多措并举打造综合性媒体电商服务平台。

# 第四节
# 传媒+金融，培育报业新动能

媒体融合不仅仅是“媒体的融合”，而是要实现从产品背后流程、架构、管理等各个环节的融合，进而推动资金、资本、资源等生产要素的深层次融合。因此，报业的融合发展需要资本助力。在媒体发展格局深刻变化的背景下，技术和资本越发成为媒体产业发展的两大驱动力。尤其是资本，已经成为媒体产业转型升级的重要推动力。借助资本力量，对接金融市场，推进文化金融模式的创新发展日益成为扭转传统主流媒体发展困境、巩固壮大党的新闻舆论阵地的必然选择。

党的十八大之后，中央先后出台了数十部关于文化与金融协调发展的产业政策，破除了报业开展资本运作的政策障碍。党的十八届三中全会更是明确提出，国有媒体所属的传媒公司可以借助基金、股市、证券的投融资功能，通过媒体产权融合扩大传媒业规模，提升市场影响力。2016年11月，中国报协设立资本运营专业委员会并成立中国报业投资联盟，这标志着资本运营正式成为报业集团重要业务板块和实现转型融合发展的重要手段。近年来，从国家到地方，不断掀起组建文化产业基金的高潮，以政府引导资金撬动和吸引各方资本投入，通过市场化运作、专业化管理，支持文化企业改制重组和并购，促进文化资源整合和产业结构调整，推动文化产业高质量发展。

在这样的背景下，南方报业打破传统观念和思维定式，不断强化资本运作意识和决心，逐步构建了“搭建融资平台→吸收利用社会资本→整合自有资源和投资布局潜力项目→做大产业规模增加收益→反哺主业→主业转型融合”的“传媒+金融”新格局。

## 一、强化媒体渠道优势，深度参与新闻出版改革

面对互联网转型的大潮，全国各大报业集团纷纷加快了战略转型的步伐。由完全依靠纸媒业务的单轮驱动向传统媒体业务、新兴媒体业务和多元化业务的多轮驱动转变，报业集团尝试从传统媒体运营商向全媒体运营商和文化产业战略投资者转变。南方报业抢抓机遇主动作为，加快“传媒+金融运作”自主探索。

2009年，广东省出版集团对旗下主要经营性资产和业务进行重组改制，打造南方出版传媒股份有限公司作为拟上市平台。南方报业受邀参与南方传媒改制，经评估，以战略投资的定位，以培育优良金融资产为目标出资认购南方出版传媒股份有限公司发行的股份。经过7年时间培育，2016年2月南方传媒最终顺利登陆上交所上市。

党的十八大提出深化文化体制改革，作出推进社会主义文化强国建设的战略部署。新闻出版业作为文化产业的重要组成部分，是党和政府的重要舆论阵地，是建设文化强国的重要一环。随着新闻出版业改革的深入推进，各新闻出版单位积极探索运用资本手段，加速实现产业升级和战略转型。2012年起，多家出版发行公司和出版发行集团陆续进行改制重组，探索上市之路。

2010年，南方报业获悉新华网将进行国家级新闻网站改制试点工作并启动A股上市计划。新华网作为新华社的唯一互联网经营平台，是央属重点新闻网站之一，拥有许多垄断性优势资源。集团积极与新华社接洽，希望参与新华网改制，以此推动双方建立更为紧密的战略合作关系，实现行业内战略协同。2012年南方报业投入资金认购新华网股份。2016年10月28日，新华网成功登陆上交所上市。

集团通过资本投入获取拟上市公司的股权，在经历了持股等待后，以减持、退出等方式实现收益。属于PE投资的这种金融业的商业模式，在报业也已经完整地实现闭环。

无论是通过直接投资还是基金投资，南方报业转型初期系列投资项目成

功的核心在于集团在获取项目股权时具有显著的信息和资源等优势，随着产融结合进一步发展，投资团队也持续挖掘"传媒+"势能，以期为资本投资充分赋能。

## 二、紧抓股权投资机遇，多渠道进入金融项目

作为报业新开拓且值得大力开拓的业务领域，走过了激情燃烧的自主探索阶段以后，如何发展投资板块本身就存在试错前行的压力。同时，不断变化的市场环境又要求集团通过多种形式的策略组合来规避、降低发展过程中可能遇到的市场、财务等风险。

南方报业紧抓股权投资机遇，多渠道寻找优质标的进入金融项目。

集团于2012年入股越秀小贷项目，该项目是南方报业第一个金融类股权投资项目。项目总投资额3亿元，由南方报业和其他4家国有单位发起成立。该项目投资为向金融行业的试水和财务投资，具体由越秀金控牵头招聘专业化管理团队负责运营。截至2023年底，集团获得了较好的现金分红。

2013年初，南方报业投资团队从市场公开信息了解到四川省某国有单位挂牌转让部分华西证券股权，迅速开展了对华西证券项目的研判。根据华西证券股权挂牌信息，华西证券总估值69.24亿元，挂牌价格为4.9元每股，对应2011年底的市净率1.13倍，静态市盈率11.35倍，远低于同级别的中等偏上规模的区域上市券商估值水平。投资后可通过资本市场退出，亦可在产权交易市场进行转让，均可达到较好的年化回报率预期。华西证券项目挂牌价溢价低，估值合理，且为国有控股，投资风险低，叠加金融股有较强发展潜力，价值受到市场认可，可考虑多种退出渠道，是难得的财务投资标的。

集团投资团队历经激烈的网上竞价，成功摘得华西证券0.07%股份，合计196万股。2018年2月，华西证券成功登陆深交所上市。2019年至2021年，集团投资团队准确把握资本市场变化情况，适时卖出了集团持有的所有华西证券股份，项目达到了预期收益。

2019年，南方报业与广盐集团就参与广东省广盐集团股份有限公司混改项目达成了合作共识。2019年底，广盐股份正式启动混改，并在南方联合产权交易中心挂牌。集团参与了广盐股份的摘牌，经过投资者竞争性谈判，成功参与广盐股份混改项目。

## 三、激活自有闲置资金，探索低风险投资路径

2012年起，南方报业投资团队开始探索自有闲置资金的低风险投资路径，力求在严格控制风险的基础上通过灵活、积极的资产管理方法创造更大收益。投资团队通过制定年度证券理财投资管理制度，以“风险控制、期限配置、保证流动、争取收益”为原则开展证券理财投资。综合研判国内宏观经济形势和货币政策，严格筛选投资品种，主要投资收益比较稳健、操作便利且流动性较强的安全型、稳健型银行常规理财产品，稳健增加资金收益。

2017年，随着南方传媒、新华网原始股上市后陆续解禁流通，集团持有大量的可流通的股票，这部分股票如短期内不考虑减持，除了获得上市公司年度分红派息之外无法带来其他收益。投资团队在与众多的国有企业和券商的沟通交流中了解到，国有企业以自持的上市公司股票成立资产管理计划进行市值管理，能够获得额外收益，创造价值。投资团队在充分的市场调研后，选择了与业内某知名券商合作。事实证明，集团再次准确把握了政策窗口，在集团资管账户获得证券业协会备案通过正式运行后，证券业协会便暂停了备案申请。

2020年，在投资团队努力不懈地探索下，集团再次成功把握了低风险投资的窗口机会。

## 四、借力金融资本，重点布局三大基金项目

随着相关政策的逐步清晰，投资界对涉及媒体属性和内容生产的项目由

原来的谨慎逐渐转为开放和乐观态度，这为报业集团提供了难得的投资机会。同时，大文化、大数据和消费升级等相关方向仍然是传媒投资界关注的热点，领先的报业集团通过直投或基金对相关垂直细分领域的挖掘，为资源变现、获取收益提供了可能，为媒体融合和经营转型提供重要支撑。南方报业资本运营板块的发展也呈现出三个特点：一是向集团资源“借梯登高”，二是向专业机构“借船出海”，三是向社会资本“借鸡生蛋”。近年来，集团重点布局三大基金项目，取得积极成效。

2016年，为促进广东省传统媒体转型升级，推动媒体融合发展，在省委宣传部的指导下，南方报业作为重要参与单位之一，积极配合广东南方媒体融合发展投资基金、广东省新媒体产业基金两支百亿元级传媒基金筹建的相关工作。

其中，深度参与了南方媒体融合基金的筹建工作。作为广东省首只媒体融合投资基金，重点支持广东省媒体融合发展重点项目和战略新兴文化产业项目，优先支持省直宣传文化企业，特别是省属传媒出版企业推荐的重点项目。省属传媒出版单位既是基金的出资人，也是基金投资项目的受益人。借力资本平台，加快了改革发展，特别是加快了支撑媒体转型的体制机制创新和创新人才培养，不断提升综合实力和可持续发展能力。

基金由海通创意资本管理有限公司与广东省四家省直出版传媒企业等一起牵头发起设立，于2016年3月成立并投入运营。截至2023年底，该基金共投资项目23个，所投企业均为“融媒体”领域，细分行业包括广播影视、数字出版、新媒体、教育、出版、信息技术、互联网应用、高新技术、人工智能、智能硬件等。目前，基金已累计实现9个项目部分或全部退出，另有一个项目处于创业板挂牌的限售期中。

为推动广东省文化产业创新、发展和产业整合，集团充分利用好广东省金融、科技较为发达的产业优势，积极筹备组建自身有一定控制力度的文化产业发展基金。2017年5月，与深投控集团签订战略合作框架协议，共同组建以“文化+金融+科技”为投资方向的产业基金。

为落实共建产业基金事项，两集团基金工作人员进行了多轮谈判沟通，最终就基金筹建方案、基金合伙人协议等达成一致。基金认缴规模10亿元人民币，集团占49%，集团星辰投资公司以投顾形式参与深圳湾文化基金投资运作。

基金重点投资泛文化领域项目以及与文化发展紧密相关的高科技、金融领域项目。截至2023年底，基金共投资8个项目，全部为成长期（A轮以后）和成熟期阶段的项目，涉及影视文化、半导体、电商、市政设施管理、现代服务业、消费电子、高端装备等行业。

为积极推动大湾区媒体融合发展，南方报业还出资5000万元参与央视融媒体产业投资基金。基金主要投资领域为文化及互联网经济，截至2023年底，基金共投资15个项目，累计投资金额超过16亿元。

通过深度参与基金的运作，集团更准确地把握市场脉搏，知道用户在哪里，用户需求在哪里。2022年8月，南方报业以星辰投资公司为主体，通过参与广东恒新智行股权投资合伙企业，间接参与广汽埃安项目混改。广汽埃安项目投前估值超800亿元，预计混改完成后，投后估值过千亿元。

成于融合，长于创新。资本运营是一个以资金、人才为核心要素的业务，南方报业的资本运营已积累了丰富经验，面对媒体深度融合的战略目标，运营的能力仍有巨大潜力。南方报业正进一步结合自身资源禀赋，采取差异化竞争的策略，通过内外部的深度融合，充分发挥报业在品牌、宣传、政治资源等方面的优势，以问题为导向，挖掘潜力，不断创新，探索符合实际的发展模式，用“传媒+金融”为集团高质量发展注入新能量。

# 第五章
# 人才支撑：锻造新时代南方新闻铁军

南方乔木，凤凰来栖。

文化生产是创造性劳动，核心在人。人才济济，事业才能繁荣兴盛。

20世纪90年代以来，南方报业发展迅猛，人才辈出，被誉为“中国新闻界的黄埔军校”。进入新世纪的第二个十年，随着信息传播新技术的迅猛发展，舆论生态、媒体格局、传播方式发生剧烈变革，传统媒体普遍遭遇用户大量流失、营收断崖式下滑、人才流失青黄不接等困局。作为行业标杆，南方报业也面临严峻考验，重塑现代传播力、再造人才新优势成为当务之急。

习近平总书记指出：“媒体竞争关键是人才竞争，媒体优势核心是人才优势。要加快培养造就一支政治坚定、业务精湛、作风优良、党和人民放心的新闻舆论工作队伍。”并对新闻舆论工作者提出要求：“要提高业务能力，勤学习、多锻炼，努力成为全媒型、专家型人才。”

谆谆寄语，鼓舞前行。全国媒体纷纷推出媒体融合人才选拔培育工程项目，以人才为抓手，建设全媒体传播能力。南方报业秉持“人才是第一资源”的理念，将人才视为南方报业最宝贵的资产。2013年，南方报业在国内媒体中率先提出融合转型方略，制定三年行动计划，就把推动人才结构优化列为一项重点任务。大家充分认识到，传媒人才的培养有自身规律和特点，要通过改革营造有利于人才脱颖而出的政策环境、有利于人才创新创造的文化生态，才能培育形成规模宏大、结构合理、锐意创新的人才队伍。

在着力打造全媒体传播体系、引领性技术体系的同时，南方报业持续深化人才发展体制机制改革。以优化人才结构为重点，突出对南方文化基因、新闻专业精神的传承和发扬，通过在全国率先培育“主流网红”等系列举措，推动主力军挺进主战场，打造了一支具有强烈用户思维、创新思维、产品思维、市场思维的全媒型、专家型人才队伍，为融合发展注入源源不断的人才活力，塑造主流媒体人才新优势。

集团各单位积极创新，或重构岗位序列、重设能力层级、实施年薪制，或实施“揭榜挂帅”制度、孵化融媒体“轻骑兵”，或搭建任职资格发展标准、构建专业人才发展通道，或探索市场化引才、营造工程师文化、培育一支超过300人的技术人才队伍，呈现出百花齐放、生机勃勃的新气象。

南方之光，薪火相传。据不完全统计，截至2023年，南方报业“80后”中层干部数量约占广东省直宣传文化系统的一半；干部职工在中国新闻奖、广东新闻奖以及长江韬奋奖、金枪奖、金梭奖等评选中频频得奖；获得全国文化名家、“四个一批”人才、青年英才以及广东“特支人才”等称号的优秀人才纷纷涌现。

问渠那得清如许？南方报业给出的答案是：人才活水。“活水”，就源于真心爱才、悉心育才、精心用才、倾心留才。

# 第一节
# 人才：南方报业最宝贵的资产

技术在革新，媒体在巨变。

处在改革开放前沿的南方报业，一直是中国媒体变革的先行者。这既得益于广东适宜媒体发展的环境，也得益于一代代媒体人才在南方报业的生生不息。

事业历练人才，人才成就事业。南方报业将人才视为最宝贵的资产。近年来，集团顺应媒体融合发展大势，聚焦主责主业，遵循新闻传播规律，通

南方报业传媒集团大院的“南方之光”雕塑

过薪酬制度改革、名记者培养、技术人才储备等系列举措，栽下新媒体时代的“梧桐树”，引来、孕育了一大群振翅高飞的“金凤凰”。一批批南方报人在这里快速成长、成才、成名，成为事业发展的栋梁。

## 一、用心用情爱护人

被誉为“现代管理学之父”的彼得·德鲁克在《管理的实践》一书中提出：“人力资源是所有资源中最有生产力，最多才多艺，也是最丰富的资源。”

建设高水平新型主流媒体，关键就在人才，尤其是全媒体人才。南方报业在融合转型中能够引领行业发展，其根本就在于“南方铁军”的基因传承与发展壮大，尊重人才、重视人才，将各类优秀人才汇聚到各项事业发展中。

人才推动转型，成就事业。南方报业始终把人才作为宝贵资产，对人才的尊重、爱护、培养早已声名在外，是各类媒体人才的汇聚地。每年校园招聘，南方报业都吸引到大量应届毕业生前来应聘，面向社会招聘的岗位往往也是一呼百应、十分抢手。从天南地北、五湖四海汇聚而来的青年才俊们，在南方报业这个熔炉里得到锻炼、迅速成长，事业与人才相得益彰。

“才”源广进，将照千里。南方报业始终坚持以人才为本、以人才为宝，牢固树立“宝贝人才”意识，着力培养打造一支政治坚定、业务精湛、作风优良、党和人民放心的新闻舆论工作队伍，聚拢培养一批本领高强、求实创新的技术精英、管理人才、经营能手，鼓励推动一批名记者、名评论员、名编辑抢占新媒体平台，提升优质内容生产、供给能力，唱响主流声音，传播主流价值。

随着媒体融合向纵深推进，为了更好地爱护人才，南方报业重点构建三个闭环：选准、用对、育优、留住相辅相成的人才发展闭环；选拔任用、培养提升、监督管理统筹谋划的干部成长闭环；新型主流媒体平台和高素质专业人才相互吸引促进的互动发展闭环。这三个闭环很好地适应了当下传媒业向多元化多维度演进的特点，为全媒体采编、运营精兵的产生提供服务保障机制，不断推动南方报业高质量发展。

## 二、精心栽培育好人

当今社会的一个重大特征是学科交叉、知识融合、技术集成。这一特征决定每个人都要提高自身的综合素质，既要努力成为某一领域的专家型人才，也要努力成为复合型人才。对于媒体人才来说，指向就是专家型、全媒型。

这些年，南方报业建立起有效的人才培养体系。一方面完善教育培训体系，帮助人才提升综合素质；另一方面积极为人才成长搭建平台，鼓励人才展现自我、施展才干。在实践中，坚持必要的台阶、递进式的培养，多“墩墩苗”，保障人才队伍扛得了重活、打得了硬仗、经得住磨砺。

为加速人才队伍的成长，在内容生产端，南方报业实施“下沉战略”，不断在新区域、新领域开疆拓土，派出业务骨干一线“冲锋”，生产更多原创多业态内容，在基层一线锤炼多面手人才。一位全媒体采编人员，不仅会采写拍摄，还能剪视频、制产品，甚至出镜解说，当“网红”。

在技术支撑端，南方报业把技术人才培育放在更加突出的位置，锻造了一支高度契合媒体融合发展的技术团队。他们不仅懂技术，也懂媒体生态，掌握传播规律，根据报业转型需求，打造出支撑媒体融合发展的技术产品、技术底座。

在媒体融合中，采编、技术“你中有我，我中有你”，部门协同、团队作战，围绕转型的主战场加速各类人才的成长，复合型、多面手人才成为南方报业的核心竞争力。

## 三、适才适岗用对人

放开视野选人才，不拘一格用人才。把合适的人才放在合适的岗位上，让人才在岗位上人岗适配、成就自我、找到自身价值，是一个企业保持创新活力的关键。

南方报业正处在事业发展的上升期，媒体深入融合，新业务不断增多，迎来许多新机遇。同时，也对人才结构提出了新要求——从过去以采编人员为主转变为采编、经营、技术、管理等多元化的复合型人才结构。

用人用在风华正茂、最能发挥作用的时候。南方报业给广大年轻人提供施展才华的广阔舞台，既帮助他们快速成长，又助力集团事业快速发展。通过建立有效实用的用人机制，南方报业充分发现人才，全面培养人才，用事业留住人才。

既要论功行赏，也要“论资排辈”。论功行赏就是在以德为先的基础上，以业绩为评判标准；“论资排辈”则是在综合研判资历、资格、资质、资望的基础上，做到人岗相适。南方报业规模庞大，机构众多，在融合发展中，既考虑年轻人上进需求，在众多基层管理岗、业务岗让年轻人施展才华，成就自我，又结合报社发展实际，保留众多懂业务懂管理的骨干队伍，支撑着南方报业稳步向前发展。

目前，南方报业各机构均已形成稳健的阶梯形人才队伍，配套完善的晋升通道和薪酬制度，让每一位人才在南方报业都看到成长空间，抓住成才机遇，用好成才平台。

## 四、健全机制留住人

南方报业形成了较为完善成熟的招人用人机制，打造出事业留人、情怀留人的企业文化。一方面完善薪酬激励制度，让优秀人才有名有利，让多劳者多得，让每个人才都能与报业发展共成长；另一方面营造创新创业的沃土，让每位员工都能实现事业发展有空间、个人生活有尊严。

让人才实现“名利双收”。“名”就是荣誉和地位，“利”就是收入丰厚，日子过得体面有尊严，“名和利”是激励人才创新发展、干事创业的重要手段。高产出、高贡献的人才需要匹配较高收入、更多名誉。南方报业让成事业、贡献多的人才走到“聚光灯”下，成为“领头雁”，带领团队不断前行。南方日报推出名记者工作室，让优秀记者走在舞台中央，报社给予资源倾斜、待遇倾斜，激发他们干事创业的热情，打造一批高品质的媒体融合产品和服务。

南方报业不断探索扁平化管理，建立行政职务、技术职称、岗位职级并行的职业发展路径，拓宽和畅通人员职业发展通道，实现人才的多元化、差异化发展。根据“适才适用、重点突出”的原则，加大人才干部的跨部门轮岗力度，通过交流锻炼加快培养复合型人才。

为了让员工有更多的归属感、幸福感、获得感，南方报业不断提升服务，让发展成果惠及更多员工，比如：优化食堂运营，提升菜品种类，解决员工健康饮食问题；通过建立职工书屋，邀请名师开展系列讲座，搭建员工学习交流平台；通过形式多样的文体竞赛活动，加强各部门人员的互动交流，增强集体荣誉感。

细微见真情。南方报业开放、包容、创新、多元的文化氛围，让员工洋溢着职业自信，以饱满的热情投入工作、生活中。

# 第二节 育才：打出人才培养“连环招”

十年树木，百年树人。优良的种子需要肥沃的土壤和适宜的阳光雨露。南方报业之所以人才辈出、群英璀璨，是因为遵循人才培养、使用和发展规律。青年有热情、善学习、敢冲锋，通过一线实践历练，优秀人才脱颖而出。

这些年来，南方报业从校园招聘、青年人才培养入手，建立灵活的用人机制、薪酬激励机制，以媒体融合为导向，打出人才培育“连环招”，锻造出一支梯队化复合型青年人才队伍。在他们当中，不论是全媒型、专家型的南方名记者，还是读懂媒体传播规律的技术铁军，都是推动南方报业事业发展的重要力量。这支队伍成为南方报业奔涌前行的澎湃动力，传递着主流舆论正能量。

## 一、启动南方名记者培育工程

近十多年来，传统媒体行业经历深刻变革，媒体融合发展进入关键的深水区。南方报业顺应媒体融合发展大势，抓住机遇，守正创新，加快转型升级。其中，南方名记者培育工程是南方报业培养全媒型、专家型人才的关键一招，在全国率先实施“主流网红”培育工程，大力探索媒体融合、拓宽传播渠道，走出了一条突破桎梏的创新之路。

### 1. 聚焦转型，推出人才培育新名片

南方报业在75年的发展史上，培育出一批又一批的名编辑、名记者、名

评论员，人才荟萃，群英汇聚。因此南方报业被业界誉为“中国新闻界的黄埔军校”，是造就和汇聚中国优秀新闻人的殿堂。

随着移动互联网时代的到来，传统媒体加速向新媒体转型，媒体融合成为时代趋势，在这场激烈的技术变革中，南方报业深入贯彻落实党中央和广东省委关于深入推进传统媒体转型融合发展的战略部署，全力推进“深度融合，全面转型”。

人才是南方报业实施“深度融合，全面转型”的内在要求和必要保障。战略性人力资源管理认为，人力资源管理应与组织的发展战略结合起来，为组织总体战略目标的实现服务，帮助企业培养核心竞争力，为企业的持续、稳健发展提供人力资源支撑。

在媒体融合的大趋势下，众多媒体机构以人才为突破口建设媒体传播力，设计适应融媒体发展的各项制度，不断完善人才价值评估和激励机制，推出媒体融合的人才培育、选拔工程，引导全媒体人才发展。

中央媒体为培育“主流网红”频频发力，浙江日报传媒集团推出“网红记者直播”，新京报实施“网红大V养成计划”，越来越多的媒体踏上培育高知名度复合型新闻从业者的道路。

在众多媒体以人为核心的改革举措中，南方报业的南方名记者培育工程极具代表性。南方报业深刻认识到要想成功转型，必须抓住三个重点，即平台、作品、队伍，这些工作必须依靠优秀人才来推动实现。由此，转型的关键时期，南方报业比历史上任何时候都更加渴望全媒体型领军人才，更加重视人才的培养，加快培育一支深耕主业、开拓创新、融合发展的“排头兵”。

2016年2月，习近平总书记在党的新闻舆论工作座谈会上强调，媒体竞争关键是人才竞争，媒体优势核心是人才优势，要求新闻舆论工作者“努力成为全媒型、专家型人才”。

基于这一时代背景，配合南方+全媒体平台建设发展需要，从2016年开始，南方报业在前期培养南方名记的工作基础上，开始实施南方名记者培育

第二批南方名记者培育对象合影

工程，目标是加快培养造就一支政治坚定、业务精湛、作风优良、党和人民放心的新闻舆论工作队伍，加快培养一批具备新媒体采编运营能力的全媒型专家型领军人才，加快培养一批勇于创新、具有全媒体经营管理能力的优秀人才，为优秀转型人才搭建成长平台，使其形成合力，推动南方报业“深度融合，全面转型”。

南方名记者培育工程迄今已发展9批151人次成为南方名记者培育对象。作为全国率先将“主流网红”培育从理论落地为实操的媒体，南方报业探索出一条优秀人才的培育新路，引起全国同行关注，并得到中宣部肯定推广。南方报业的这些名记者勇于创新、大胆探索，在各个岗位上施展才华、追逐梦想，让一个个创意落地变现，为南方报业以南方+为主阵地的新型主流媒体建设立下汗马功劳，成为集团融合发展的“领头雁”。

### 2. 不设门槛，遴选有潜质的“种子选手”

2016年10月17日，在南方报业大厦408会议室，集聚了一批年轻的南方报人，他们即将在崭新的舞台上开启新的征程。当日下午，南方名记者培育对象遴选会持续了4个多小时，50多名候选人集体亮相。讲台上，他们分享自己对媒体转型融合的思考、对自身职业发展的设想。他们有想法、有思路，精心准备，为集团的转型发展奉献自己的聪明才智。

最终经过评委的投票，首批15名南方名记者培育对象出炉，他们来自南方日报、南方杂志社、南方周末、南方都市报、南方农村报等媒体，平均年龄34岁。

“不设门槛”“有进有出”“每年遴选一批”“公开公平竞选”“只要有想法就可以申请”……南方名记者培育工程，是南方报业复合型人才培养的一个平台，遴选出来的培育对象，并非传统意义上业已“功成名就”的名记者，而是在政经、教育、医疗、军事、“三农”等领域具有明显传播营销优势和专业特色鲜明、具备较好培育潜力的青年才俊。

关于如何对“名记者”进行界定和遴选，南方报业上下曾进行广泛讨论，究竟是让颇具名气的记者“红上加红”，还是要培养更多后备力量、新生力量？经过广泛征求意见，最终达成共识——这是一项致力于为融合转型事业储备人才的工程，是一项着眼于集团未来发展的工作，花时间、花精力、搭平台培养好苗子更重要也更迫切。这不是评先评优，而是遴选出有成为名记者潜质的“种子选手”，其规范称呼是“南方名记者培育对象”，重在培养。

随后的每一年，南方报业都会开展南方名记者培育对象的遴选工作，并在实际执行中，根据各部门的情况进行综合平衡，避免名记者过于集中在某一部门，各分社、记者站均有覆盖，实现名记者培养遍地开花。

南方名记者培育工程一直坚持“严遴选、强退出”原则。在制定方案时，南方报业就特别强调遴选不设年龄、资历、职称等门槛，不论资排辈，不拘一格降人才。每一次遴选都要经过报名、演示、初评、审批、公布等流程环节，层层把关，确保遴选对象符合南方名记者培育要求。每年的培育对象名单公布后，南方报业还会对这些培育对象进行宣传推介，扩大名记者的影响力和知名度。

南方名记者培育工程最残酷的地方就在于不过关则必须退出，“不讲情面”，“宁缺毋滥”。从实践来看，大部分名记者都能培育成熟、顺利“出站”，也有人员因为完不成考核要求直接退出。

正是因为严进严出，每一次遴选都能吸引集团大部分采编人员关注和报名。南方名记者培育工程培育出来的名记者与那些靠噱头、靠迎合、靠制造轰动追求一朝成名的“网红”不一样。这些名记者志在成为互联网的一股“清流”，成为深耕主业的尖兵，成为内容生产传播的行家里手，在特定领域具有较强社会影响力、权威性、不可替代性；他们更要成为开拓创新的尖兵，带头在新闻资讯理念、内容、载体、形式、方法、手段等方面进行创新；南方名记者要成为融合发展的尖兵，既能为传统媒体写好稿，又熟练掌握新媒体技术，创造性地生产优质全媒体产品。

打造名记者、名编辑、名评论员、名主持人，一直是媒体塑造品牌，提升影响力的重要法宝。在媒体融合发展的关键时期，南方报业从战略性人力资源管理的高度，适应新媒体传播规律，加速媒体融合转型，加快培养一批全媒体型、专家型采编人才队伍，是媒体实现成功转型的必要举措。

通过多年的实践检验，南方名记者培育工程已成为南方报业的年度常规工作，一大批名记者培育“出站”，成为集团各个领域的业务骨干，不少名记者走上管理岗位，成为集团新媒体业务发展的领军人才。

### 3. 制度保障，组建高水准服务团队

在移动互联网时代，传统媒体之所以转型困难，面临诸多困境，一个重要原因就是内部体制机制不够顺畅，跟不上媒体融合发展需求，缺乏灵活的用人制度，人才培养困难重重。要想改变现状就要打破常规、树立新规，以体制创新机制创新为先手棋，为培养优秀人才提供有力支撑。

南方名记者培育工程就是南方报业结合集团转型战略，对人才培养进行的体制机制创新，突破原来的条条框框，在人才培养、内容生产、薪酬福利等方面进行全面改革，充分释放制度活力。

为了保障南方名记者培育工程的顺利实施，南方报业改变过去名记者“个体户”的培养方式，适应全媒体时代的需求，为名记者的培养提供全方位的团队服务保障。

第一个团队是“服务组”。集团编委会做好顶层设计——由培育对象所在媒体的总编辑亲自任组长，各相关业务部门、职能部门负责人组成一个“名记服务组”。比如南方日报的“名记服务组”，就由集团总编辑、南方+传媒中心总编辑和集团编委办主任等部门负责人组成，阵容强大，便于统筹协调。

名记服务组的工作一方面是做好业务指导、年度考核，帮助名记者培育对象规划发展方向，发掘特长潜质，解决好业务瓶颈问题；另一方面是做好后勤保障、服务协调工作，帮助名记者调配资源、宣传推广，消除后顾之忧。

实践证明，服务团队的高层级、高规格行之有效。名记者培育工作是新生事物，没有先例可循，需要摸索协调解决的问题很多，必须通过强有力的组织领导、资源倾斜支持，精心打造，才能有助于名记者的培育和成长，才能更好地产出新媒体需要的多形式传播产品。

第二个团队是“工作室”。由名记者培养对象牵头，跨报网端“点将”组建工作室，团队成员既可以专职，也可以兼职，包括文字、编导、摄影、剪辑、后期包装、动画制作、运营推广、市场开拓等方面的人员。工作室成为全媒体作战的超级团队，能够创作出众多以往难以企及的融媒体产品。如今，南方+、南方日报等众多年度重磅报道多由名记者工作室主导完成。

名记者工作室已经突破部门与部门的界限，报社内部人员的融合成为常态，在重大题材的采访报道中，文字、图片、快评、短视频、海报“立体搭配”逐渐成为“标配”，在一些重大策划、项目执行中，两个或者两个以上的名记者工作室联动的情况也很常见。

### 4. 薪酬改革，激活名记者创新力

南方报业实施南方名记者培育工程，薪酬分配制度是重中之重，为此，相关部门进行大刀阔斧的改革创新。这一改革的核心目标是激发名记者的活力和创造力，让他们能从日常琐碎事务中适度解放出来，更加专注于打造品牌栏目、经营优势项目、深入研究重大题目和精心策划重要节目。

南方名记者培育工程考核办法需要随着阶段发展不断优化调整，早期采用的是“固定月薪+年度奖励”，每月有相对固定的薪酬保障，到年底由报网端融合运营委员会、集团编辑委员会进行综合评价，给予考核奖励。其中“卓越”档次标准较高，必须“跳一跳”才能够得着。在2017年第一次年度考核中，南方日报“网红”记者总收入相比2016年都有比较大的增长。

随后实践发现，名记者类别差异很大，很难用统一的考核标准去衡量。2018年开始实施“一人一策”的年薪制——年初协商好各自的年薪，对应确定年度任务，到年底进行数量、质量、流量等方面的考核，完成任务则给予100%年薪，未完成依次扣减，超额完成可自动升档。

为进一步推动转型融合，打造优质内容，培育优秀人才，巩固壮大主流舆论阵地，2024年1月南方报业又新出台薪酬考核办法，南方日报南方名记者培育对象实行协议薪酬，包括采编基础薪酬、融合转型奖励两部分。其中采编基础薪酬分为五档两类，培育对象至少须完成E档考核指标，A档为封顶档；融合转型奖励旨在奖励培育对象在完成采编基础考核（即E档）前提下，打造的具有传播力、影响力的优秀作品、爆款产品、标杆项目等。

在考核指标中，对采编基础指标作出了具体数量的规定，包括报纸头版见报数量、好稿等级数量、南方+端内点击量、新媒体爆款产品篇数、总编辑特等奖次数等。转型融合考核奖励则是奖励培育对象在完成E档前提下生产的高流量、高影响力精品内容、爆款产品、优质项目，奖励培育对象所获的重大表扬与荣誉。

此外，新考核办法还建立了通报及约谈机制，对南方名记者培育对象考核指标完成情况进行定期通报。对指标完成不理想者，由“名记服务组”约谈，明确努力方向，提出改进建议。如确不符合培育要求者，可启动中途退出机制。

差异化的协议薪酬制度，提供了有市场竞争力的薪酬水平，让南方名记者培育对象从跑线中解放出来，不再被计件工资所困，能更好地想点子、磨创意、带团队、出精品。

### 5. 精品迭出，名记者IP出圈

媒体行业涵盖了多样化的专业领域，每位记者都有其专注和擅长的特定方向，如何差异化培养成为关键。南方报业对南方名记者培育对象采取个性化培养策略，激励他们成为各自专业领域的领军人才。

赵杨曾是南方日报一名负责纪检监察新闻报道的记者，他在筹备一档以案说纪的节目时，效果一直不理想，通过南方名记者培育工程，他尝到了“团队作战”的甜头。他跨媒体、跨部门在南方日报、南方新闻网、南方+寻找合作伙伴，组建了一个包括编导、创意、摄制、动画制作、运营等人员在内的工作室，打造了《武松来了》这个新媒体产品。为了让硬题材软下来，将说教改为说事明理，赵杨工作室参考10余部国内外影响力较大、品质较高的脱口秀节目，采取“主讲人评书式脱口秀+落马官员出镜忏悔”的创新方式打造栏目。这款以案说纪、以案说法的脱口秀短视频节目，一经推出就成为网络爆款，全网点击量超过3亿次，并获得广泛好评。为了不断提升栏目品质，赵杨工作室制作团队以动画还原犯罪手段，以手绘画像提升画面品质，第三季视频的呈现形式也由前两季的横屏改为竖屏，以求达到更好的传播效果。该栏目最终成为广东省普法办、省司法厅、南方日报、南方+客户端联合出品的品牌栏目。

南方名记者培育工程不仅注重提升记者的策划能力和出色的文笔，还强调他们必须具备应对突发事件的敏捷思维和高效协作的团队精神。名记者们既能独立作战，又能在团队中发挥骨干引领作用。

2024年4月20日，韶关市武江区江湾镇遭遇严重洪涝灾害，导致交通、通信和电力中断，山体滑坡和房屋倒塌频发。面对这一突发灾情，南方日报地方新闻部、机动记者部、视觉新闻部的多名南方名记者培育对象快速赶往现场，连续四天深入灾区，发布一系列抢险救灾报道，以多形式媒体产品全方位记录从清障到救援再到撤离的全过程，在新闻竞争中表现突出，报道获得了高度评价，展现了南方名记者的专业素养和社会责任感。

### 6. 示范引领，一批人带动一群人

“名记者工作室”制度找到名记者个人成长与团队进步的最大公约数，凝聚共识、激发潜能，取得1+1＞2的效果。

独行者速，众行者远。深耕大健康领域的曹斯工作室从两三人的小组发展为有4位全媒体跑线记者和2名音视频骨干力量的融媒体团队，打造了融汇新闻作品、舆情服务、智库产品、线下活动的多元业务生态。不少内容精品获广东省卫生健康领域好新闻奖项，与省卫健委联合建设的“广东健康头条”南方+南方号点击量破亿，接连举办三届的“寻找广东好医生”品牌活动年引发百万人次关注。在曹斯“出站”后，先后有3位团队成员入选南方名记者培育对象，得到更多施展拳脚的机会。

郑佳欣工作室牵头打造珠三角全媒体智库，线上推出以“珠三角观察”南方号为主阵地的系列深度观察网文，线下开发城市智库服务新产品，联合有关机构连续三年推出《大湾区视野下的珠三角企业创新报告》，打破了以“版面”为中心的生产模式，带动南方日报珠三角新闻部近50名记者参与其中，推动纸媒记者转变为研究员、分析师型的知识产品供应者。

南方名记者培育工程启动以来，一批批南方名记者紧跟时代需求，聚焦重大时政主题，追踪区域新闻热点，以手中笔书写南粤大地社会百态，用镜头捕捉最生动的新闻现场，用短视频展现最鲜活的人文故事，打造出众多广为传播的融媒精品，唱响主流舆论的南方强音。

他们匠心筑梦，坚持腹有诗书，肩有担当，心有阅者，致力于成为“十八般武艺样样精通”的融媒尖兵；他们拥抱转型，坚持用专业视角、创新语言帮助读者读懂广东、读懂大湾区、读懂中国；他们创作了反映时代情和百姓心的优质作品，打造出接地气、传播力强的众多融媒爆款产品，成为南方报业建设新型主流媒体的开路先锋。

南方名记者培育工程的实施为南方报业新项目和新产品的传播运营注入了充沛动力，将传统媒体在信息管理、内容生产、思想输出层面的核心竞争

2023年2月7日，南方日报、南方+百名记者一线行出征仪式

力进一步向线上线下迁移，进而塑造了南方报业在全媒体时代新的传播能力和新的服务价值。

## 二、培养“最懂业务”的技术人员

加快建设一支自主可控、结构合理、素质优良的高水平技术人才队伍，对于深入推进媒体融合至关重要，甚至决定着媒体未来的生死存亡。

南方报业近年来深入推进媒体融合，打造全媒体传播体系，加快技术人才自主培养，培育一支超过300人的技术人才队伍，为南方报业成功转型奠定坚实的人才基础。

### 1. 支撑转型，铸造技术铁军

回望过去的十余年，南方报业转型是一个摸索过程，走过一些弯路，早期各自为战、重复建设、效率低下，关键技术被“卡脖子”，建设成效难以满足媒体事业发展需求。

近年来，南方报业整合资源，多领域布局，打造拳头产品，形成了以“一报一刊一网一端”为龙头的“报、网、端、微、屏”全媒体传播体系，每一个新领域的探索与成功都有技术团队在支撑。

南方报业对技术人才的培养机制不断优化。早期，南方报业成立集团信息技术部，主要支撑集团各职能部门智慧化建设，把控集团整体技术发展战略和实施路径。随着互联网的崛起，南方新闻网成为全国最早一批创办的重点新闻网站，是南方报业向网络媒体转型的拳头产品，一批偏应用型的技术人才队伍随之搭建成立。2015年，南方报业推出以南方+为主导的移动融媒体平台，并根据业务发展成立南方智媒科技公司，打造出一支适应媒体融合善创新、重研发的人才队伍。

2017年，南方报业开启技术转型，成立集团技术委员会，随后连续三年举办技术大会。南方报业技术力量不断充实，技术凝聚力不断增强，技术释放出全媒体传播的巨大能量。在南方报业报人文化的影响下，开放包容的工程师文化氛围也变得更加浓厚。

2017年12月，南方报业召开首届技术大会

### 2. 打破常规，市场化引才用才

经历多年的技术人才招聘摸索，南方报业探索出以市场化人才招聘为主、校园招聘为辅的人才吸引模式。近两年，校园招聘互联网信息技术专业人才数量明显增多。

在社会招聘方面，南方报业给予各用人单位人事自主招聘权，在总量控制的前提下，根据业务发展需要设岗定人。尤其是研发技术岗位，按照适度超前原则，提前储备相关技术人才，应对市场需求。

南方报业技术人员普遍呈现年轻化的特点，南方智媒工程师研发团队平均年龄31岁。这些年轻人才充满创新活力，是报业转型队伍的生力军，是报业技术发展的希望和未来。为了让这些技术人才加快成为复合型人才，熟悉新闻传播规律，用技术的语言读懂“新闻诉求”，南方报业对新进人才开启全流程培训，建立完善的员工培训体系，为技术人员成长提供丰富的学习机会，营造多元共享的氛围。

新人入职后，南方报业实施“一对一”导师制，根据入职人员的业务特长和兴趣爱好，编入适合的研发小组或项目团队，由组长或技术骨干充当导师。每位技术人员通过参与具体项目或产品，在导师的引导下学习一至两年，直至胜任所在岗位需求。

除了导师制外，南方报业还搭建各类业务学习交流平台。针对前沿技术，邀请名师演讲；在不同部门、不同团队之间，通过具体业务实现技术交流和分享。为适应南方报业转型需要，技术人员与新闻采编人员、经营管理人员保持着充分的交流对接，跨部门协作、跨团队合作成为南方报业技术人员加速成长的重要渠道。为满足市场对网络安全业务的需求，南方新闻网还实施南方新闻网信人才培养工程，助力相关技术人才快速成长。

### 3. 弹性薪酬，构建双成长通道

长期以来，报业传媒一直面临着技术人才招聘难题，其主要原因是无法提供有市场竞争力的薪酬待遇。南方报业构建了适合自身发展需求的薪酬待遇体系。以南方新闻网为例，作为一家对外输出媒体技术应用的机构媒体，搭建了一支真懂、会用新技术且稳得住、靠得住的自有团队。技术研发部门与经营部门共担经营任务和利润指标，实现市场化考核。技术研发部门必须全力协助经营部门完成设定的技术类收入指标，才能拿到全额奖金。

技术与经营挂钩的薪酬模式，让技术人员不仅看得见市场，还要更好地服务市场，打破了以往技术与市场脱钩的情况，让技术人员切实看见技术的价值回报。

同时，南方报业对技术人才的培养制定了较为完善的制度，搭建起管理和专业“双通道”职业发展体系。结合媒体传播规律，技术人员未来的发展可以选择管理通道或者专业技术通道。以南方智媒为例，公司搭建了研发体系、数据体系、产品体系、安全运维测试体系、职能体系五大通道体系，每个体系均有相应的管理岗位。专业技术体系由低到高划分为10个等级：P1助理、P2初级工程师、P3/P4中级工程师、P5/P6高级工程师、P7架构师、P8高级架构师、P9专家、P10高级专家。

两个成长通道相互交叉，每一位技术人员可根据自身特点选择成长路径。人才驱动型组织架构，有效推动南方报业战略高效落地，最终实现员工职业发展和南方报业发展双赢局面。

### 4. 超前布局，营造工程师文化

“千军易得，一将难求。”在科研攻关中，核心技术骨干担当着挑大梁、带队伍的重要职责。在媒体融合中，南方报业重视核心技术骨干的培养，实现技术实力引领行业半步，敢于在“无人区”探索创新。

根据转型需要，围绕着前沿技术，包括人工智能、大数据、大模型等预计会影响未来媒体发展的技术，南方报业提前布局，培养核心骨干队伍。南方智媒主攻新媒体产品技术研发和大数据服务，在机构内部设置了南方+产品研发中心、N视频产品研发中心、媒体创新中心、公共平台研发中心、数据治理与智能化研发中心等9大中心。同时，与华工、中大、广工、华为、琶洲实验室等知名高校和研究机构建立产学研合作，在智慧媒体大数据、多模态大模型、数字内容生成技术等领域开展联合研究与攻关，提升南方报业的科技硬实力。

南方新闻网紧扣“媒体需求迫切”“市场需求旺盛”，在内部设置多终端跨平台全栈技术、业务场景应用的数字技术、融媒体数字技术、大数据应用技术、基于大模型的人工智能技术等5个研发工作室。通过适度超前的技术人才布局，为后续增强南方报业科技竞争力、增强市场影响力夯实人才基础。

南方报业以75年的文化积淀，形成了开放包容创新多元的报人文化。近年来，也逐渐形成自身特色的工程师文化——尊重技术、允许试错、跨界交流。让有想法的技术人才有施展才华的平台，在实战中历练成才。

经过前期持续的技术人才培养，目前南方报业迎来技术成果收获期，产学研成果丰硕，实力稳居国内媒体行业第一矩阵。集团还将持续加大技术投入，储备相关技术人才，在南方报业“两端一云”战略布局中，抢占技术先机，为服务全省媒体转型、讲好广东故事、夯实主流媒体阵地，提供强有力的技术人才支撑。

## 三、锻造梯队化青年人才“后备军”

南方报业风华正茂、基业长青，主要在于人才辈出、生生不息，特别是抓好后继有人这个根本大计。

近年来，南方报业年轻人才如雨后春笋充分涌现，年轻人才创新创造活力呈现“万马奔腾”之势。越来越多的“80后”“90后”“95后”走上管理岗位，成为南方报业各业务单元中坚力量，“00后”开始崭露头角，争当先锋。

### 1. 校媒合作，涵养人才“活水”

高校是南方报业人才的重要策源地，近年来，南方报业深耕校媒合作，链接优质高校资源，持续擦亮南方报业的“金字招牌”，拓深、加宽新闻事业新生力量“蓄水池”。

2023年至今，南方报业先后与北京大学、清华大学、中国人民大学的新传、中文、哲学等院系以及中国传媒大学签约共建实习实践基地，在更多适应媒体深度融合发展需求的复合型人才培养上实现校媒“双向奔赴”。在2024年校园招聘中，实习实践合作院校的简历投递总量同比增长50%。

南方报业与暨南大学新闻与传播学院共同创办新闻实务实践类项目“暨大准记者南方训练营”，通过项目提前锁定“好苗子”。截至目前，已有一批曾参加训练营的暨南大学毕业生来到南方报业工作，不少已经走上管理岗位，有的成长为南方名记者。

### 2. 校园招聘，严选“好苗子”

2023年11月，南方报业校园招聘如期启动，在不到一个月的时间里，来自国内外各大院校的万余名应届毕业生踊跃投递简历，最终录取比例约为千分之五，可谓是“千里挑一”。这些经过层层选拔、精挑细选进入南方报业的毕业生将在内容、技术、运营等岗位上书写新的人生华章。

招聘应届大学毕业生是南方报业补充新鲜血液的重要渠道。作为党的意识形态阵地，南方报业校园招聘始终坚持党管人才，践行“德才兼备、以德为先、人岗相适、人事相宜”选才原则，从源头认真审核筛选学生简历。在笔试面试中，综合考量学生的互联网意识、新媒体思维、融媒体专业技能，重视吸纳多元化复合型优秀学生，在严把“政治关、专业关、价值关”的基础上最终确定录用名单。

自实施校园招聘以来，南方报业从海内外高校共计招录应届大学生近千人，极大地丰富了人才资源储备。南方报业涌现出的优秀人才，比如南方名记者培育对象、各单位各部门业务中坚，有相当一部分是通过校园招聘进入南方报业工作的。南方报业的事业后继有人，离不开一批批怀揣新闻理想的青年学子的加入。

### 3. 筑基壮苗，护航新人平稳起步

“世有伯乐，然后有千里马。”将育“千里马”，选好“伯乐”是关键。南方报业实施“导师制”，为新入职校招生选拔配备优秀业务骨干作为入职导师，通过师徒结对，让优秀的前辈“传帮带”，为“新兵蛋子”引路，助力“好苗子”茁壮成长。

近年来，南方报业不断优化完善培养机制，在用好“导师制”的基础上，探索形成“入职培训+辅导期培养+成长期培养”的1年筑基起步培育模式，助力新人迈好人生从业“第一步”。

不少新人在辅导老师和同事的帮助下，在干中学、在学中干，完成了从学生到职场人的角色转换，众多优秀人才脱颖而出，大展拳脚。南方日报、南方周末等一批批新南方报人快速适应岗位，抢抓新闻热点，参与报社重点策划报道，推出一篇篇颇具影响力的新闻作品，比如《砥柱人间是此峰——写在中国共产党成立100周年之际》《新疆棉花遭遇“明枪”与“暗

2024届校招生入职培训“乘风破浪　梦想启航”巨画大合照

战”》《紧急救援 逆火前行》等作品相继荣获中国新闻奖一等奖、二等奖、三等奖。

### 4. 淬火成钢，在磨砺中长才干

自古猛将必发于卒伍，不经一线磨砺，长不出本领高强的“铁肩膀”，练不成“十八般武艺”。南方报业以实施“下沉战略”为契机，建立健全“蹲苗”历练常态化机制，将基层一线当作年轻人最好的练兵场，让他们更快长知识、壮筋骨、长才干。

南方都市报摄影团队坚持“我们作为记录者，一定要到现场”的理念，深耕一线。2020年初，团队成员逆行武汉抗疫一线，记录一线医护人员摘掉口罩的样子，拍下《你们摘掉口罩的样子，很美》照片，使“最美逆行者”肖像感动全网，成为当时疫情报道的爆款，荣获中国新闻奖一等奖。

“人在事上练，刀在石上磨。”多岗位、多层次历练是培养优秀年轻干部的重要途径。

在南方日报地方新闻部成长起来的年轻骨干，常年在一线辛勤奔波，成

2024年7月11日，南方报业传媒集团举行2024届校招生入职见面会

为南方报业“下沉战略”的先锋兵，他们在粤东西北地区挖掘鲜活的新闻故事，以新闻的敏锐性捕捉基层创新治理案例，让基层的感人故事得以在全省全国广泛传播。

为了更好地讲好粤港澳大湾区的故事，南方日报珠三角新闻部涌现众多优秀年轻记者，他们把新闻写在大地上，不断唱响党报主旋律。他们深度挖掘大湾区深化改革、创新发展、高端制造、产业升级等内容，形成一系列高品质的策划作品，让大湾区的建设面貌、建设成果第一时间展现在读者面前。尤其是横琴、前海、南沙等重点建设区域，一批批有想法、有干劲的年轻骨干驻点采访，以多形式的创新作品讲好大湾区故事，把粤港澳大湾区高质量发展成果向全国、全世界推介。

2023年，南方报业出台《年轻采编干部跟岗方案》，将年轻采编骨干到记者站基层一线及总部关键业务岗位的跟岗学习制度化，搭建起“实践砺兵”平台。

今天的南方报业，青年人才“后备军”源头活水不断涌流，各个岗位雏凤清音显作为、青蓝相继薪火传的故事比比皆是，这是南方报人基业长青的最大底气。

## 第三节
# 惜才：共筑青年人才“蓄水池”

千秋基业，人才为先。

南方日报作为南方报业的旗舰媒体，近年来一直是践行集团人才发展战略的主阵地，也是落实前述人才培育措施的主战场。

与此同时，在南方报业人才发展总体战略框架下，集团各家媒体单位也纷纷构建起适应自身发展道路的人才培育模式，探索培育新时代传媒人才的有效路径，筑好青年人才“蓄水池”。

南方杂志社通过“揭榜挂帅”制孵化系列融媒体产品“轻骑兵”，为发掘党刊融媒人才打造出一套新机制新模式；南方新闻网实施网信人才培养工程，实现个人发展与企业发展比翼齐飞；南方农村报与年轻人交心，为年轻人施策，让平均年龄不超过28岁的一群“新农人”干得舒心、干得起劲，扎根于“三农”领域；南方周末探索形成了独具特色的“H”形人才双通道管理体系；南方都市报重构岗位序列、重设能力层级、实施年薪制三措并举，有力推动传统生产力加速向新质生产力跃升；南方+传媒中心不断进行体制机制创新，积极探索具有自身特色的全媒专“+”人才培养路径……各出奇招，各展所长，形成了各具特色、百花齐放的良好局面。

### 一、南方杂志：搭融合舞台，唱转型大戏

2024年3月11日，农历二月初二“龙抬头”，人勤春来早，一场以“在创新中超越”为主题的发展研讨会在南方杂志社内热火朝天地进行。在会

上“唱主角”的不是领导，而是来自各部门一线的同事，当中不乏“90后”“95后”的青年员工，大家结合研讨会主题及工作实际积极发言，把脉融合深水区，点题提升传播力，从题目、形式到内容，不断创新突破，激起了现场阵阵的热烈反响。在自由发言和项目申报环节，各部门更是重点鼓励副科级及以下员工上台亮相，踊跃申报并参与讨论。历时一天的研讨会，发言人数之多，发言主题延伸话题之广，在杂志社形成了一次效果良好的思想碰撞，也为后备人才队伍选拔提供了很好的展示舞台。

### 1. 提供“赛马”舞台

南方杂志社在推动媒体融合发展的路上，一直走在全国党刊的前列。2014年，“媒体融合”被正式上升为国家战略，在“打造一批具有强大影响力、竞争力的新型主流媒体”的目标指引下，作为省委机关刊的《南方》杂志，也积极响应中央顶层设计要求，投身于媒体融合改革浪潮中。

如何让党刊不再“板着面孔说话”，更加生动亲切接地气？如何在转型过程中让更多融媒人才脱颖而出？2014年12月，南方杂志社第一次专题发展研讨会——“党刊使命与南方价值采编研讨会”正式召开，通过一系列研讨，逐步确立了杂志社以“深度融合、全面转型”为路径，遵循“守正创新，提质深融，优制智转”的改革理念，提出要加快内容供给侧改革，提高融媒体生产能力，着力打造广东最专业的党建全媒体传播平台，同时，通过研讨会提供“赛马”舞台，鼓动全员“头脑风暴”。

自此，每年开春伊始筹备召开专题研讨会，逐渐成为南方杂志社开年的“重头戏”之一，既是杂志社新一年度工作谋划的“论坛”，也是杂志社青年干部展现新思考的“舞台”。杂志社青年干部广泛参与，积极思考，提出各种极具含金量的“金点子”，激发干部职工以强烈的责任感、使命感、紧迫感，推动杂志社高质量发展各项工作谋在深处、干在实处，形成比学赶超、赛龙夺锦的奋进态势。

### 2. 试水“揭榜挂帅”

将研讨成果和项目落地，转化为融媒转型的“智慧”成果，助力融媒人才尽快成长，为杂志社人才队伍建设打造持续有效的培育通道，是研讨会的意义所在。南方杂志社开始推进党刊话语平台创新，试水以“揭榜挂帅”制推动一批年轻采编人员打造个性化新媒体产品。

2022年“提升党刊综合传播力”专题研讨会后，“揭榜挂帅”制进一步深化，时政部记者杨洋率先打造了时政轻评论Vlog产品“杨阿洋快评”，用网言网语解读重磅政策，对中心工作进行“解码”和“译码”，打开时政解读新“看”法，不仅斩获广东新闻奖等多个奖项，还发展成全国地方党刊界创办最早、最有影响力的短视频快评栏目之一，并受邀参加广东省委网信办湾区网络名人分享会，立稳南方主播品牌，实现破篱跨界。

由全媒体发展部新媒体编辑转型文化记者的影子，利用自身多年培育的新媒体触觉，策划推出时代感强、主题鲜明、活泼生动的融媒产品“小影Vlog”系列，打造“时节广东·岭南风物话振兴”等栏目，紧扣“文化烟火气”和

“小影Vlog”文化短视频栏目

“创新表达”，让文化报道可视可听可亲，以记者第一视角的沉浸式短视频形式，深入百余处基层一线，以小切口来展现绿美广东、“百千万工程”等时代命题，把“有意义”的文化故事讲得“有意思”，成功塑造“小影”IP。

除此之外，杂志社还重点打造了“梦享时分”“党知部”“粤讲粤有李（粤语）”“漫评广东”等系列新媒体品牌，孵化新媒体轻骑兵，积极创新党刊报道的创新话语体系。这一系列人才培养政策，不仅激发人才活力，充分提高队伍的凝聚力、创造力和战斗力，更为党刊深度融合、全面转型提供坚实保障，为南方杂志社高质量融合发展不断注入动力。

### 3. 培养全媒体人才

体制机制改革被视为媒体深度融合的突破重点，也是新型主流媒体平台化建设的关键支撑。党刊要转型，融媒人才要脱颖而出，需要配套机制的支撑和创新。近年来，南方杂志社在积极推进人才梯队建设中，不断创新融合发展体制机制，充分给予松紧有度的思考空间和鼓励激励机制，全面培养召之即来、来之能战、战之必胜的全媒体人才，努力探索适应“深度融合、全面转型”的管理体制和运行机制。

2019年开始，南方杂志社接连出台了《南方杂志社融媒体骨干人才培育工程方案》《增强“四力”教育实践工作培训方案》等，召开杂志社创新人才培养与创新发展座谈会，切实提升增强“四力”的思想自觉和行动自觉，还在杂志社启动融媒体骨干人才遴选工作，评选出若干名“南方融媒菁英”“南方融媒俊才”等，以一批人带动一群人，不断提高杂志社适应媒体融合趋势的技术能力、产品制作能力和传播能力，打造新闻舆论的“南方铁军”。

杂志社还大力整合现有资源，创新成立“思想烩工作室”“视界工作室”“融媒体中心”，指派杂志编委、南方名记者牵头负责；又借南方报业传媒集团启动南方名记者培育工程契机，打造“南方名记者工作室”；扩大发展全媒体发展部，相继引入了新媒体产品策划人才、新媒体设计和音视频制作人才等媒体融合发展比较紧缺的人才，在广东省级媒体中率先搭建党建视频专业制作团队，形成了在内容生产、产品策划、技术开发及系统维护、新媒体设计和音视频制作等方面比较全面化、专业化、复合型的人才队伍，建立了专业的新媒体采编、技术、运营团队。在生产、协作、传播等流程中，这些融合型团队打通传统部门分割，减少人员“分灶吃饭”弊端，通过有效分工合作，实现新闻“一体采集、多元传播”格局。

与此同时，为健全杂志社融媒体骨干人才的激励保障机制，杂志社还积极推进薪酬制度改革，制定出台《协议薪酬考核办法》，这是适用于“南方主笔”“南方融媒菁英”和“南方融媒俊才”以及个别试点人员的有浮动的协议年薪制度。通过制度的制定和完善，进一步完善考核和激励细则，有效地引导采编部门的生产力向网络平台和智库产品转移，优化杂志社采编经营业务结构及收入结构，实现原有架构、机制、流程的再造，提升人力资源效能，助力杂志社构建多元、立体的传播格局。

## 二、南方新闻网：育才工程“技”高一筹

为深度参与网络强国和数字中国建设，健全网络综合治理服务体系，推动媒体融合向纵深发展，南方新闻网启动“南方网信人才培养工程”，全力培育一支具有传播创新能力、数字运营能力、技术研发能力、安全运维能力的人才队伍，着眼互联网发展新态势，打造出“南方云安”“南方云媒”等服务型技术产品线，凭借一“技”之长，谋得高质量发展的一席之地。

### 1. 我来自“大厂”

“95后”小罗在哈尔滨工业大学完成本硕连读，毕业后被某著名互联网大厂招聘，成为一名研发工程师。虽然薪酬优厚，生活无忧，但她真正的兴趣和专长是从事网络安全工作。2023年，在得知南方新闻网近年来开始向网络安全领域进军，特别是圆满承办了全省网络安全攻防演练后，她主动要求加盟，期冀在新平台上尽情发挥自己的兴趣和专长。在互联网大厂，她只是

研发流水线的一员，接触到的是局部工作；在南方新闻网，她却能在权威平台上独当一面，连续两年参与全省网络安全攻防演练的组织工作，每天对接数十家国内顶尖的安全团队，快速积累了丰富的实战经验。“以前想都不敢想的事情，这么快就实现了。”成为网络安全工程师的小罗兴奋地表示。

“90后”小陈毕业于北京邮电大学，一技傍身的他既在互联网大厂当过研发工程师，也曾自己创业当过老板。真正给他“上了价值”的，是2019年职场再出发，应聘南方新闻网并参与了全省数字政府建设工作。在新的平台上，小陈找到了更适合自己职业规划的道路，个人技术能力屡现突破。现在他已经成长为一名核心技术骨干，还斩获了南方新闻网首个国家技术发明专利。“这个比当老板更过瘾。”小陈高兴地说。

像这样的年轻技术骨干，在南方新闻网不在少数。近年来，来自互联网大厂以及国内顶尖院校的各层次专业技术人才，已占南方新闻网技术团队总人数的40%。和其他各类专才一样，他们在南方新闻网“南方网信人才培养工程”的激励下，充分发挥自己的潜能，实现了个人发展与南方新闻网高质量发展的双赢。

### 2. 一“技”之长养成记

近年来，南方新闻网在媒体融合发展过程中，积极探索建立“新闻+政务服务商务+技术”运营模式，努力打造科技型主流网络媒体。新的定位和目标，对各类人才特别是技术人才的渴求与日俱增，但缺乏“大厂”技术基因、优秀技术人才不足的“卡脖子”问题也日益凸显。为此，南方新闻网设计了一套吸引人才、留住人才、“宝贝”人才的服务规范，并将其纳入南方新闻网的“南方网信人才培养工程”中。

在一“技”之长养成方面，一是悉心培育技术环境，充分尊重技术人才的职业规划和能力拓展，以弥补其个人收入上的相对短板。例如，拨出资源私有化部署了清华大学Chat GLM大模型，用于技术人才进行个人测试学习。二是鼓励以考代评获取技术职称，相关人员一经获评，当年即聘，当年发放职称补贴。目前，南方新闻网高级职称工程师占比超过20%。三是鼓励考取各类个人技术认证。技术人才只要通过指定领域的重要认证，便可全额报销培训及考试费用，极大提高了技术人员自我提升热情。四是技术类职称与采编类职称同等政治、经济待遇。与部分媒体单位重采编职称、轻技术职称不同，南方新闻网对这两类职称一视同仁，各种待遇同等对待。多管齐下，效果立竿见影。

前些年，南方新闻网不少技术人才工作上刚刚小有成就，就被一些互联网大厂高薪挖走。近一两年情况明显改观，互联网业界一流公司不少“技术小牛”纷纷加盟南方新闻网干事创业，在新T台尽情演绎健康充实快乐人生大秀。

通过精心设计和实施“南方网信人才培养工程”，南方新闻网不但建立了一支近70人的政治可靠、技术过硬的自有技术队伍，也打造出了“南方云安”“南方云媒”“南方云数”“南方云助”等4个全新的服务型技术产品线，在媒体融合发展实践中凭借一“技”之长，谋得自身高质量发展的一席之地。

### 3. 双赢，发乎技，不止于技

南方新闻网通过“南方网信人才培养工程”，实现个人发展与企业发展比翼齐飞的双赢实践，并不止于技术专才的度身定制。目前，更大规模、更大力度的各类网信人才培养计划，即将拉开帷幕。

“加强版”人才培育工程的初衷，是深入贯彻落实习近平文化思想和习近平总书记关于网络强国的重要思想，深度参与网络强国和数字中国建设，健全网络综合治理服务体系，推动媒体融合向纵深发展；人才培育工程的目的，是坚持守正创新，着眼互联网发展新态势，培育一支具有传播创新能力、数字运营能力、技术研发能力、安全运维能力的人才队伍，努力打造科技型主流网络媒体；人才培育工程的方向，包括网络传播（理论评论、新闻采访、创新传播、政务服务、融媒体制作）、网络安全（安全测评、数据安全、安全运维）、信息技术（新技术新应用开发、信息化管理）、数字运营（产品运营、数据开发）等，基本涵盖了南方新闻网融合转型所急需的各类人才。

在具体操作层面，人才培育工程将以政治坚定、坚守正道、传播创新、技术创新等为培育目标，培育对象经公开遴选产生，两年一聘，遴选范围为南方新闻网在职采编人员、运营人员、技术人员，不含副科级（企业基层副职）及以上干部。申报者须现场竞演，由南方新闻网领导班子及业务部门负责人组成的评委会确定入选名单。

将建立激励支持机制，在能力建设、才干施展、业绩成果激励等方面给予充分支持和鼓励。一是结合年度重点采编或经营项目，优先安排培育对象实施，鼓励多出精品力作、争创标杆项目。二是鼓励开展跨部门、跨岗位的交流学习和项目协作，培养对象可根据需要物色网站其他部门的人员组成虚拟团队。所在部门领导要在项目规划、资源调配等方面全力支持培养对象开展工作。培养对象须在完成原承担工作的基础上，重点打造优势项目、特

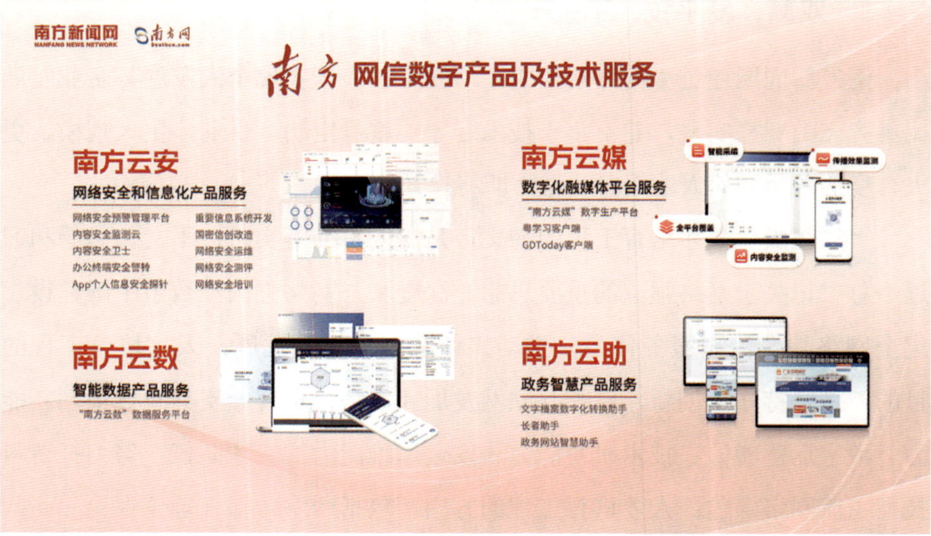


南方新闻网实施“南方网信人才培养工程”，建立了一支政治可靠、技术过硬的自有技术队伍，打造出“南方云安”“南方云媒”“南方云数”“南方云助”等全新服务型技术产品线

色栏目、创新技术应用。三是明确如培育对象牵头打造的数字产品、创新业务、品牌栏目获市场收益，则给予培育对象奖励。如培育对象牵头打造的数字产品、创新业务、品牌栏目获国家级奖项，则给予培育对象奖励。对做出特别重大的技术发明或者创新性科学技术成果的培育对象给予奖励。四是围绕“南方云安”“南方云媒”“南方云数”“南方云助”等产品服务矩阵，建立集产品战略、设计、开发、运营等职责于一体的首席产品官制度。首席产品官作为产品矩阵的全生命周期的负责人，在公司跨部门牵头组建产品团队，确保数字化产品高效运用于网信工作管理治理的全过程、全链条，推动南方新闻网商业模式、盈利模式等方面的创新。

南方新闻网“南方网信人才培养工程”，将为南方新闻网进一步推进人才培育常态化、规范化、制度化，为南方新闻网和集团的高质量发展奠定更坚实的人才基础。

## 三、南方农村报：培育年轻的“新农人”队伍

2015年，南方农村报收入迈入亿元行列，成为国内为数不多的亿元农媒之一，直到今日，依旧能在竞争日益激烈的媒体赛道中实现营收增长。2020年前后，市场对农媒提出了更高的要求，南方农村报进入媒体转型升级阶段，创新提出“新闻+政务服务商务”模式，旨在为乡村振兴提供更全面、更优质的服务，扩张需求突显。

令人欣慰的是，即使在广州这个大城市，仍有不少年轻人愿意扎根乡土，奉献“三农”，他们大都来自国内外知名高校，专业涵盖农业、种业、传媒、市场营销等多个领域，是既懂农业又懂传播的多面手。

如今南方农村报拥有近260名员工，平均年龄不超过28岁，是一支年轻有朝气的“新农人”队伍。要如何留住这样一支队伍，让年轻人愿意长久深耕于看似并不“时髦”的“三农”领域呢？

### 1. 与年轻人交心

成为“新农人”不是一个简简单单的口号，而是一场实实在在的付出。跑遍全省乃至全国的乡村进行采访与拍摄，是脑力活更是体力活，在长时间的高强度工作中，不少刚进入社会的年轻同事产生了迷茫与困惑。南方农村报社领导们迅速地察觉到青年员工的情绪变动，及时召开报社党委扩大会议，成立员工需求调研小组，对近百名年轻员工开展谈心谈话，了解他们心里有何诉求。

对话在轻松的氛围中展开了。有摄影记者谈到，由于媒体更新换代快，他们常常需要制作不同风格、不同节奏的视频，但阅读量不佳的问题一直困扰着他。他更希望能有机会跟着有网感的视频“大神”学学制作技巧，做出爆款产品，跟上时代节奏。有文字记者谈到，工作时常常一个人出差在外，与同事交流甚少，入报社两三年来依旧不认识什么同事，希望能有机会一起活动，结识新朋友……针对这些意见和建议，调研小组悉心倾听，一一做好笔录。

在这次交心交流当中，年轻人的坦诚相待让报社更加清楚了目前改进的方向，更加明确了年轻人的喜好。经过对上百份谈话材料的整理，发现年轻

南方农村报青年记者长期奔走田间，获取第一手乡村资讯

员工普遍希望报社能够增加对职业规划的指导、加强培训、丰富业余生活等。针对这些提议，南方农村报在一个月内就出台了相应措施，满足青年员工愿景，将关爱落实到底。

### 2. 为年轻人施策

南方农村报根据年轻人的心声，结合工作实际，从多方面落实对青年员工的保障，让大家工作顺心，生活舒心。在职业规划方面，报社决定加大对青年员工的教育培训力度，组织写作、策划、视频、电商等业务领域的培训，至今已在清远、厦门等地开展多次研学之旅。

2023年12月，报社联合厦门大学开展为期一周的培训课程，既安排了课堂知识讲授，又增加了户外实践拓展，并在培训结束后为学员们颁发厦门大学培训证书，让大家成了名副其实的“同学”。不少员工反馈，高浓度的知识课堂就像回到了大学时代，让他们学到了最前沿的新闻学知识、新媒体技术手段，慢慢找到职业的方向。

在新员工培养方面，报社人力资源部联合重点业务部门开展新员工入职培训，一方面为新入职员工事无巨细地讲解报社的发展历程、人员结构、设施配套等等，另一方面结合“三农”媒体实际，为员工讲授“三农”知识、“三农”新闻操作手法、“三农”媒体发展方向等，帮助新员工更快适应手头工作，学会用新媒体手段讲述“三农”故事，增强员工归属感，让他们尽快融入报社大家庭。

在行政流程提质增效方面，此前报社采用纸质流程审批，但年轻员工是出差主力军，每周只有零星时间待在报社，一旦和领导碰不上面，就会不知不觉中错过报销时间，既妨碍正常工作的开展，也给财务添了麻烦。为便利年轻员工的工作，节省他们消耗在流程上的时间和精力，报社自主研发内部审批小程序，使业务审批更加快捷流畅，大大提高了工作效率，同时实现数字化管理，让行政台账清晰可追溯。

在丰富业余活动方面，报社落实文体兴趣小组、生日福利、团建活动等关爱措施。青年员工按照各自的兴趣加入乒乓球、篮球、羽毛球、电影等兴趣小组，由单位承担活动费用。在兴趣的加持下，青年员工们超越了同事的关系，成了球友、影友、旅友、饭友……在每个月的生日聚餐上，同月生日的小伙伴相识相知，一起唱生日歌、一起切蛋糕、一起分享成长的故事，收获了一份珍贵的生日记忆。在球场的切磋中，大家的球技得以精进，在集团“社庆杯”球类比赛中一举夺得两金一铜的好成绩。年轻员工在南方农村报不仅能收获最前沿的业务知识，还能培养各类兴趣爱好，练就强壮的体魄，真正让幸福生活与快乐工作相得益彰。

### 3. 让年轻人发光

“三农”记者的生活并不如读者所想的诗情画意，反而是常常跋山涉水，为了农村里的小事而奔波。工作中缺少了宏大叙事，缺少了光鲜亮丽，年轻记者们总觉得自己做的报道微不足道了些，阅读量低了些，渴望能有拿得出手的工作成绩。只有为年轻人提供更大的平台、更优的机会、更广的空间，让年轻人闪闪发光，才能激活他们的工作热情，留住他们的心。

乡村振兴战略实施以来，南方农村报承接了政府部门多个重大、重点项目，如各级乡村振兴评估、广东省乡村振兴文化服务产业园和广东优势特色农业品牌（六大水果品类）宣传推介及品牌运营等，给予了青年员工不同以往的工作机会与工作平台。2023年，南方农村报创新成立项目专班，各部门、各条线的文字记者、摄影记者、编辑、经营人员被抽调于此。年轻记者小李在专班期间，走遍了新疆、西藏、山西、福建等地，增长了多元知识，从此前的单一文字记者变成了参与到项目所需要的会务、策划、广告设计等方方面面业务当中的全媒体记者。

在项目执行过程中，采编团队走遍了广东的百县千镇万村，看到了广东乡村的真实图景，摸清了广东乡村发展的脉搏；走访了广东新兴农业产业园区，站在农业现代化的前沿，服务农业龙头企业；挖掘了广东“粤字号”农业品牌闪光点，搭建高质量融合传播平台，让“粤字号”出圈出海……一系列有高度、有品位、有情怀、有亮点的刷屏爆款作品相继产出，大幅提升了报社的影响力，也成了能证明他们工作能力的代表作品。

#### 4. 为年轻人喝彩

成长的路上少不了鲜花与掌声，年轻人的成长需要有领导同事的关注，积极的付出需要有及时丰厚的回报。为让年轻人感到劳有所得，让每一分努力都被看到，南方农村报在薪酬待遇上，除设定计件工资、上不封顶的薪酬激励外，还不断探索荣誉激励制度，增强青年员工的获得感与幸福感。每一季度，由主编指导、副主编牵头的评选小组将会对标中国新闻奖、广东新闻奖要求，评选出“南方农村报匠人杯”新闻作品奖，奖励优秀，帮助年轻人形成比学赶帮超的氛围，不断提升新记者采编水平。每年年末，除评选集团和报社年度优秀员工、年度记者外，南方农村报专为新人设奖，表彰入报社一至两年的优秀新人。还会根据报社具体采编、经营情况，有针对性地提出一批项目奖和作品奖，并举行公开颁奖仪式，授予荣誉证书与丰厚奖金，让个人贡献得到应有回报。2021年，报社又新设“最美南农人”奖项，旨在对报社标杆项目、作品、活动有突出贡献的个人给予奖励。

繁花似锦，青春飞扬。国家的发展离不开青年人，媒体的发展也离不开青年人，因此用好青年人，给予青年人良好的职业机会，激活青年人创造性，帮助青年人实现人生价值是企业的重要责任。南方农村报时刻关注青年员工发展，俯身倾听青年员工的声音，找准青年员工的诉求，以真心真情关爱青年员工的工作与生活，积极根据青年员工所需，重塑报社青年人才培养机制与激励方案，让他们在这里有干头、有劲头、有盼头。

## 四、南方周末：行政专业分离，人才双向流通

“H”形人才双通道管理体系实行岗位分类管理，即以满足员工的自我实现为目标，按照岗位属性分为行政序列与专业序列，使从事不同岗位工作

的员工均有可持续发展的职业通道。配合双通道晋升制度，报社内部建立健全的任职资格机制，设置相对完善的员工职位转换申请方式，原专业通道的员工可以根据报社需要和自身意愿，转换到行政通道，已进入行政通道的员工也可转换到专业通道。

### 1. 双通道可动态调整

在行政序列方面，近年来报社不断完善竞争上岗流程，针对管理岗位大力开展竞聘上岗，一批业绩优秀的年轻技术骨干脱颖而出，实现了优秀年轻干部人员数量和质量的双提升，报社干部人才队伍建设取得突破性进展。在专业技术序列方面，坚持“立足本岗、专业成才”理念，科学设置技术晋升路线，鼓励一线员工精进业务走技术专业通道。

在专业技术序列中，南方周末内部职称分为编辑和记者两大类别，各类别均设四级十档。南方人物周刊内部职称分为文字记者、摄影/视频记者和编辑三大类，各类别均设五级十三档。经营公司序列销售团队设六级，其他序列也根据不同岗位类别设置多级多档。报社所有专业序列都精心设置业绩考评标准，实行年度动态考核和聘期管理，建立完善职级晋升和退出机制。配套实施多职业发展通道与薪酬福利管理，确保发展通道具有较高的吸引力和相对平衡。

南周双通道体系具备动态调整功能，其核心在于努力拓宽采编播管、技术研发、产品运营、经营等各类人才的职业发展通道，促进人力资源转化为人才资源，人才资源转化为智力资本，实现“人才强社”战略目标。无论报社的管理情境如何变化，双通道体系均可长期有效适用，从而促进报社的可持续发展。

### 2. 强化采编专业精神

南方周末的主业是新闻。基于满足报社“自身的发展需求”这一大原则，为鼓励南方周末采编人员树立新闻职业理想和采编专业精神，《南方周末采编系统内部专业技术职务资格评聘办法》设立了报社内部新闻采编人员专业技术职务序列。突出“采编”专业地位，淡化行政色彩，采编人员不仅能因此增加相应的序列津贴，更重要的是拥有了凭借业绩晋升的基础以及可预期的专业技术道路上的晋升前景。在南方周末报社，采编人员不做“官”，不当部门领导，照样可以在专业业务上专心、专注，做出突出业绩。

报社在发布该办法的同时，同步修订和实施了有关岗位绩效工资、员工绩效考核、薪酬管理等制度，员工定级定薪的合理性、准确性和便捷性大为提升，制度的系统性和同步性逐步迈上新台阶。

### 3. “以人定薪”激活组织活力

南周双通道体系是对“以岗定薪”和“以人定薪”两种管理思想进行结合性应用。“以岗定薪”是定岗级，“以人定薪”是个人的职级、薪级和薪

南方周末年轻记者的报道获第32届中国新闻奖二等奖

档。报社将岗级、职级、薪级和薪档设计形成一个有机的完整系统，在该系统内，员工拥有广阔的成长空间，报社也可在系统内进行人员与岗位的优化配置。近年，先后有两名部门负责人主动转任技术序列，既实现了年龄偏大的专业技术型干部的有序退出，又使他们能从部门管理事务中解脱出来，更专注于采编业务，充分发挥所长。中层管理职数也得以释放，为后续的中层干部竞聘上岗创造更多条件与机会。

坚持“专业地做新闻和做专业的新闻”是南方周末的初心。“H”形人才双通道管理体系既是对这一理念的重视，也是对主业的延续。也正因如此，南周创刊40周年以来诞生了许许多多脍炙人口的名篇佳作，有的形成超级传播效应，有的斩获业内最高奖项，有的甚至起到了推动社会发展和进步的作用……南周的品牌价值得以彰显，由此形成的巨大传播力、影响力、引导力和公信力使南周在业内始终独具一格。

## 五、南方都市报：重建岗位序列，实行全员年薪制

南都按照“移动优先、数据优先、用户优先”战略，确定了深度融合、全面转型的方向和路径。随着转型之路不断深入，记者编辑的职能逐渐发生了结构性变化。记者，不仅仅是跑线口跑突发，一部分记者仍侧重于公共新闻，致力于大众传播；一部分记者编入不同课题组，致力于行业研究，例如南都大数据研究院2018年成立伊始就遴选出首批五大领域20个立项课题，这些课题项目的领衔者，大多数是记者。报纸编辑，不再是等待来稿做版的工作状态，从报纸生产的末端走到前端。新媒体编辑，更加注重传播策划的角色定位，每一个公众号都要按照IP定位打造，用IP的标准进行评价和驱动。技术研发创意人员，不再是协助者，而是支撑者甚至驱动者，在内容生产方面发挥更加全面的主导作用。

业务能力应随着南都转型方向的能力需求之变而变，团队成员要不断适应从单一的新闻角色向研究、服务、创意的多维角色转型。可以说，南都打

破传统的记者编辑的单一岗位设置，重建人才岗位序列，是一个顺势而为、水到渠成的过程。

### 1. 重构五大岗位序列

2019年上半年，南都对原有的记者编辑岗位进行重新梳理，同时借鉴互联网优秀公司的成熟的人才制度，设置了“采编、研究、产品、研发、设计”岗位序列。采编岗业务范畴主要包括常规新闻在各渠道如报纸、App和“两微”的传统采编发工作；研究岗业务范畴主要包括基于不同类型的课题对接行业，开展专业研究，并生产数据分析、测评报告等智库类产品；产品岗业务范畴主要包括对新闻或智库产品进行有针对性的策划传播和创意生产，包括各类新的发布和传播形态，如短视频、直播、H5和在线数据库等；研发岗主要工作内容为新媒体技术和数据技术的开发和维护；设计岗主要工作内容为平面设计、动画制作等，侧重于产品创意和设计服务能力。

“五大岗位序列”构建起南都全新的人才岗位体系，员工可根据自己的职业规划选择不同岗位发展路径，也可以跨岗位序列发展。原有的采编人员中，有相当一部分人员转型到研究岗或产品岗，在新赛道中构筑新能力。

黄海珊曾是一名夜班编辑。从2018年南都成立大数据研究院发力智媒转型开始，她率先“尝鲜”，领衔“粤港澳大湾区城市群体检报告”课题，专注于区域经济研究。依托于这个课题，她于2019年发起成立“湾姐朋友圈”，搭建大湾区高净值人群财经知识分享平台，广泛连接湾区行业、企业和用户，通过群内互动、嘉宾分享、线下沙龙等形式，持续打造“湾姐”产品IP，为用户提供高质量信息服务和智库咨询。在2019年的岗位层级评聘中，她成为南都第一位首席研究员。从夜班编辑到首席研究员，黄海珊是南都采编专业技术岗位层级改革的经历者，亦是南都智媒转型不断深化、取得进步的见证者。

这项改革，南都可以说是在众多传统媒体中喝了“头啖汤”。“五大岗位序列”的设置，意味着员工对南都未来发展意图更加明了，可以有效引导员工发展个人兴趣与追求。比如，如果你申报研究员序列，意味着你的成果要以智库研究、课题研究为主，而不再单纯以写稿发稿多少为标准。它们恰恰反映南都当下最看重的，是员工的研究能力、资源整合能力、对外连接能力以及用户连接能力等。岗位序列由一变五，也意味着员工有了更多的新的发展通道。以前，大家都只能循着采编一条通道上去，现在既可以在采编序列发展，也可以在研究、产品或者其他序列发展，给员工的未来发展提供了更多可能性和更大施展空间。将来，南都将根据业务的发展需求，不断更新优化岗位序列。

### 2. 重设七大能力层级

人才岗位序列重建之后，如何建立与之匹配的内部专业技能发展通道，以及更有针对性的绩效考核体系，是摆在南都面前的又一道难题。

南都的对策是：设置岗位能力层级制度。针对不同岗位序列各划分7个能力层级，对各个能力级别的要求根据南都的转型方向进行具体定义，各个岗位序列的能力要求侧重点各不相同。为构建更加体现能力差异与工作实绩差距的内部层级体系，2021年南都对原专业技术层级设置予以优化，在原P1至P7七个层级基础上，增设P4+、P5+、P6+三个层级。这既是一套能力体系，也是南都内部员工专业技能的发展通道。

同时，根据员工岗位特点和所在层级，协商个性化的绩效考核指标，设置量化指标，考核更具有针对性；加强能力层级间的流动性，形成能上能下、能进能出、合理流动、优胜劣汰的竞争机制。

### 3. 全员实施年薪制

南都原来实行计件制薪酬制度，采编人员的付出基本上在月度收入里体现，而年终奖反而较少或者不能体现当年付出。开展智媒转型后，原来的计件制已经不适应新的工作要求。比如，研究员要开展一个课题项目，很难在一个月这么短的时间完成，不少时候需要几个月甚至半年才能出成果，因此评判一名研究员到底表现如何，作了多少贡献，往往要拉到全年周期来评判。

为了更好地让员工跟南都发展同频共振，更好地激发队伍干事创业积极性，南都开始探索年薪制薪酬制度，经过在北京新闻中心和广州总部采编部门的试点，南都于2020年起实行全员年薪制，各层级人员根据工作内容、业务能力水平、市场水平等因素核定一个薪酬标准。刚开始试行年薪制时，有些采编人员非常不适应。比如，他会认为现在工作量比原来多了不少，但是收入跟原来没有太大变化，实际上南都对员工的激励收入压到了年底的年终奖来兑现。

南都在实践中发现，年薪制有效控制了人力成本的无限增长，但对奖优罚劣的体现不够直接和精准。2023年，南都优化绩效考核标准，鼓励各部门在工资总额范围内进行二次分配。目前，多个业务部门根据自身业务类型和工作岗位设置，制定符合本部门需求的薪酬制度和奖励政策，真正发挥薪酬的考核指挥棒作用。

重构岗位序列、重设能力层级、实施年薪制三措并举，畅通的是人才晋升通道，厚植的是人才成长沃土。“对融合转型不断向前的南都而言，有怎样的人才储备水平，为人才准备怎样的舞台和机制，将是决定南都推动深度融合能走多稳、走多远的最关键因素。”南都管理层对此有深刻的认识。

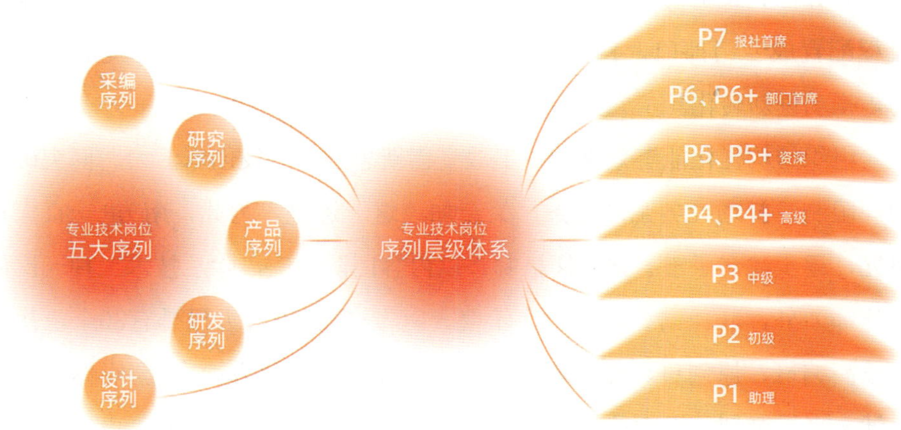

南方都市报搭建多岗位序列、多层级体系

## 六、南方+：培育全媒人才，跑出创新“+速度”

2015年南方+刚上线时，内容团队仅有11人，岗位仅有编辑岗，日常负责的工作主要是内容原创和转载。随后，南方+紧跟新媒体发展新形势，抢抓内容创新风口，谋划工作重点，科学合理规划岗位设置，完善内容团队人才矩阵。发展至2024年，内容队伍不断壮大，团队人数也增至近60人，大致分为编辑、创意、制作、分发、审核等工种，已覆盖内容把关、创意策划、脚本撰写、视频动画制作、直播策划生产、平台运营等多个领域。

如何有效盘活这50多人的采编队伍，提高创新活力、跑出创新“+速度”？

### 1. 优化配置，激发团队活力

所有的创新，如要真正实现突破，离不开架构优化和资源的合理配置。2021年初，南方+在内容运营中心架构下设置融合创意工作室、视听传播工作室、平台运营工作室，突出“融合创意”先行，强化短平快工作流程。2022年又进一步优化内容团队架构，在三个工作室的基础上，成立六个虚拟内容功能小组，包括南方读+与热点组、微信组等，进一步催化创新能力。2023年根据集团对南方+“播出、把关、支撑、生产、制作、运营”六个定位要求，南方+将原内容运营中心这个大部门细分成播出部、策划部、融合部、设计部、视听部、平台部等六个采编部门。尤其将“策划”从一个采编流程配置成专门部门，旨在引导采编团队不断强化创意水平、提高创新能力，推动创新转化。

组织结构优化能有效推动员工改变创新思维，激发创新活力，而突破部门间限制，打通业务生产链条，又会加速这一进程。为此，南方+一直探索研究，逐步建立了常态化轮岗机制。以内容团队为例，除了技术工种（比如设计师）外，其他同事动态轮岗轮值。南方+每日班表大概排有30个班次，包括高编班、原创班、热点班、运营班、深夜班、南方读+、新媒体策划、设计、直播策划、视频策划、南方号运营、微信、校对等类型。内容同事根据安排在30个班次中不断流动，参与到策、采、编、审、发等全流程。如此一来，有了全媒体全链条的历练，好苗子就会不断突破能力边界，成长为一专多能或者多专多能，好创意、好点子在轮岗中不断被激发，团队配合会更加默契，团队的创新速度和服务响应也变得更加敏捷。

依托组织架构优化，大家从日常工作中发现创新创意点，主动改良内容生产方式，促进从“分散式”个人创新为主到“集群式”团队创新的转变，增强团队成员间的技术共享、资源共享，逐步打造融媒青年创新梯队和活力创新品牌。

从数据分析来看，近几年南方+内容队伍人数稳定，但效率大幅提升。近四年团队的发稿量增加了37%，新媒体产品增加了260%，特别是，南方+为10个南方日报部门（含分社、记者站）在创意服务、支撑直播、视频生产、提供全网内容分发等方面提供服务，快速响应，全力支撑，取得良好实效。

### 2. 注重培育，团队全面成长

全媒体时代，对人才的需求不再拘泥于单一能力，更多需要的是全媒型、专家型、复合型人才。经过调研，部分同事反馈长期工作输出，自我充电机会较少，在新情况新问题面前，因缺乏新知识新技能，时常感觉力不从心。如何助力团队提升作战能力，为集团融合转型发展作出更大贡献，一直是南方+人才培育的重点研究课题。

克服本领恐慌要在培训上下功夫。南方+将原有较分散的员工培训课程梳理整合、集纳成块，搭建集职业提升、讲师培养、课程研发、融媒赋能等功能于一体的全媒“专+”人才培养体系——智媒工坊。

该培训体系覆盖学习成长平台、讲师培育平台、赋能共享平台，三大平台间互融互促、有机结合形成良性发展闭环。学习成长平台，通过入职培训、轮岗锻炼、职业发展计划等方式，形成员工自我学习驱动力，提升员工综合能力和全媒体战斗力，为讲师培育平台提供人才基础；讲师培育平台，激励员工发挥所长，沉淀经验，共享知识，进行业务能力输出，为赋能共享平台提供优质讲师和打造精品课程；赋能共享平台，一方面积极为融媒生态建设赋能，给融媒发展不断注入新鲜生命力，另一方面也驱动集团内员工和讲师不断学习、自我充电，以持续充盈的知识状态继续为融媒发展提供养分。

尤其是赋能共享平台通过落实集团下沉策略，聚焦集团各采编部门、分社（记者站）培训需求，结合报端改版改革，推出“端出优相”系列培训；通过南方号地区矩阵交流营、市（县、区）融媒培训、“专+”观点、集团干部培训、挂职锻炼、校企合作共建实习实践基地等形式，逐步辐射到集团内其他部门及外单位，为融媒生态建设赋能。

目前，南方+智媒工坊已构建形成“专+”交流营、政企培训班、晋阶培训课、校企研讨班四大交流机制，研发超20个精品课程，培育近10名课研师和5名金牌宣讲师。2023年，智媒工坊面向政务机构运营小编、市（县、区）融媒体工作者、市级宣传部门业务骨干、新闻院校学生等群体开展培训，已培训约1200人次。

### 3. 搭建通道：人才成长畅通

人才的管理不是一场马拉松，而是一场接力赛。打造长青组织，建立良好的人才结构，除了重视人才能力的培养，更要关注人才发展诉求，提供畅通的发展通道。

2022年起南方+进行了一个比较大胆的探索，初步打造了具有党端特色的全媒“专+”人才成长体系——南方+任职资格发展体系。

该体系根据岗位职责特征，以能力、素质为坐标，搭建任职资格发展标准，构建专业人才发展通道，建立“七类别、六职级、三层级”的发展体系，用好用活各类专业人才。其中，特别将政治素养等纳入人才评价体系，作为重要评估要素，致力打造一支“听党话、跟党走”“本领高强”的青年人才队伍。

以内容体系（序列）为例，通过整合内容生产各业务线条，建立了编辑类、设计类、视听类、审校类四大发展通道，由低到高设置了6个等级，从

P1初级工作者、P2有经验者、P3中坚骨干、P4杰出人才，到P5卓越人才、P6拔尖人才，每一级别都细化任职要求，明确发展标准，助力内容团队不断提高专业能力综合水平、实现持续良好的工作发展绩效。

在任职资格标准打造方面，以能力、素质为坐标，向行业标杆借鉴通用能力素质，在骨干员工访谈中整合专业能力素质，从多元业务发展中提取核心能力素质，并在此基础上，结合南方+各发展通道特点，从政治素养、创新、成就导向、诚信、务实五个方面构建素质模型，从影响力、业务能力、专业知识三个维度十项要素方面构建能力模型。

通过职级体系搭建、能力素质模型构建、任职标准设计、任职资格认证、任职结果应用等流程，形成标准规范的“七类别、六职级、三层级”的人才成长体系。该体系在组织发展层面，通过不断提高员工专业能力综合水平、实现持续良好的工作发展绩效，打造人才驱动型长青组织；在人才发展层面，通过细化任职资格标准，从而使人才发展目标更加明确，人才发展路径更加通畅；在团队管理层面，为提升团队精细化管理水平、打造人才“传帮带”文化，发挥了积极作用。

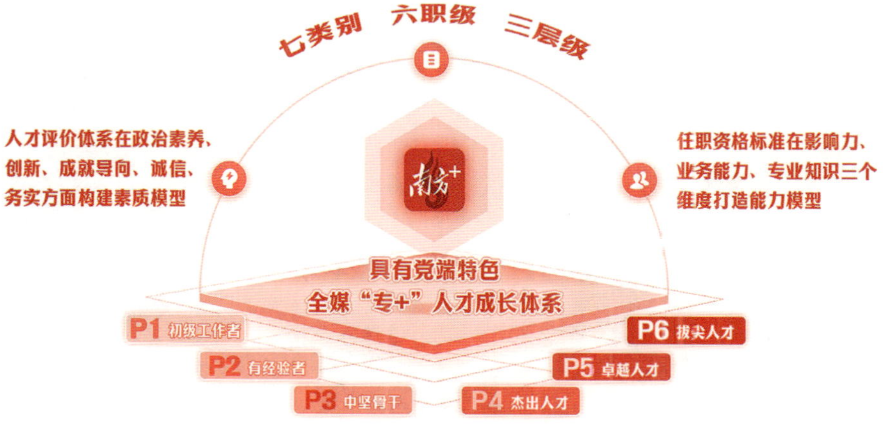


南方+打造具有党端特色的全媒“专+”人才成长体系

# 第六章
# 治理赋能：以创新管理释放发展活力

治理创新，永葆活力。

地处祖国“南大门”的南方报业，传承75年党报红色基因和46年改革开放基因，引领媒体改革的风气之先，书写出众多的“全国率先”：我国首家省级党委机关报组建的报业集团，最早开启市场化办报新风、在全国首开省报和地市党报全面合作新模式，多次全新改版改革引领省级党报发展风潮，参与组建经中央批准的国内第一家全媒体集团，在全国媒体中率先探索打造“主流网红”……

从创社初期设社长室、编辑部和经理部等，到设立完善经委会、管委会等机构提升办报经营水平，再到成立建设报业集团（传媒集团）推动多品牌发展战略，因应时代需求不断深入推进的体制机制改革，成为南方报业始终保持发展活力、历代南方报人薪火相传的秘诀。

党的十八大以来，我国媒体融合发展驶上快车道。南方报业以治理创新为突破口，推出一项项改革：瞄准深层次、关键性问题大刀阔斧进行机构职能调整，组建报网端融合运营委员会，完善“南方+”管理架构，“两端一云”建设加快推进；全面推动新闻生产流程优化，推动报网端一体化统筹协调，持续推动内容生产、媒体运营、人才培养、绩效考核等制度创新，不断激发南方报人的主动性、创造性；将优质资源下沉到一线，为主流媒体走好网上群众路线、实现与基层用户全方位深度连接作出重要探索……

与此同时，各子媒也纷纷推动管理创新，在各自细分领域打开新天地。南方杂志社牢记党刊使命，率先组建党建智库，全力实施“与集团融合、与新兴媒体融合”的“两个融合”发展战略；南方新闻网从部门包干制转向实施企业会计制，公司治理向现代化互联网企业看齐，有力推动自身深度参与数字政府建设；南方农村报社与广东省委农办共同牵头成立广东乡村振兴服务中心，加快智慧转型，深耕垂直领域；南方周末报社推动付费智媒建设，为线上刚需用户提供全面升级服务；南方都市报社大力实施系统改革、整体创新，建立基于任职能力评估的考核体系，积极探索向数据智库机构转型……

静水流深，初心不改。在深化改革创新的同时，南方报业始终牢记“党媒姓党”，始终坚持政治家办报、坚持党管媒体原则，始终坚持党建工作和业务工作同步谋划、同步部署、同步落实。以党的政治建设为统领，把党的全面领导落实到南方报业工作的各方面、全过程，以政治引领业务方向，以业务彰显政治效果，赓续传承党的优良传统作风，与时代同行，与人民同心，为高质量发展提供强有力的政治保障。

# 第一节
# 初心不曾改：党建引领聚力发展“主航道”

党建铸魂是推动新闻事业高质量发展的核心密码。对于党媒集团来说，不论是牢牢把握正确舆论导向，构建网上网下一体、内外宣联动的主流舆论格局，还是推进媒体深度融合发展，提升新闻舆论传播力引导力影响力公信力，都离不开党的坚强领导，离不开持续深入贯彻落实新时代党的建设总要求。

近年来，南方报业坚持党建与业务工作同谋划、同部署、同落实，突出政治引领，持续强化理论武装，坚定不移加强党的全面领导和党的建设，顺利推进基层党组织换届选举，认真落实全省新一轮加强党的基层组织建设三年行动计划，把旗帜鲜明讲政治贯穿工作各方面全过程，推动全面从严治党迈向纵深，同时推动“幸福集团”建设提质增效，全力打造综合素质过硬的南方新闻铁军，为南方报业高质量发展、更好担当党媒职责使命提供坚实保障。

与新中国同龄的南方报业，始终坚持党对新闻舆论工作的领导，不忘初心、牢记使命，高扬党的旗帜，宣传党的主张，用一张张报纸、一份份书刊、一个个新媒体平台见证中国的蜕变飞跃。

## 一、凝心：培植信念之魂

“一批批广东党员干部勇挑重担，奔向山区高原，一个个产业项目拔地而起，激发产业动能，一批批贫困群众走出大山，闯出致富新路。在山海之间，我们既看到了东西部扶贫协作的中国智慧，更看到了那些宝贵的、无私的担当奉献。”一位青年干部在讲台上分享采访广东对口扶贫协作时的经历，引发会场听众共鸣，报以阵阵掌声。

这是2023年南方报业开展“青年干部读书会·初心课堂”系列活动的一幕。这一创新学习形式，紧紧围绕党的创新理论，结合采编工作实际，受到南方报业上下的热烈欢迎，学习交流范围广泛覆盖集团“Ɛ0后”青年干部，有效激发广大青年干部贯通学思用、统一知信行，勇担党媒职责使命。

作为广东省意识形态工作“重镇”，南方报业始终坚持党管媒体、党管意识形态，把党的全面领导贯穿于媒体融合高质量发展全过程，把政治家办报、办刊、办网、办端要求落实于工作各领域各方面各环节；始终牢记职责和使命，把政治方向摆在第一位，从党的工作全局出发，以党和政府的工作中心为出发点和落脚点，服务国家社会经济发展的大局，弘扬主旋律，激发正能量；始终强化责任意识，做到讲政治、强党性、敢担当、勇创新、严律己，切实担负起巩固壮大主流思想舆论的责任。

特别是2012年以来，南方报业进一步强化“党媒姓党”在各项工作中的落实落细，各层级责任人坚持守土有责、守土负责、守土尽责，切实抓牢意识形态工作责任制，认真履行“四个管理”（导向管理、阵地管理、内容管理、队伍管理）和“三个全覆盖”（阵地全覆盖、把关全覆盖、人员全覆盖）制度要求，确保意识形态工作责任落实到南方报业各方面各领域各环节，坚决守好意识形态安全“南大门”，以高质量党建引领党媒高质量发展。

在新时代党的建设总体布局中，思想建设是党的基础性建设，是党领导的伟大社会革命始终沿着正确方向前进的重要保证。党的十八大以来，在集团党委的统一部署下，南方报业的全体党员干部深入开展形式多样的理论学习，持续用党的创新理论武装头脑、指导实践、推动工作。

年轻干部是党和国家事业发展的生力军，年轻干部的健康成长关系到党和人民事业后继有人。对于南方报业来说，加快推进媒体深度融合，尤其需要政治素质过硬、业务能力突出，熟悉网络规律、善用互联网新技术的青年人才。

2023年以来，南方报业通过举办“青年干部读书会”等形式，以各单位、各部门青年业务骨干领学，将党的创新理论学习与新闻素养提升结合起来，激发、启发广大青年干部贯通学思用，把理论学习成果转化为推动工作的能力本领。

在自身加强思想建设之外，南方报业持之以恒履行党媒职责使命，发挥融合传播矩阵优势，深化党的创新理论融合传播，不断巩固壮大南方日报《理论周刊》、《南方》杂志及其理论季刊等传统理论阵地，积极拓展南方新闻网、南方+、粤学习等互联网新阵地，于2023年推动“学习强国”广东学习平台实现21个地级以上市平台全覆盖，全省活跃用户超1700万，党员覆盖率达到80%。

## 二、聚力：筑牢组织之基

2024年6月16日，梅州大雨，超16万群众受灾。各方救援队伍闻讯而动，南方报业的记者也冲锋在前。线下，各媒体记者兵分多路将最新受灾情况和暖心救援故事最快传回后方、传到省内外；线上，在南方+客户端等平台详细到县、镇、村的讯息滚动发布，以及短视频、航拍照片等融媒产品，使人们得以第一时间直观了解救援进展。

这是一支政治过硬、本领高强、求实创新、能打胜仗的“南方新闻铁军”，他们活跃在每一个广东重大新闻现场，活跃在每一座城市的街头巷尾、田间地头。多年来，以南方名记者为代表的南方报业采编队伍勇担重任、冲锋在前，传扬南方报人精神，奏响南方强音，受到社会各界的广泛好评。

在这背后，是深入南方报业肌理的专业素养和担当精神，是南方报业久久为功加强基层党建，走好全媒体时代的群众路线，让红色基因薪火相传。

欲筑室者，先治其基。基层党组织是党在社会基层组织中的战斗堡垒，是党的全部工作和战斗力的基础。南方报业深入分析集团党建管理现状，结合自身特点，构建了完整的党组织架构，把抓牢抓实基层党组织建设作为一项基础工程、长期工程，取得显著成效。

通过党建工作考核、党支部书记述职评议、党员教育培训等，南方报业推动各党支部全面进步、全面过硬，提升党建在强化基层建设、促进业务发展中的效能；通过持续开展“党建效能提升年”等主题活动，在强基础、补短板上下功夫，把基层党组织建设成为宣传党的主张、贯彻党的决定、领导基层治理、团结动员群众、推动改革发展的坚强战斗堡垒。

2019年5月，中央和国家机关工委制定《中央和国家机关基层党组织建设质量提升三年行动计划》，并探索提出建设“四强”党支部的目标要求。

和其他机构相比，南方报业的70多个在职党支部中，共有19个外派机构党支部。其中，省外有北京、上海记者站党支部，省内的17个外派机构也分处不同地区，点多、面广、线长，这为南方报业扎实推进党支部建设带来一定的挑战。

为此，南方报业通过制定年度党建工作主题、制定年度党员培训计划等，加强外派机构党支部建设，不断夯实基层基础。2023年，省直机关工委给予集团7个党支部省直机关“四强”党支部称号。南方报业化激励为动力，严格落实《省直机关“四强”党支部创建管理办法（试行）》，以点带面，整体推进，对南方报业现有“四强”党支部进行定期复查复核、动态管理，并鼓励支持未获评省直机关“四强”党支部的党支部比学赶超、创先争优。

党的建设只有进行时。2024年，南方报业在总结以往建设基础上，坚持以机关带系统、以党建促业务、以联学共建为抓手，推动各党支部之间，特别是集团总部党支部与集团各外派机构党支部建立联学制度，通过机关带系统，让每个外派党支部都成为舆论阵地上党旗高高飘扬的战斗堡垒。

基层党建工作不断取得成效，也进一步增强了党组织的号召力。近年来，南方报业发展党员人数不断创下历史新高，为南方报业党建工作和高质量发展不断输送新鲜血液、增强有生力量。

持续深入的基层党建，让南方报业上下活力更加充沛，干事创业的热情更加高涨。

21个地级以上市分社、记者站的骨干记者长期深入镇街村走访调研，因为熟悉地情、省情，常常成为当地政府出台政策前调研交流的座上宾；南方+客户端持续优化提升“在+上课”“在+开方”“在+求职”等多元化、多业态、多场景服务……

全媒体时代，依托经年累月的深耕下沉，借助互联网平台，南方报业与群众的联系更加巩固、更加紧密。

近年来，南方报业始终践行以人民为中心的发展思想，一方面，持续加强深耕下沉，鼓励引导采编队伍扎根基层，倾听群众心声，创作出更多“沾泥土”“带露珠”“冒热气”的优秀新闻作品，以民生报道回应群众关切，以高品质新闻产品满足群众精神文化需求，同时借助南方+客户端等平台提升为群众服务的效能；另一方面，深入实施“民生工程”，推动“幸福集团”建设，聚焦集团职工“急难愁盼”，统筹解决职工工作后顾之忧，让南方报业改革成果更多惠及广大职工，更好激发职工为党的新闻事业奋斗拼搏的精气神。

这突出体现在聚焦“一老一小”等重点群体领域发力上：南方+客户端、南方新闻网持续进行适老化及无障碍改造，让信息技术更好与老年人共享；引导“一小”重点群体学党史、强信念、跟党走，创作“广东红色精品教案”，推动红色教育走进课堂走近中小学生。

对于南方报人来说，在30多年的使用过程中，289大院部分设施老旧，已难以满足办公需求，南方报业从细处着眼提升大院的各项保障服务，完成大院体育馆、篮球场、泳池一体化改造，为职工运动需要提供场地；增配自动体外除颤仪（AED），切实维护和保障集团员工健康安全。南方报业用工种类复杂、医疗待遇类别多。南方报业于2021年实现在职职工全员参保。同年还基本完成集团企业年金项目，并完成首次缴费。这些举措消除了南方报人的后顾之忧，让这支南方新闻铁军能以更大的热忱投身于党的新闻事业。

## 三、铸魂：争树自律之风

探访普宁文昌阁，体悟林则徐“观操守在利害时，观精力在饥疲时”的格言智慧；走进位于汕尾凤山街道的中国核潜艇之父黄旭华的旧居，在历久弥新的一草一木、一桌一椅中感受惟志惟行、克己奉公的精神……在南方+客户端的“探访南粤史迹 传承廉洁文化”专题中，记者的脚步走遍南粤大地上的历史遗迹、革命旧址和廉洁基地，一股沁人心脾的廉洁自律之风，扑面而来。

75年来，南方报业始终坚定不移推进党风廉政建设，持续涵养党媒清风正气。特别是党的十八大以来，在习近平新时代中国特色社会主义思想的指引下，始终坚持严的基调，持续发力、纵深推进全面从严治党，引领保障南方报业事业发展行稳致远、开创新局面。

融合发展初期，南方报业就把夯实清正廉洁思想根基、建立健全廉洁自律制度规矩作为重要任务来抓，制定相关实施意见，明确落实党风廉政建设“两个责任”的总体要求，组织各级领导干部签订责任书，着力提高领导干部抓党风廉政建设的责任意识。

南方报业媒体多、平台多，下属企业多，地域分布较广、涉及行业领域多，特别是随着业务拓展，人员外出频密，对外交流合作涉及面广。针对这些实际特点，南方报业尤其注重将廉政理念融入基层、融入工作一线。2013年，启动实施“南方廉政大讲堂”巡讲，组织相关领域专家“上门”授课，实现外派机构全覆盖，将中央最新精神和廉政知识传达到广大基层党员，形成南方报业上下学廉、知廉、践廉的浓厚氛围。

在建好“线下”廉洁阵地的同时，南方报业大力开辟“线上”新阵地，2015年，集团内部平台创立了“报人清风”廉政教育频道，推出“廉政资讯”“八项规定”“防腐手册”等栏目，并不断丰富充实内容，打破了时间空间限制，让南方报业的党员干部随时随地都可以接受廉政教育，同时通过编印发放《报人清风》《防腐手册》廉政笔记本、发送廉政短信等多渠道多形式廉政教育，筑牢基层党员的思想防线。

党的十九大召开后，南方报业把意识形态工作摆在更加突出位置，总结提炼形成“四个管理”（导向管理、阵地管理、内容管理、队伍管理）和“三个全覆盖”（阵地全覆盖、把关全覆盖、人员全覆盖）等系列制度要求，形成有效打法，实施全媒体全流程常态化精细化管理，严格落实意识形态工作责任制。结合媒体实际，南方报业不断强化意识形态领域风险防控，确保意识形态领域安全。2023年，建立健全实施意识形态工作责任制检查考核办法，促进意识形态工作考核规范化，守好意识形态阵地。

围绕中央加强新时代廉洁文化建设的总要求，南方报业充分发挥采编资源优势，致力于创新廉洁文化建设，推出“探访南粤史迹　传承廉洁文化”“走读广东和美‘廉’村”等主题宣传项目，深入挖掘全省廉洁文化资源，在南方+、“学习强国”广东学习平台、粤学习客户端等新媒体平台开设专栏、推出系列报道，深入解读南粤廉洁文化的浓厚底蕴，为全省党员干部群众开展廉洁文化教育提供指引，推动崇德尚廉在289大院、在南方报业蔚然成风。

## 第二节
## 改革不停顿：创新机制弹好管理“协奏曲”

改革开放后，通过设编委会等举措完善采编管理机制，推动建立现代企业制度；20世纪90年代后，顺应市场需求，实施“龙生龙，凤生凤”的多品牌发展战略；2005年，更名为南方报业传媒集团，实现从报办集团到集团办报的转变，继续走在全国党报改革的前列……南方报业75载历史中，持续推动体制机制变革成为其鲜明的发展印记。

进入21世纪，随着经济体制改革不断走向深入，文化体制改革在全国有步骤地全面推进——经营性文化单位转企改制，文化管理体制加快改革，文化企业如雨后春笋……

传承改革立社的优良传统，南方报业深知，媒体融合这场自我革命回避不了，也不容回避。借助2021年新一轮机构改革等契机，南方报业全面完善管理体系和运营流程，不断提升国有企业治理现代化能力，通过撤并新设业务单元、改革生产指挥体系、激活基层单元等一系列强有力举措，既激发党报集团的发展活力，又提升各项工作的科学性，主流报道、技术创新、经营管理、多元产业发展等各项工作蒸蒸日上。

### 一、重塑管理架构

南方报业紧紧围绕媒体融合转型发展的战略命题，坚持一体化发展方向，着力构建适应新型主流媒体建设需求、现代文化产业发展方向和数字化智能化技术牵引的组织架构，管理结构持续优化，部门、媒体界限不断打破，全媒体聚合发展不断取得新进展。

### 1. 着眼“顶层设计”，让报业轻装上阵

2007年，我国文化体制改革从试点转向全面铺开，经营性文化事业单位转企改制、公益性文化事业单位转换机制等成为改革的重点和焦点。

“转制”，成为此轮文化体制改革的关键词。南方报业在这轮改革中率先探索，分别设立集团党委会和集团管委会，后者被明确为决定集团组织架构设置、公司治理机制、国有资产经营管理和行政事务的最高管理机构，成立后，在推进南方传媒大厦、南方舆情数据服务、289艺术园区等集团重点项目中发挥重要作用。

对南方报业而言，此次调整既是市场化办报的自然延续，也是破解政企不分、权责不明等体制性问题的必然要求。改制，让南方报业进一步明确战略发展方向，助力广告收入和净资产每年以1.5亿元到2亿元递增，不仅稳住阵脚，更不断拓展建设版图。

2011年2月18日，元宵节刚过，广州城市中轴线上的289号大院里，南方传媒大厦正式启用揭幕。历经5次社址搬迁的南方报业站在了新的起点上，加快迈向全媒体集团转型的新征途。

如果说这座按5A甲级标准设计的双子塔楼，是南方报业向全媒体集团转型的“硬基建”，那么与此同时，制度建设和战略部署等“软实力”也在加快跟上。

2013年8月，南方报业在全国同行中率先提出“深耕主业、多元开拓、加快转型、融合发展”战略，大力推动报（南方日报）、刊（《南方》杂志）、网（南方新闻网）和端（南方+）深度融合；2014年，在采编业务、会计核算等方面实现南方杂志社、南方新闻网全面融入集团，从队伍、流程、业务等方面加快南方日报、南方新闻网深度融合；2016年，制定加快融合发展三年行动计划，以推动形成整合广东权威发布渠道的“大格局”，积极打造全媒体播发与用户交互的“大平台”，拓展多层次政务与生活的“大

服务”；2019年，南方报业更是将“体制机制创新年”作为全年工作主题，深入实施“移动优先、数据优先、用户优先”战略。

经过长期努力，以组织架构重组、生产流程再造、人才管理机制和考核激励机制创新为重点，适应媒体深度融合和新型文化业态的管理体制和运行机制，逐渐在南方报业完善成型。

改革由问题倒逼而产生，又在不断解决问题中得以深化。

在高质量发展阶段，包括少数党媒机构在内的部分事业单位出现职能弱化、人员冗余、效率拖沓等弊病。与此同时，一些短板领域和新兴领域的服务亟待加强。文化领域的供需不均衡现象仍不同程度地存在。对此，2020年2月发布的《关于深化事业单位改革试点工作的指导意见》强调，要改革事业单位机构设置和职能配置，探索实行政事权限清单、章程管理等制度。

“瘦身强体”成为新一轮体制机制改革的关键词。2021年春，根据中央和省关于深化事业单位改革试点要求，南方报业传媒集团再次进行机构职能调整。

“瘦身”，体现在集团层面的管理结构更加精简、明晰，取消了集团管委会、集团经营公司等行政、经营管理机构，集团各项工作集中统一由集团党委领导决策和组织实施。

“强体”，体现在南方报业传媒集团（南方日报社）实行企业化运作，设立25个内设机构，除了要闻编辑部等采编部门外，还包括办公室、编辑委员会办公室、经营管理委员会办公室、战略发展部、投融资管理部、舆情研究部等部门，强化集团层面对重点工作的统筹协调和支持保障。由此，南方报业形成了既科学分工又高效协同的管理运作体系，为推动南方报业高质量发展打下坚实的制度基础。

### 2. 打破部门界限，推动融合发展

改革开放以来，南方报业最为业界称道的，就是成功创办在全国产生很大影响的子报子刊，是其“几乎份份都能出彩”形成的媒体美誉度和品牌影

响力。屡试不爽的秘诀，就在于南方报业建立了一套行之有效、高度适应平面媒体发展的体制机制，使得南方报业的核心资源与核心能力可以在不同子媒体之间顺畅复制与共享。

新媒体时代，新闻样式在变，载体在变，读者在变，市场环境更在变。不论是读者用户、传播流量还是商业资源，都呈现向头部平台聚集的“马太效应”。顺应这一趋势，大力建设自有移动平台成为党媒转型发展的新方向，澎湃、红星新闻、封面新闻等客户端纷纷上线。如何将媒体多、平台多的特点转化为全媒体传播体系优势，同样成为关乎南方报业长远发展的新的重大课题。

2015年10月，新媒体平台南方+客户端正式上线，作为南方报业的转型主平台，开始在融合发展的赛道上快速奔跑。

建好新平台、跑赢新赛道，都需要新机制作支撑。新一轮组织变革势在必行。报网端融合运营委员会应运而生。

2017年11月成立的这一议事协调机构是南方报业实现一体化发展的重要切入点。作为南方报业报网端融合发展工作的议事协调机构，该委员会下设采编、经营、技术三个工作小组和办公室。采编工作小组负责协调报网端采编资源融合，推动南方日报优质采编资源向南方+流动；经营工作小组推动形成南方日报、南方新闻网、南方+全案营销解决方案；技术工作小组则负责报网端技术资源互通共享。

近年来，报网端融合运营委员会先后推动完成全媒体改版改革、融媒体中心建设、南方智媒云建设、协议薪酬改革、南方名记者培育工程等多项重要工作，努力探索出既符合中央精神又具有自身特色的融合转型之路。

“一体化的体制机制适应了开放、平等、互动、合作的要求，为南方+的发展提供了通畅且高效运营的体制基础。”中央民族大学新闻与传播学院教授郭全中高度评价。

和很多主流媒体在转型中“整体转换”或者“另立山头”等做法相比，南方报业在新媒体建设中，不设单独的采访队伍，而是依靠南方日报和集团其他媒体的采编队伍进行原创内容生产，最大限度实现既有优势合理转化和人力资源的优化使用。由此带来新闻生产能力、传播能力的快速跃升：2021年，南方+年发稿量已超过百万条，端内总流量数以十亿计，内容分发全网后流量超百亿。

事实证明，报网端融合运营委员会建立了高效透明的决策机制，拆除资源壁垒，形成资源共享、优势互补的发展合力。“南方+”成立八年就取得总下载量近2亿、日活近700万的成绩，这一机构的组建和高效运作功不可没。

在改革过程中，南方报业原有的利益格局不断被打破，原有部门、平台的界限也逐渐破除，各类资源充分对接。最能体现这一点的，当属“两端一云”建设。

2023年11月，南方报业正式发布“两端一云”建设方案。在此前后，南方报业推动设立南方+传媒中心、完成今日广东国际传播中心划转（从南方新闻网代管划归为集团管理）等改革举措。2024年4月，集团正式成立南方日报（端云）管理委员会，负责南方日报（端云）各类事项的统筹、指导、管理和建设。这些举措进一步规范了南方日报、“两端一云”管理机制，也让南方报业的管理架构更为清晰，融媒转型的方向更加聚焦、资源更加集聚。

在暨南大学新闻与传播学院教授支庭荣看来，“两端一云”的架构创新，不仅仅是产品上新，更是一场牵动着从平台、内容到体制机制的改革创新。“南方报业传媒集团在数字时代一直是有着自己独特的印记，其中既有新闻人的敏锐，也有运营者的架构创新和源源不断的输入。”

回首看，“两端一云”因改革而生，因改革而兴，其发展又倒逼体制机制改革挺进“深水区”，再次雄辩地证明，改革，始终是南方报业75年事业常青的发展主线。

每当人们从广州大道中289号路过，都会被“朱雀”与火炬融合而成的南方日报社徽“南方之光”雕塑所吸引。在纸媒“黄金时代”，这里是具有全国乃至国际影响力的传媒坐标；在新时代，高擎改革火炬的南方报业，书写着主流媒体转型发展的新篇章。

## 二、完善制度设计

伴随着机构改革的推进，尽快推动与之匹配的制度建设，成为当务之急。

推动采编会等“三会”改革，创新实行年薪制、“费用包干”等考核办法……近年来，南方报业全面推进制度完善工作。特别是2021年，根据党中央和省委决策部署，对集团70多项制度进行了全面修订，这些制度涉及集团管理、采编流程、绩效考核、股权投资、干部选拔等方方面面，其改革涉及的宽度、力度、深度和幅度，在主流媒体融媒转型中亦属少见。

制度修订，修的是制度条目，订的是底线“红线”，改的是不适应新形势发展的条条框框，放开的是南方报人干事创业的手脚，带来的是主动性和创造性的再次激发。

### 1. “三会”制度有了新气象

改革，往往意味着对过往做法的扬弃，即使是曾经发挥重要作用的创举，也需要接受时代变化的重新检验。

采前会、采编协调会、编前会，合称工作日“三会”制度，就是南方日报在国内率先创立的一项重要制度设计，在相当长时间里，对提高新闻品质、推动党报改革发展曾发挥了重要的作用。然而，当新时代大浪席卷，媒体融合向纵深推进，特别是南方+客户端的快速发展，原有的“三会”制度亟待改革，以形成统一指挥、协调联动的融合生产机制。

为此，南方报业对原有的“三会”制度进行改革，其中重点改革采前会，将采前会转变为全媒体策划会，实现报网端一体化统筹协调，突出“三个加强”——加强报网端融合、加强传播效果反馈、加强重点选题统筹。

通过改革，全媒体策划会由南方日报值班编委或值班的南方+副总编辑担任指挥长，负责统筹指挥报网端联动策划工作，各采编部门值班主任负责收集各部门选题，向指挥长汇报，并执行指挥长指令。全媒体策划会确定重点选题，并对采访工作进行讨论部署。各部门值班主任可在会上推荐重点选题，报网端编辑也可在会上提出重点选题生产“订单”，由指挥长筛选确定。一旦重点选题确定，报网端就全力投入、火力全开，确保做优做活、做出影响。而大量的日常策采编发等业务流程，则须在南方融媒系统内响应和解决。

全媒体策划会的改革，体现了南方日报在集团融合转型中的旗舰地位和作用，是“内容一体化生产”的具体表现。它压实了责任，赋予南方日报编委会、南方+编委会统率、指挥报网端内容产品生产、刊播、评价的职权；它细化了措施，把“内容为王”信条、“移动优先”战略和“聚焦主战场、把握大局势、占据制高点”要求落实到日常工作中。内容生产的协同协作、刊播流程的优化再造，使报网端各自的优势得以充分发挥，形成“南方声音”大合唱，在嘹亮唱响主旋律的同时提升传播力。

### 2. 绩效考核走出“工分制”背后

近年来，随着新闻载体的变迁、媒体环境的变化特别是商业平台和社交媒体的崛起，不少优秀的传统媒体人才纷纷选择转战自媒体或其他新领域，“留人难”成为媒体融合转型的一大痛点。对传统媒体薪酬制度进行突破性改革，势在必行。

建立以岗位职责和岗位价值为导向的薪酬和考核体系是激励机制的关键一环。

实际上，早在2003年，南方日报便开始进行绩效考评改革，明确绩效工资制，较早建立了以能力、质量、贡献为导向的评价体系和激励机制，将薪酬和绩效挂钩，引入量化考核。经过多年总结和修订，2014年7月形成《南方日报绩效考评细则》，对每篇（个）稿件（版面）采取“基本分+难度加权分+扣罚分”方式进行考核，每月根据个人总分计算当月的绩效工资。考评的规范化，实现了个人绩效与组织（单位）绩效的统一。

2015年秋，南方+客户端一经发布就快速崛起，下载量、日活等关键数据走出一条陡峭的上升曲线。这也带来“幸福的烦恼”：原先以纸媒为重点的考评办法已不适应媒体融合的发展需要。

向全媒体转型，成为这一时期南方报业发展的主旋律，绩效考核改革正是在制度层面推动转型的“牛鼻子”。

2016年，南方日报社将《南方日报绩效考评细则》修订为《南方日报全媒体考评细则》，实行先网（端）后报，推动全媒体策划、全媒体发布，激发采编人员创造性地完成全媒体产品策划、采写、制作、推广，依照多劳多得、鼓励创新、不重复计酬、有赏有罚的基本原则，同时兼顾岗位职责、工作量、劳动强度，为报网端的融合发展发挥了重要作用。

复盘上述改革可以发现，南方报业尽管在薪酬和考核体系上深入探索，但并未全然突破“工分制”的藩篱。

2019年，新中国70华诞，南方日报也迎来70岁生日，当年进行的全媒体改版改革，也让单纯以稿分为标尺的传统“工分制”进入历史。

总结南方名记者培育工程中率先试行的“协议薪酬”探索，南方报业推动全员实施“协议薪酬”。具体做法是：按照采编经营两分开原则，以“费用包干”和“协议薪酬”方式，从报社层面将部分责权利分解、下沉到部门。报社根据年度发展战略目标和绩效目标，确定该部门的年度绩效目标和费用总量。采编部门对任务进行分解，设置科学合理的绩效考核指标，按月考核部门人员的工作绩效，并在部门费用总量里给予薪酬激励。

一句话概括，打破“工分制”，在内容生产部门推行以“费用包干”“一人一策”“按质计酬”和“协议薪酬”为基础的“年薪制”。

此项改革通过充分授权、明确责权利，完善以绩效为核心的薪酬奖惩机制，打破传统的计件工资制，激活和调动采编队伍的工作积极性和创新性，充分发挥部门和团队的管理作用，缩小了不同跑线口的收入差距，增强了采编队伍的凝聚力和稳定性。

更为重要的积极意义还在于，通过改革，报社可以将工作重点落到战略目标的研究和制定上，通过“费用包干”和“协议薪酬”方式，更好地实现战略目标管理和费用总量控制，在报社新增投入不大的前提下，此举为采编部门赋能，也使考评更科学、更精准，有力推动了媒体融合转型。从激励机制上推动“移动优先”提高新媒体端口的考评权重，鼓励独家、鲜活、深入现场的优质报道，对H5、动新闻、VR、直播、无人机拍摄等新媒体技术产品加大奖励力度……以往采编人员绩效中报纸占比90%以上，网端占不到10%。实施新的考评办法后，网端绩效占比大幅上升，充分体现了薪酬考核制度在推动主力军进入主阵地中的“指挥棒”作用。

为确保薪酬改革方案稳妥推进，“协议薪酬”先试点再推广。试行过程中，负责考评的薪酬小组每月收集整理各试点部门意见建议，每季度开会总结实施情况，查漏补缺，举一反三，动态调整。2020年，全报社共有八个部门纳入试点范围。“协议薪酬”制度开了传统媒体薪酬制度改革的先河，受到全国同行的广泛关注。

2023年度的新一轮报网端改版改革中，南方日报再次优化完善考评办法及配套制度，增设部门流量考核指标、采编人员流量基础任务、修订端稿等级标准，制定包括协议薪酬、综合绩效和地方全媒体基金等三项配套制度，进一步提升采编队伍积极性。

各子媒也不断创新探索绩效考核机制，充分激发队伍活力。

南方杂志社从2015年至2023年，推动《南方杂志社采编人员绩效考核办法》3次修订，在重点选题报送环节引入竞争机制，新增对理论季刊和理论栏目、新媒体平台的绩效评价，对使用5G应用、视频、VR等新媒体技术的产品加大奖励力度，全平台推行业务绩效动态计分制……在提质增效控成本的基础上推动杂志社融合转型工作持续健康推进。

南方新闻网以薪酬考核机制引导技术研发支撑经营发展，让技术研发部门与经营部门共担经营任务和利润指标，实行市场化考核，有力促进技术研发部门从被动支撑经营到主动服务经营，再到主动研发新技术新产品。

南方农村报社完善修订采编工作考核管理办法，将采编人员薪酬分为等级工资、考核工资、奖励工资三类，综合考量稿件的社会效益与经济效益，

南方农村报以打造网红IP、定制热搜话题等全媒体报道，助推广东农产品转型升级

激励记者多写稿、写好稿。结合媒体业态变化，将海报设计、调研报告、视频直播等新业态列入考核内容，助力打造全媒体技能人才。此外，还根据网站、微博、微信、抖音、快手等传播平台的特点制定了差异化编辑评分标准。

南方周末报社创新的南周双通道体系，实现“以岗定薪”和“以人定薪”的结合，将岗级、职级、薪级和薪档设计形成一个有机的完整系统，在青年员工职级晋升和薪酬调整、拓宽晋升渠道等方面取得了实质性突破。近年，先后有两名部门负责人主动转任技术序列，更专注于采编业务，充分发挥所长，中层管理职数也得以释放。

南方都市报社不断推动市场化考核机制的改革创新，通过效率与公平激发队伍干事创业的积极性和潜能，实行具有激励效应的区间基础年薪制薪酬制度，以绩效完成情况确定全年收入，鼓励各部门制定符合本部门需求的薪酬制度和奖励政策。绩效考核体系体现多层次性，既注重对员工个人绩效的考核，又加强对部门整体绩效的联动，同时还充分考虑为整体发展和长远战略提供有效支撑。

### 3. 背靠媒体主业，也能经营飘红

注重探索适合自身发展的经营模式，是南方报业的另一个突出特征。

《南方日报》创刊初期，报社经费除办报人员从香港《华商报》带回的外，主要靠卖报和广告收入维持。有鉴于此，当时就提出“事业单位、企业管理”的主张，开拓自己经营管理的路子。吸取香港《华商报》办报经验，报纸开辟了广告栏，成立了广告科，制定了《广告刊登条例》和《内外勤工作细则》，让报社经营从此有章可循。

改革开放后，报社经营管理更是快速发展，不仅将广告作为新闻信息的补充，实现经营收入稳步增长，也有效促进了商品经济发展，并为如今位于广州大道中289号的报社新址建设提供了关键资金支持。

20世纪90年代到21世纪初，南方报业实施“龙生龙，凤生凤”的多品牌发展战略，打造了一系列成功的子品牌媒体，特别是2008年推动南方报业传媒集团转制工作，探索建立起现代企业制度和适应传媒发展趋势的母子公司体制，对所属媒体建立起“一媒体一公司”的组织架构，建立健全集团预算管理制度、集团投资管理制度、财务审批权限制度等一整套制度体系。这些制度在推动南方报业充分利用市场资源，提高管理效率，更好参与市场竞争等方面发挥巨大作用。

然而，随着媒体融合上升为国家战略，面对新媒体的猛烈冲击，传统媒体的经营业务到了革新图存的重要关口。以往基于细分领域市场深度挖掘、分兵出击的方式，已经难以适应党报发展的需要。

面对这一新课题，各地党报集团纷纷探索经营模式创新，主要有三种模式：一是整体上市筹措资金，将非传统业务经营作为媒体机构新闻生产主业的支撑。二是依靠党委、政府强有力的支持，如划拨一定规模的国有资产，帮助其实现业务拓展。三是积极推进文化、传播、信息等相关领域的多元产业发展，优化经营结构。这些模式的共性特点是，借助资本运作或多元化产业向主业“输血”支撑。

站在增强自我造血机能、壮大文化产业、提升党媒主动权和话语权的角度，南方报业毅然选择了难度更高但更符合媒体集团属性的改革路径：基于媒体主业的经营一体化统筹。

这项改革的要义，在于以集中资源探索管理创新，以集约资源探索服务创新。

具体来说，体现在三个方面：一是建立以南方+客户端等为转型主平台的报网端一体化经营新机制；二是树立互联网思维，以用户为中心，提供个性化、精准化匹配和运营服务；三是以线上全媒体、线下多场景的全面融合为依托，提供融合经营全链条集成式服务。这种模式着力集中资源，充分发掘报网端等不同平台的品牌价值和优势，使管理方式、经营模式与一体化发展的要求相适应，进而以经营效益的提升促进全媒体传播力的提升。

新旧新闻载体交替，惯常的思维是成立新部门拓展新业务，这有利于新业务快速成长，但沿用部门、条块区分的方式经营业务，很容易增加内部利益纠葛，给长远的融合发展带来隐患。

对比同行，南方报业在一体化经营中最突出的特点之一，就是经营团队没有另起炉灶，而是将原本只负责报纸广告的经营队伍，转型为服务多平台的全媒体经营团队，集中开发报、网、端、微、屏等各个平台的介质资源，打破组织的界限，从而杜绝资源整合整而不合、融合发展合而不融现象，最大限度"握紧拳头"，集约资源提升总体经营效能和效益。2021年，南方报业成立经营管理委员会，作为集团经营工作的管理机构，进一步加强对经营事项的统筹、指导和管理，协调各经营单位高效运作，通过建立完善相关运行机制、工作规范，加强预算绩效的日常管理等方式，充分推动年度经营目标的实现。

近年来，虽然国内报刊广告经营持续承压，但南方日报全媒体主要经营指标却连年看涨，报纸广告保持高位运行，新媒体营收快速增长，报网端经营总收入突破10亿元大关，2023年南方报业实现营业收入近30亿元，经营结构也持续优化，推动高质量发展。

## 三、来自基层单元的创新力量

深耕基层，既是南方报业作为党媒单位的应有之义，也是南方报业深拓发展潜力的长期行动。

南方日报社在全省21个地级以上市均建立了记者站（分社），它们既是南方报业基层单元的重要组成部分，也是联系地方、服务基层的桥梁纽带。多年来，很多记者站持续跟踪报道乃至直接参与城市改革发展，已经深切融入各地市发展肌理，并在主流舆论引导、城市品牌建设乃至治理能力提升等方面发挥着重要作用。

为进一步巩固壮大主流舆论阵地，2021年，广州、深圳、珠海、佛山、惠州、东莞、中山、江门、肇庆9个珠三角城市记者站及汕头、湛江2个省域副中心城市记者站升格为地方分社，进一步强化集团资源的下沉和旗下媒体在各地的融合发展。2022年，南方报业深入实施南方+下沉策略，进一步向镇（街）、村（居）和各垂直领域全面进军，“占领”群众，做大长尾市场。

在媒体融合转型不断深化的当下，这些分社和记者站不仅在采编和经营等方面是南方报业发展的重要力量，更是报网融合的前沿和试验田，很多改革创新举措都是在基层率先探索，取得成效后再推广应用，为南方报业管理创新提供丰富养料。

### 1. 深圳分社：与城市治理深度共振

改革开放的史册上，深圳注定是绕不开的重要一页，自然也受到全国乃至全球媒体的关注，媒体竞争的激烈程度也属国内罕见。

四十多年来，南方报业见证、记录并亲身参与了深圳从渔村到全球瞩目科创前沿的城市传奇：

1979年，深圳建市，南方日报派驻了第一位记者；

1980年，深圳经济特区建立，南方日报第一个设立了深圳记者站；

2003年，深圳外贸突破千亿美元大关，同年南方日报实施深耕珠三角战略，成立珠三角新闻深圳新闻部，《深圳观察》版面正式落地；

2017年底，南方+深圳频道正式上线，开启构建“传播+智库+治理”的传媒新生态。

面对同城媒体在人员、平台、资源方面的巨大优势，以及上有央媒，下有区级融媒中心的媒体格局，近年来，深圳分社通过优化组织结构和人员、精细化管理、做强区域深耕下沉、多智库延伸等方式，让相比于同城媒体的“小团队”实现在深圳区域的“大发展”。

为更高效配置资源促进工作协同，深圳分社内设政经、社会政法、前海民生、福田教育、金融、国企、新媒体、视频等8个事业部（工作室）和东部、宝安、南光3个区域工作室。以此为支撑，除了在分社层面紧贴深圳发展脉搏每年策划推出上百个全媒体主题原创特刊、系列网文、新媒体产品，更在区、街道层面深度耕耘，所有区实现南方+共建频道全覆盖，74个街道共建频道全面推进，并积极深入行业细分领域深耕细作，实现与深圳发展、与改革开放的同频共振。

改革开放是深圳的基因，也是深圳分社（记者站）的特质。2019年开始，深圳记者站借助“融媒”和“智媒”两大引擎驱动，打造了党建引领基层治理等六大主题活动，并以此为牵引，创新服务方式和产品形态，开展系列深调研，举办观察团，编制调研报告，线上传播+线下活动……这些新质生产力，让依靠常态化信息发布的“弱连接”变成党委政府治理工具的“强连接”，每年评出的精彩案例，多次写入各级党委政府的工作报告。

可喜成绩背后，是精细化管理、制度化管理对80多位分社员工主动性、创造性的持续激发。

在深圳分社，修订采编人员考核管理制度已经成为每年的“必修课”。持续更新《南方日报深圳新闻部采编人员薪酬考核管理办法》1+4制度，完善适应新媒体运营背景下科学的考评体系，实行日、周、月考核公示制度，出台流量提升规定、频道精细化管理办法、智库项目运维办法等制度……不断“上新”制度，成功引领分社转型发展。如今，该分社还正在筹备南方深

2019年至今，深圳分社打造了党建引领基层治理、圳•治等六大主题活动，创新宣传、传播和产品形态

圳产品项目创新基金、南方深圳学习成长基金等，激发鼓励员工追随并助力深圳改革开放创新的脚步，讲好更多春天的故事。

### 2. 佛山分社：以组织变革推动全媒体转型

佛山功夫举世闻名，佛山记者站的改革同样出彩。

在传统报纸时代，南方日报在佛山区域通过“观察”“视窗”产品，构建了覆盖地级市和县（市、区）两级的传播平台。

进入移动互联网时代，读者和用户开始向移动端迁移。对此，南方日报在佛山区域积极践行“移动优先”战略。2015年，南方日报在佛山记者站率先实行采编人员薪酬考核管理的新办法，以新闻策划、产品创新、管理服务等六项指标作为导向来激励引导采编人员转型。在此基础上，2017年4月出台六条具体考评办法（简称“新六条”），以端的考评为主、报纸的考评为辅，坚持稿费只增不减的原则，所有稿件只要先发客户端，就按报纸考评，同时还有端的流量奖励和见报后的加权奖励。

这些改革举措，充分激发了团队全员向新媒体主阵地转移的积极性，新闻总监、主任助理及小团队负责人更加聚焦于做影响力、做转型创新、做团队服务，优质产品全年持续不断，传播力和影响力也越来越大。由此带来的转型成效有目共睹：2017年1月，南方+佛山频道单月发稿量只有600多条，单月总流量不到80万，在全省记者站排名中游；试行“新六条”后，当月佛山频道发稿量激增到1700多条，总流量达到880万，在全省记者站中排名第一。

随着向全媒体转型的深入，原本按照报纸采编设计的记者站组织架构已不能满足融合发展的需求。

2019年底，南方日报在佛山记者站启动新一轮组织变革，以党支部为统领，将佛山新闻部升级为报网端全媒体新闻部，将南方日报经营公司佛山分公司升级为面向客户的报网端全媒体运营部，将佛山办事处升级为专注数据管理的报网端行政及人力资源发展部，构筑起以用户为核心的平台化组织，以用户、客户、数据为支撑的融合转型新格局，为集团记者站体制机制创新探路。2022年，佛山分社还承担集团首批下沉策略试点的改革重任，并取得显著成效：2024年5月，佛山市区镇三级共建频道达55个，在全省率先实现

2023年佛山分社组织全媒体通讯员开展互动交流学习活动

南方+区镇共建频道全覆盖（5个区和32个镇街全部有共建频道），共建设30个南方号矩阵，吸引超400个单位部门入驻开通南方号，凝聚起全市约1000名全媒体通讯员，在全省各地市中建立起最大的全媒体通讯员矩阵之一。

组织变革的推进，带来的是分社发展的焕然一新。一方面，持续多年探索智库建设，为广东输出了品质革命的典型城市样本，另一方面，优质新闻产品的传播能力也不断跃升：南方+佛山频道总流量连续多次位居全省各地市频道首位，长期居于全省第一梯队。创新开发的“南方视评”“叶·问短视频”“会面视频”等，也都成为同城媒体标杆之作。

### 3. 东莞分社：探索“三个一”升级策略

利用南方+客户端平台，推动与区域、行业共建频道，是南方报业占领地方舆论场，并通过地方频道激扬地方声音的重要路径，也是下沉策略的重头戏。

7年，实现与地方共建频道从1到75的跨越，这是东莞分社交出的成绩单。

2017年底，南方+与东莞麻涌共建了第一个区域频道，实现频道的首个下沉共建，此后以年均新增10个以上频道的速度快速裂变扩张，内容产品不断丰富，互动工具持续优化，服务能力得到快速提升，截至2024年已经有82个频道上线。为做好频道共建服务，分社开发更多更实用的通用产品，例如，南方直播成为政策发布、活动传播的载体，南方视频成为视觉表达、扩大影响的工具，南方观察、南方莞评等深度产品更成为围绕中心、服务大局的利器。

在这背后，是颇具章法的“三个一”的升级策略：打造一片更能体现南方+高标准建设的阵地，构建一套更能响应南方+高水平建设的机制，培育一支更能彰显南方+高品质价值的队伍。

新冠疫情期间，该分社与东莞市网信办联合发起“东莞辟谣联盟”，让真相跑在谣言前面；首创教育直播模式，将教育直播打造成了千万级的流量爆款，并向全省推广。通过每年的“两会直播间”“东莞党代会直播间”

等，邀请各行局、各镇街一把手畅谈发展思路。东莞分社还以传播工具助力基层治理，与东莞市委组织部策划的“旗峰亮见——党建引领高质量发展擂台赛”，成为基层登台打擂、以赛促行的有力抓手；承办的世界莞商大会、台博会、东莞工程师日等活动，成为展示东莞亲清政商关系和优良营商环境的重要窗口，策划主办的东莞市民运动会、东莞时尚运动节、东莞篮球城市文化节等成为东莞擦亮城市品牌的重要抓手。

与之相匹配的，东莞分社形成由值班总监（策划主任）、工作室主任、频道主编组成的三级责任制，还通过公开竞岗，设置时政、经济、政法民生等10个工作室，挖掘管理红利。与之相匹配的，创新设置“六个提升”考核台账，加强频道每月重点内容考核；优化评价机制，出台南方+东莞共建频道质量评分制度；优化运营机制，确保所有频道每日更新。此外，每周发布“一周荐读”和记者流量排名，每个月发布频道更新榜、流量榜，工作室排名和新媒体产品报告，达到鼓励先进、鞭策后进、交流学习的效果。

由此带来的不只是新闻作品的好戏连台，更是人才队伍的快速成长。东莞新闻部4人先后获得东莞市优秀新闻工作者荣誉，还有优秀员工当选省青联委员、入选全国“青马工程”首届文化与新闻传播班，获评2023年广东省五一劳动奖章等荣誉。

东莞分社在东莞市第十五次党代会现场搭建直播间，对话党代表及市、镇主官

#### 4. 深耕粤东、粤西、粤北

城乡区域发展不平衡是广东高质量发展的最大短板。推动南方报业在粤东、粤西、粤北的机构建设、制度完善，讲好这些区域的发展故事，可以有效提振地方发展信心、激活发展动能。

2020年，南方报业开始在广东“非珠”地区启动实施《“粤东西北战略”三年行动方案（2020—2022）》，用三年时间再造一个“地方”，打造又一个“珠三角”。自此，一批年富力强、有想法、有能力的年轻干部走上了地方记者站站长、副站长的岗位，省级党报的影响力垂直延伸到粤东、粤西、粤北基层，构建起与各地市的良性互动关系，将媒体服务领域由纸媒向全媒体延伸，从单纯的信息传播向思想挖掘、战略研判、方案供给、价值传递延伸，壮大南方报业在地方市场的竞争实力。

粤东、粤西、粤北12个地市，发展程度不一，在产业格局、民俗文化等方面各具特色，地理空间相距较远，各地的新闻部各自为战，难以发挥报业的整体优势。为此，作为统筹部门的地方新闻部持续优化提升策、采、编、发机制，实施“强总部、强分社、强记者站”，推动总部优质采编资源向基层延伸，推动各地方频道和观察（视窗）大量生产当地人要看、爱看和本地发生的新闻资讯。

机制变革的春风，激荡着积极向上、追求卓越的内生动力。

完善地方全媒体编辑部建设，优化考评机制、业务机制，编辑提早介入内容生产流程。编辑部建设成效持续巩固，早班运营“先有渐优”“首页意识”显著增强；迟交稿、迟交版问题有效解决，差错数量逐月减少；地方频道“菜品”“端相”渐优。

一批批新入职大学生来到各分社、记者站，如良种入沃土，在粤东、粤西、粤北找到职业成长的宽广空间。明确3年以上的下沉蹲苗机制，持续优化部门名记培育机制，发挥南方名记示范引领作用，比学赶超、互学互鉴，更多爆款融媒产品纷至沓来。

组建运营工作群，对内，加强总部与分社、记者站的运营联动，对外，与南方+运营团队、编委办等联动让优质内容第一时间“上首页、下读者群”，被“看得见、传得开”。

由此带来的变化有目共睹。截至2023年底，南方日报地方新闻部负责编辑出版的地方版面包括“5份观察+14份视窗”，负责管理的南方+共建频道总数达254个。2023年全年原创发稿5.8万条，原创流量1.2亿，爆款160条。2020年至2023年，营收每年均以两位数同比增长。

# 第三节
# 开放不止步：全面转型挺进融合“深水区”

在全国最早开启市场化办报新风，推动与央媒和外省媒体开放合作，通过通联部和读者来信部加强与群众的联系……改革开放以来，南方报业顺应市场经济大潮，“开门办报”的大门越开越大。

进入数字化时代，人工智能等新兴技术给传媒业带来了深刻变革，面对舆论生态、媒体格局、传播方式之变，南方报业一手抓融合，一手抓管理，坚持贯彻“融合发展”理念，借助南方杂志社、南方新闻网整体并入南方报业的发展契机，持续推动多部门、多媒体深度协同，对内坚决破除组织壁垒，解放融合生产力，持续放大一体化效能，对外做好开放生产，充分发挥南方+等新型主流媒体平台优势，以优质服务深化用户连接，走好全媒体时代的群众路线。

在南方报业融合转型“一盘棋”下，南方杂志社、南方新闻网、南方农村报、南方周末、南方都市报等部门也立足自身优势和现实条件，推动建章立制、创新管理，探索出适合自身实际的转型之路，形成和而不同、美美与共的生动局面。

## 一、聚合资源，全集团“一盘棋”推动融合

在平面媒体时代，南方报业依托“龙生龙，凤生凤”的多品牌战略，形成了以《南方日报》为旗舰、三大报系为支撑，在各个细分市场处于领先地位的强大媒体阵容。

进入互联网时代，南方报业坚持一体化发展方向，在融合发展顶层设计上加强统筹和创新，推动形成全集团“一盘棋”，扫除由裂变产生的分散运营、各自为政、架构重叠等制约融合发展的各种障碍，既集中优势力量，又最大程度集约资源，重塑现代传播力，走出一条具有南方特色的融合转型之路。

### 1. 战略先行：推动“融为一体、合而为一”

长于战略运筹，注重战略引领，是南方报业改革发展的一个鲜明特征。

20世纪80年代开始，全国改革重点从农村转向城市，南方日报社敏锐意识到都市类报纸具有的广阔前景，主动出击，先后创办日后风行全国的《南方周末》《南方都市报》等子品牌媒体，连战连捷，赢得读者和市场广泛赞誉。

2001年12月11日，中国正式加入世界贸易组织。开放的大门进一步打开，国内媒体也得以更广泛接触全球媒体发展趋势和西方媒体集团在管理运营上的先进经验。此后数年间，南方报业相继成立南方周末报系、南都报系和21世纪报系，“龙生龙，凤生凤”的多品牌战略进入报系运营的新阶段，289号大院也成为新闻学子的精神家园。

随着移动互联网的快速普及，传统媒体发展速度出现拐点，媒体变革的时代大潮滚滚而来，信息流以跨领域、跨平台、跨媒介的姿态，以光速传递、海量生成、智能聚合的形式，给媒体发展环境带来颠覆式改变。原有的裂变式发展模式已经难以满足数字化时代媒体竞争的需求。

习惯与纸张油墨、报头版面打交道的传统媒体，如何在数字化的新时代找到自己的发展之船？很多媒体人将期待的目光投向南方。

南方报业因势而谋、应势而动、顺势而为，适时启动实施聚变式发展，确定“深耕主业、多元开拓、加快转型、融合发展”的十六字发展战略，在全国媒体中较早地提出“融合发展”理念。

在这个战略指导下，南方杂志社、南方新闻网整体并入集团，南方周末、南方都市报、21世纪经济报道三大重点子报成立二级党委，制定完善议事规则，强化集团党委和集团编委会的统一领导和管理；建设开通采编一体化平台、推动党报党刊党网一体化发展；明确提出移动优先战略，逐步将最核心的生产力投入移动互联网，举集团之力建设南方+客户端，“一体化的南方报业”初见雏形。

三年间，南方报业的传播能力、服务能力显著跃升，发展态势焕然一新。

转型发展，如逆潮行船，不进则退。2016年、2019年，南方报业接续制定实施两个“三年行动计划”，大力推动“移动优先、数据优先、用户优先”战略，加快打造新媒体拳头产品和标杆项目，智慧型文化传媒集团建设稳步推进。

开放，成为这一时期南方报业拟定和实施发展战略的关键词。

对内，2016年建成“中央厨房”1.0（“采编一体化平台”一期）并持续迭代，南方报业所有媒体全面接入一体化稿库，真正实现内容资源共享、高效支撑，多元生产、多产品生产和个性化生产有序进行；对外，南方+客户端构建权威信息分发与办事服务平台“南方号”，邀请相关部门、地市和高校的官方发布渠道入驻，实现开放生产，协调与民生直接相关的政务服务窗口接入，南方+平台功能更加凸显。

近年来，南方报业在推动融合转型中更加注重系统集成，在实践中内容一体化生产、技术一体化支撑、经营一体化统筹，也称“三个一体化”。落实到发展实践上，则是更为具体的“四化”：移动化、平台化、可视化和智慧化。

正是在持续改革创新中，南方报业的融媒转型路径更加清晰：以整体观、系统论和互联网思维指导全局，以龙头新媒体为枢纽，深度融合、全面转型，逐步推动形成“融为一体、合而为一”的全媒体传播体系。

2023年11月，面对宣传思想文化工作的新形势新任务，南方报业按照“两端并立、内宣外宣并起、内容技术并重，再创广东媒体新辉煌”的战略部署，集中优势力量建设“两端一云”，即南方+客户端、今日广东（GDToday）和南方智媒云，不仅牵引带动各媒体深度融合转型，更将多年积累的优质资源、创新做法向全省推广，辐射引领全省媒体融合发展。

### 2. 融多为一：以指挥机制变革推动深度协作

每年3月开春，从广州飞往北京的航班上，都有一支朝气蓬勃的新闻队伍——南方报业旗下媒体的采编骨干赴京参加全国两会报道。这是南方报业融媒转型的精英团队。

全国两会，是各家媒体必争的新闻富矿。南方报业旗下各媒体各有优势，比如，南方日报在政经报道上积累深厚，南方都市报记者提问环节“抢麦”经验丰富，仅2019年全国两会就获得6次提问机会，全国地方媒体独此一家。

为了更好聚合优质资源推动融合生产，南方报业搭建起前方指挥系统，形成前方总指挥、各媒体领队、各项目统筹、一线采编人员等四个层级的指挥协调机构；筹建融媒体工作小组，主攻重大时政题材融媒体产品的策划、制作与推广。

融媒生产的效果可谓立竿见影。2018年3月7日全国两会期间，习近平总书记参加广东代表团审议，当晚南方+就推出特别节目《总书记，广东人民对您说……》短视频，全网点击量超过1500万次。这就是报网端前后联动、融合生产的成果——前方报网端团队合力拍摄剪辑，后方九路记者到广州、深圳、珠海、佛山等地采访群众，再发到前方合成。

事实上，多部门、多媒体深度协同早已成为南方报业在重要报道上出新出彩的公开秘诀。

2014年起创新推出的“1+X”采编联动机制，以南方日报为“1”，以其他报刊、网络、移动媒体等为“X”，聚焦重大主题和社会热点，统一策划采访，各自创新报道，提高传播量级。依托该机制，南方报业推出了多组脍炙人口的优秀报道，机制创新本身也入选2016年中国媒体融合传播影响力榜的“融合传播案例十五佳”。

具体到融媒产品生产过程，往往需要将多种形式的媒体资源进行整合。破解方法要么是“一人多能”，要么是“多工种”协同，前者需要长期培养，且个人力量毕竟有限。对于新闻机构来说，既要满足新闻时效性需求又要保证质量，跨部门合作也就势在必行。

以可视化产品为例，南方报业在长期实践经验的基础上，于2019年探索实行编导制的可视化生产机制，每个产品的编导就是创作团队的指挥官，负责协调人力物力，跟进产品制作的各个流程，对产品的最终效果负责。时任南方报业负责人曾表示，这样至少有三个好处：将具体作品的生产责任落实到人，确保产品调性的统一，培养了一批综合性的人才。

与编导机制相适配的，是跨部门甚至跨单位的虚拟团队协同作战法：出现重大报道任务，根据具体工作情境，从各个部门抽调骨干快速组建虚拟团队，完成任务后就地解散。通过虚拟团队，不同部门、不同工种员工以“战”代“练”，也促使团队成员互学互鉴，在融合生产的实践中完成了知识和技能的深度交换。

团队是“虚拟”的，但支撑虚拟团队紧密协作的物理空间，却是看得见摸得着的。

2019年元旦，约4700平方米的融媒体中心建成启用，虚拟演播室、实景

进行直播生产和视频拍摄的融媒体中心演播区

演播室、录音室、摄影棚等一应俱全。中心既是南方报业的全媒体采编融合生产与传播办公区，也是音视频创意与制作办公区，还是产品研发与创新办公区。来自南方日报要闻编辑部、南方新闻网、南方+、南方都市报短视频事业部等的600余人，在同一个办公空间，紧密协作。

这里就是南方报业最重要的融媒指挥中枢和转型现场。通过融媒体中心，一方面从物理上打破了旗下媒体间的壁垒，实现了管理扁平化、功能集成化、产品全媒化；另一方面打通了报纸编辑、新媒体编辑、脚本创意与策划、音视频拍摄与制作、直播、纸媒与新媒体校对等多种业务形态，将内容一体化生产推上新的台阶。

### 3. 观念重塑：让用户思维深入肌理

内部藩篱不断破除的同时，媒体与读者、用户之间也逐渐从单向传播迈向双向互动传播。

2012年7月，第30次《中国互联网络发展状况统计报告》显示，当年我国手机网民规模达3.88亿，手机首次超越台式电脑，成为第一大上网终端。移动端社交媒体、商业平台随之快速崛起。

曾在报纸市场化竞争中引领风骚的南方报业深知，开门办端是实现融媒转型的必然选择。

南方+上线伊始，就全力推动各地市、各垂直系统单位的政务新媒体分批次集体入驻南方号，推动各地市子频道实现了市直、区域、商业三大领域的全面共建；2019年1月1日，集新闻报料、活动征集功能于一体的“南方拍客”正式上线，打造“原创生产+开放生产”“PGC+UGC”的高质量内容供给体系，优质视频产品生产能力快速提升……

深度融合的新闻生产、不断开放的公共平台，背后离不开技术的强有力支撑，也离不开技术部门的组织重构。

2018年，成立报网端产品研发中心，接手重构升级了多个媒体生产系统，新媒体的生产平台和传播平台全面打通——这就是后来被称为“南方智媒云”技术平台的前身。

南方报业将打破技术壁垒和信息孤岛作为技术建设目标，为此，三管齐下：统一技术规划，减少系统重复建设，实施集约化管理，避免技术资源浪费；举集团之力做大做强做优南方+技术平台，使集团优势技术资源持续向移动端汇聚和转移；打通报网端内容生产和传播平台，打造强大统一技术底盘，赋能各媒体单元。

从采编、经营到技术，组织架构和运作模式的转型，带来的是思维理念的丰富和转化。在传承现代报人理念的同时，系统思维、技术思维、用户思维等也逐渐融入其中，为南方报业融媒转型提供必要的智力支持和精神养料。

以系统思维为例，无论是组建报网端融合运营委员会，还是按照“两端并立、内宣外宣并起、内容技术并重”的思路推动“两端一云”建设，都是高度重视全媒体传播体系建设的整体性、关联性、耦合性和协同性的重要体现。

特别值得一提的是，配合内容一体化生产，南方报业持续推动业务管理创新，推动“一支队伍、一个目标、一体服务”。2018年底，南方日报经营公司重新组建了南方+市场运营中心，通过报端融合形成统一标准的全媒体矩阵产品，对外提供统一标准的全媒体信息服务和增值服务。

再看以创造或改造事物为导向的技术思维。对新闻媒体行业来说，很长时间以来，技术思维主要体现在版面设计、报刊印刷等环节，并未成为贯穿全流程、各部门的通用思维。这在技术越来越发挥推动和支撑作用的当下，已然不符合发展需求。

近年来的融媒转型实践中，南方报业逐渐形成了一组契合技术逻辑、媒体需求的思维观念。比如，高度重视“自主可控”，同时反对“重新造轮子”，借力市场上成熟的产品和服务再改造创新；坚持后台开发语言与核心系统保持一致，降低对系统厂商的依赖；坚持技术既服务于业务，又要有自己的专业判断和原则坚持等。

用户思维的持续强化，成为南方报业推动体制机制改革和机构重组中的另一突出特征。

媒体价值千万条，传播力第一条。无论传统媒体还是新兴媒体，用户都是媒体传播力的出发点和归宿点。但在以报纸、电台等为主的传统媒体阶段，传播者和用户处于并不对等的主动与被动的关系。随着移动互联、万物互联、智能互联的到来，用户从“受众”转变为主动选取信息、发起再传播乃至自主生产信息的“用户”。了解用户需求，匹配相应的产品和服务，让用户获得良好体验，从而获取用户、留住用户、累积用户和运营用户，就成为媒体必须下大力气做好的基本功。

2019年12月27日，南方+首份用户画像正式出炉。从画像来看，南方+用户具有高素质、高影响力、高消费力的特征：在学历上，南方+用户大学本科占比高达83.4%；在职业上，南方+用户过半就职于党政机关、事业单位，15.6%为企业管理人员。为了把握好这样庞大且高素质的用户市场、挖掘市场潜力，南方报业建设南方+数据运营中心平台，对客户端、用户、编辑和运营活动的状态、效果进行即时分析洞察，从而有针对性地调整产品内容、推广策略和服务方式。

随着客户思维的深入人心，南方日报积累多年的内容生产优势，特别是

2023年8月，南方+上线8周年发布会暨合作伙伴大会

政务资源、读者资源、广告市场资源也加快在客户端得到更加开放的呈现，成为南方报业推动一体化经营和实现组织融合的重要力量。

从更高的媒体运营层面来看，树立用户思维要求改变以媒体为中心的生产方式和服务方式，其本质就是新媒体条件下的“三贴近”，就是新技术条件下党媒的群众路线，体现了媒体以人民为中心的工作导向。

## 二、组建融合生产机构，以组织变革推动全面转型

曾经，“多品牌战略”为南方报业的发展壮大发挥了重要作用；进入新媒体时代，原来为传统报业“定制”的体制机制、组织框架等便不相适应了。除弊革新，势在必行。

组建报网端融合运营委员会，成立南方+编委会，采编部门全面转型为报网端采访部、编辑部，创新组建报网端音视频部、报刊网端理论评论部、报网端版权工作部……南方报业果断“刀刃向内”，按照信息高度共享、资源有效整合、要素优化组合的标准，以南方+客户端等新型主流媒体平台为枢纽，成立多个跨媒体的报网端融合生产机构，以“成熟一个推进一个”的办法，逐步建立起扁平化、高效运作的新的组织架构和运作机制。

对组织架构的变革和优化，既有效破除了不同媒体、不同部门之间的藩篱，放大了一体化效能，也大大激发了媒体深度融合转型的内生动力和整体合力。

### 1. 南方+编委会背后的机制改革

2015年10月，南方+客户端正式上线。在南方+发展初期，其内容生产和管理主要由南方+内容中心负责。随着南方+的迅猛发展，短短几年内发稿量呈几何级暴增。如何让这一“最大增量”成为“可控变量”？

2019年初，南方报业设立南方+编委会，专门负责全端内容生产的统筹管理，确保快速扩大的内容生产能力实现“可管可控”，推动实现人员、内容、推广、运营“真融合”。

在一体化的融合要求下，南方+的管理班子，实行“专职+兼职”的体制。总裁、总编辑、总经理，由分管报网端工作的班子成员担任。副总裁、副总编辑、副总经理，则由南方日报采编部门、相关媒体负责人和技术、经营单位负责人担任。与之相适应，南方+编委会也采用“专职+兼职”的办法组建。其中，20名编委由南方日报各采编部门、南方杂志社、南方都市报、南方农村报、南方+等媒体抽调采编骨干兼任。这样的安排增强了各媒体、各部门“共建共治共享”的积极性，强化了“南方+是大家的”的理念，有效统筹推动了南方+的发展与安全。

在南方+编委会的统筹协调下，南方+首页建立了与各子媒、各垂直频道、地方频道的互联互通、联动生产机制，进一步打破信息壁垒、提升效率、规范流程，聚合呈现南方杂志社、南方新闻网、南方农村报、南方周末和南方都市报等媒体，以及全端超过500个共建频道的优质内容，全方位展现了党端风采、大端风范。

同时，南方+编委会成员也充分发挥其作为部门骨干的业务能力和资源调度能力，不断统筹策划生产出“思想+创意+技术”的融合精品，“南方+编委会一周荐读”等爆款专栏强化内容运营，使南方+以高质量赢得大流量，让大流量澎湃正能量。

面对瞬息万变的舆论生态、传播格局，南方+编委会还通过制定导向管理制度、内容运营编辑规范、直播操作规范等多项制度，安排编委全面参与南方+的三班轮值，确保24小时满负载运作下的内容安全生产传播。

### 2. 采访部门全员全媒体转型

2010年，南方报业便提出“全媒体转型”。但传统媒体时代“白天采访、晚上交稿，次日见报”的生产习惯维持多年，思维模式根深蒂固，并非喊口号、作动员就能轻易改变。在转型初期，不少采编人员仍用“报纸思维”来做互联网产品，这至少带来两个弊端：一是不注重精准传播，二是不注重及时抓取热点。

要推动全面转型，需要持续推进和不断深化观念再造、组织再造、流程再造。其中，组织变革重构是不可或缺的重要一环。

随着2015年南方+的上线，南方报业将“移动优先”置于改革转型的战略高位，推动采访部门全员全媒体转型有了新的契机和平台支撑。

在内容一体化生产的要求下，南方日报所有采访部门均转型为全媒体采访部，加挂“南方+”牌子，既承担南方日报的采访工作，也为南方+等新媒体平台服务。比如，南方日报时政新闻部同样也是南方+时政新闻部，经济新闻部、文体新闻部、地方新闻部、珠三角新闻部等亦然。

以报道指挥系统（现升级为“南方融媒系统”）和全媒体策划会为抓手，以绩效考核为“指挥棒”，南方报业全体采访人员逐渐摒弃了旧的生产习惯和思维，先端后报、抢第一落点、抢全网首发等成了新的共识和追求，一系列“又快又好”的原创作品源源不断地生产出来。2022年以来，南方+年发稿量达百万级，超四成来自原创。

在此基础上，南方报业结合转型实际，“成熟一个推进一个”，持续打造跨媒体的融合生产机构。

例如，随着媒体融合发展进程的推进，南方报业各媒体、各部门视觉化新媒体产品制作人手不够、产品拥塞排队等问题日渐凸显。为此，报网端音视频部的设立首先被提上日程。

2018年底，报网端音视频部在以南方日报视觉新闻部为主要班底，同步整合南方新闻网、南方+新媒体实验室等力量的基础上成立，集聚了一支涵盖音视频拍摄、剪辑、动画制作、平面设计等各方面人才的队伍，全面提升以直播、视频、长图、H5、动漫为主的可视化产品生产能力。以做强新媒体实验室和创意视频实验室为支点，报网端音视频部的成立不仅立竿见影地解决了新媒体产品制作“堵车”的难题，还有效提升了主题报道的视觉表达，在庆祝新中国成立70周年、抗击新冠疫情等重大报道战役中表现亮眼，《云端之上 锦绣南粤——70秒云上瞰广东》《战“疫”影像日记》等系列影像报道实现“破圈”传播，深入人心。

理论评论工作是南方报业围绕中心、服务大局的一面重要旗帜。2019年初，南方报业整合南方日报理论评论部和南方杂志社、南方新闻网、南方+、南方农村报的理论评论队伍，成立报刊网端理论评论部。在抗击新冠疫情、全国两会、建设粤港澳大湾区、经济特区建立40周年等重大主题报道中，报刊网端理论评论部全媒作业，“四箭齐发”，一体发声，为读者提供评论“套餐服务”，既满足了不同传播载体需求，又在舆论场上形成一体化的传播声势，进一步扩大了主流价值影响力版图。

### 3. 全媒体编辑部的诞生

报网端融合后，“一次采集，多元发布”成为新的业务流程，各采编部门的组织架构和人员配备也要进行调整优化。

南方报业一方面推进采编分离更彻底，原来由南方日报采访部门负责编辑的部分版面统一改由编辑部门负责，原来由编辑部门负责的少量采访工作划归采访部门，原来视觉新闻部辖下的版式工作室，考虑到工作联系和便利，也划归编辑部门。

另一方面，编辑部门向全媒体编辑部转型也加速推进。通过组织架构优化和资源重新配置，南方报业整合打造南方日报要闻编辑部、南方+传媒中心、南方日报地方新闻部全媒体编辑部、南方日报珠三角新闻部全媒体编辑部等四个全媒体编辑部，形成了多个介质一体化运营、多平台发布的新模式。

南方日报要闻编辑部作为“总装车间”，一方面，通过承接上百个共建频道、地方频道和南方号的编辑工作，服务南方+首页频道、南方日报采访部门运维的垂直频道和智库报告等的审校工作，为南方+的发展和安全提供支撑；另一方面，强化采编联动，全新打造《深读周刊》《政经观察》《周观天下》等七大周刊，深耕全媒体时代的深度报道，既为报纸增加了优质内容供给，也给南方+带来了“网味更浓、网感更强”的全新产品线。

南方+传媒中心是移动端的第一播出部门、内容生产的支撑部门，主要承担着三重角色：一是内容总出口，按照内容“多、快、新、近、实”的要求，做好南方+首页的内容运维；二是创新梦工厂，主要围绕重大主题宣传、重要节点、热点新闻进行新媒体创意策划，年均生产过千件包括长图、条漫、H5在内的创意新媒体产品；三是服务加油站，一方面提供内容生产的支持支撑，另一方面担当桥梁作用，为采编发链条中的技术优化提供解决方案。

南方日报地方新闻部全媒体编辑部由南方日报地方新闻部编辑工作室升级而来，作为12个记者站新闻生产的“中央厨房”，业务范围从原来的纯报纸编辑拓展至全媒体编辑，除了负责地方新闻部所负责的区域《观察》《视窗》版面的编辑工作，还全面负责所管辖12个记者站旗下的12个南方新闻网地方频道、254个南方+共建频道以及2000余个南方号的内容管理、运营和维护。在原来不到10名人手的基础上通过与要闻编辑部实行混编，极大增强人力配置和单位人力产出，编辑也从单纯的报纸编辑向会策划、会采写、会编辑、会直播、会新媒体生产的全媒体编辑转变。

南方日报珠三角新闻部全媒体编辑部是协调与服务珠三角9个城市记者站的内容生产中枢、传播品控中枢、智库产品研发中枢。在内容生产与传播上，以南方+客户端建设为核心，实现了报网端三个端口的一体化采编审发。主要负责南方日报9个区域《观察》、若干《视窗》版面与9个南方新闻网地方频道、近300个南方+共建频道、3000多个南方号的内容把关、编辑工作。在内容品控上，与南方日报珠三角地市记者站实现前后方深度融合与协同生产，构建起覆盖选题策划、编辑审核、把关流程、开放生产、激励考核等的全链条品控流程。

### 4. 专设服务部门完善支撑体系

在传统媒体向全媒体转型发展过程中，除了内容供给侧的深度融合转型，还面临着两大亟待解决的难题：一是如何快速补齐先进技术能力的短板；二是如何做好全媒体版权保护。为此，南方报业对技术部门进行了组织重构，并专门成立报网端版权工作部，全力破解这两大“痛点”。

首先，成立报网端产品研发中心，迅速壮大技术力量，使其从内容背后的“配角”走到新闻生产前线，成为媒体融合转型的发动机和加速器。

2015年南方+上线之初，便同步设立了南方+技术中心，最初只有3名技术人员，很快就难以满足发展需要。2018年，整合南方+技术中心、产品中心和南方新闻网技术中心，联合集团其他媒体单元技术力量，组建成立报网端产品研发中心，不到一年的时间，就实现两条产品线迭代升级。一是完成南方+16个版本的更新迭代，不断完善功能建设，大大优化用户体验。二是建设融媒体中心软件平台，优化上线南方融媒系统、版权系统、内容智能校对等七个系统，实现了媒体业务策、采、编、审、发、评、馈等全链条的技术100%自主可控。

2020年，报网端产品研发中心进一步升级为南方智媒云，全面支撑南方报业各媒体的全介质、全流程、全形态的跨媒体一体化内容生产传播。2023年，南方智媒云更是上升为广东省委“两端一云”战略部署的重要一环，以先进技术引领全省媒体深度融合和高质量发展。

其次，成立报网端版权工作部，全面加强原创产品版权的管理和运营，破解全媒体版权保护痛点。

2018年底，南方报业成立报网端版权工作部，将南方日报、南方新闻网、南方+的版权归口管理，自主研发了南方版权运维系统“南方版专+”，建成了集版权预防侵权、有效维权和运营管理于一体，制度、内容、技术和法律等方面有机融合的版权生态运维闭环。

通过“南方版专+”，报网端版权工作部可以对全网进行技术监测、线上存证、在线公证申请及公证材料与互联网法院的网络对接，既极大提升了维权效率，也降低了维权成本。同时，该部门进一步理顺版权管理流程，积极探索代理集团下属媒体版权运维方式，实现集团版权运维融合发展和报网端版权管理的良性运转。成立以来，南方报业版权运维收入每年实现10%以上的稳步增长。

## 三、子媒推动管理创新，加快转型发展步伐

在推动融合转型的过程中，南方报业既注重以系统思维整体统筹推进，又注意处理好旗下子媒协同发展的关系。作为各自细分领域的佼佼者，南方杂志社、南方新闻网、南方农村报、南方周末、南方都市报在内部改革和创新上有着较大的自主权和一定的独立性。

依托各自特点优势，各子媒积极探索管理模式的创新，着力推进智媒之变、平台之变、服务之变，强化内容的专业生产、聚合生产、开放生产，充分发挥移动端平台化在内容聚合和服务连接等方面的巨大潜力，以制度变革催生更加开放的报网端融合生态。

### 1. 智媒之变：实施系统变革，重组价值链

南方报业是全国比较早提出“智慧转型”口号并作出战略布局和实践探索的传媒集团之一，2016年便提出建设智慧型文化传媒集团的目标。以此为引领，旗下媒体积极强化顶层设计，探索智慧转型新路径，打开智媒发展新天地。

2017年11月，南方杂志社积极探索党刊生态系统再造，在全国党刊中率先组建南方党建智库，确定了“做党建垂直领域的思想运营者”的定位。通过构建党建传播、党建研究、党建服务三大核心平台，南方杂志社在全省各地精心打造多个基层党建研究基地，有力为基层党建、红色文化研究献计献策，为当地发展贡献智慧力量，组建高水平研究队伍，为150多个各级党建研究课题提供智力支撑，在“重构媒体融合发展闭环”的同时，也打开了传统党刊社转型“智媒”、实现高质量发展的新空间。

同样将智媒转型作为自身发展战略的，还有南方都市报。随着新媒体的快速发展，曾经高歌猛进的都市类媒体面临前所未有的挑战，南都也不例外。对此，南都积极求变，向上突围，2018年在“办中国最好的报纸”基础上，提出“做中国一流智库媒体”的目标愿景，推动系统改革、整体创新，

南方杂志社在广州市海珠区南华西街道打造的南方党建智库基层党建海珠研究基地

开启数据型智媒转型，形成了南都大数据研究院、N视频、湾财社、南都娱乐、南都高质量发展研究院“五驾马车”并行的多元智媒品牌发展模式。

2018年，南方都市报设立大数据研究院，打造“南都智库产品发布周”等具有全国影响力的品牌活动，建有南都指数联盟、南都数字金融创新联盟、南都教育联盟等平台，积极构筑协同治理良好生态。2022年7月正式设立的全新泛财经IP湾财社，充分整合全报社财经内容和运营资源，初步形成了以AI财经快讯、指数分析、行业报告、高端访谈、数据库、创意运营等形态为代表的产品矩阵。2023年，组建南都高质量发展研究院，现已挂牌设立4个分院、3个产业研究基地，通过数据分析、案例调研、第三方测评等创新方式，开展包括社会治理、区域治理和行业治理在内的系列课题研究。以《南方都市报》为基，“五驾马车”并驾齐驱，构建起一个丰富而多元的南都智媒生态，有效实现了智媒价值叠加，大幅提升了南都全媒体传播效能。

此外，南方农村报打造广东乡村振兴服务中心媒体智库，在课题研究、乡村振兴第三方评估、学术研讨等方面取得了明显成效；南方周末通过升级建设南方周末研究院，积极推动垂直领域的智库研究和实践，逐步形成“前沿研究—评价监测—平台搭建—集体行动—品牌传播”五位一体的策略，同样实现了智媒价值链的重组和产品线的延伸。

### 2. 平台之变：推动组织变革，重构生产链

移动互联网时代，报纸作为信息获取渠道的地位式微，用户阅读习惯改变，新的平台建设成为重要的时代课题。南方报业旗下子媒积极顺应传播格局之变，推动组织变革、管理创新，全力加强全媒体传播平台建设。

南方杂志社提出打造“党建新媒体”思路，持续对原有的组织结构、生产流程、薪酬考核、人才培育等体制机制进行除弊革新，加快建设“广东最专业的党建全媒体传播平台”。南方杂志社以南方+“党建”频道、“南方杂志”微信公众号（含视频号）作为核心平台，以“学习强国”、人民日报客户端、求是网等中央媒体平台作为提升影响力的传播平台，以头条号、百度号、抖音号等作为市场分发平台，以海外媒体社交平台机构号作为对外传播平台，构建起结构合理清晰、传播力和影响力强的“四级传播平台”，党建全媒体矩阵业已成型。

作为广东省委机关网，南方新闻网是全国首批拥有一级新闻登载资质的重点新闻网站之一。2014年全面融入南方报业以来，南方新闻网全面深化“报纸+网站+客户端”“新闻传播+技术创新”“内宣+外宣”“新闻信息+政务信息”融合发展，重构了生产流程，重塑了产品品质。

经过多次改版，南方新闻网首页在展示优质原创产品的同时，充分集纳了南方日报的权威政经报道、南方+客户端的爆款融媒体作品、南方都市报的视频短新闻和南方周末的深度报道等优质内容，进一步做大做好报刊端优质内容展示和分发平台。2022年2月，南方新闻网还自主研发推出粤学习客户端，与“粤学习”微信公众号、微博、小程序、网页共同构成“粤学习”网上传播矩阵，成为广大网民学习党的理论、了解政策资讯、交流观点见解、展示美好生活的又一网上精神家园。

南方周末则通过付费智媒计划，最大程度发挥优质内容生产的内在价值和核心竞争力，走出一条独具特色的转型之路。

2018年，南方周末以内容付费工程统揽融合转型发展全局工作，成为中

国首家设立网络软性付费墙的报纸，同时打造深具南周调性的知识付费产品线。为了适配付费墙，南方周末将采编流程与生产机制由以报纸为中心，逐步转变为以内容为中心，并以专业化建设为基线，通过线上线下互动推进，实现全媒体优品生产、全天候严选播放，不断提升南周的生产力、传播力与影响力。构建南周“中央厨房”并以之为基础平台，聚集采编发所有环节。秉持“南周气质、南周品质”的专业准则，优化落实南周考评考核机制，不分报刊还是新媒体平台，以内容质量及不断升级迭代中的传播指数为考核依据。

随着转型的不断深入，南方周末还设立了全媒体总编室，并以之为枢纽，实施全媒体值班制度，统筹管理报社旗下全媒体内容的刊播、出版、运营和把关工作，以推动南方周末全面从传统周报跨越转型为全天候数字媒体。

### 3. 服务之变：创新管理运营，重塑竞争力

2020年9月，中央印发《关于加快推进媒体深度融合发展的意见》，明确提出“探索建立‘新闻+政务服务商务’的运营模式”。南方新闻网等媒体对全新运营模式先行探索，取得了明显成效。

南方新闻网坚持“内容+技术+服务”驱动发展战略，积极抢抓广东“数字政府”建设机遇，不断深化党政网站集群体系建设能力。自2018年以来，南方新闻网共为全省包括广东省政府门户网站、广东人大网、广东政协网、省委政法委网站群等在内的近600个官方网站和6000余家政府机构信息公开平台，提供数字平台支撑赋能和专业内容运营服务。以此为基础，南方新闻网大力培育“深调研+宣传+智库+技术产品+活动”深度垂直领域全链条综合服务模式，助力党政机关单位提高治理软实力，促进良性政民互动，推进治理能力和治理体系现代化。

作为我国“三农”媒体中的领先者，南方农村报为“三农”工作和乡村振兴战略提供了高质量的垂直服务。2018年，南方农村报在全省率先把第三方评估机制引入乡村振兴领域，并在实践中逐渐摸索出包括评估标准设计、

评估工作流程、评估纪律要求和评估结果运用等在内的一套评估系统，打造了“南方评估”服务品牌。南方农村报还与国内知名“三农”研究机构、“三农”学者建立广泛的联系，全面深入调研走访全省乡村，积极创新服务手段，承接广东特色优势农业品牌宣传推介暨品牌运营项目，在切实打响“粤字号”农产品品牌、助力区域企业高质量发展的同时，自身多元化服务能力也取得新突破。

凡是过往，皆为序章。所有将来，皆为可盼。

改革只有进行时，没有完成时。迎着媒体融合发展的时代风口，在以中国式现代化全面推进中华民族伟大复兴的宏阔大道上，我们昂首向前，行稳致远。

2024年7月，党的二十届三中全会再次吹响媒体融合创新的号角，提出“构建适应全媒体生产传播工作机制和评价体系，推进主流媒体系统性变革”。这意味着主流媒体融合转型向纵深推进进入新阶段。一场以系统观念为方法论，以全媒体生产传播为发展目标，以工作机制和评价体系为重要内容的主流媒体改革，正在全面铺开。

赓续七十五载红色血脉，扎根改革开放热土前沿，南方报业将积极拥抱变革、大胆探索，以创新驱动高质量发展，努力当好新时代媒体深度融合发展的实验室、排头兵，在勇担新的文化使命上交出新答卷、展现新作为。

浩渺行无极，扬帆但信风。新时代新征程，这是南方报人又一次充满光荣和梦想的远征。

# 后记

置身21世纪的第三个十年，移动互联网和人工智能技术的迅猛发展，让信息触手可及，但人类却有了新的担忧：

面对“人人都有麦克风”的信息海洋，我们知道的越来越多，却可能离事实越来越远；大数据智能推荐让人陷入“信息茧房”，看似越来越多元，实则越来越封闭；煽动情感、强化偏见成为“流量密码”，舆论场上情绪越来越多，理性越来越少……

这一切，似乎印证了传播学者麦克卢汉的预言——媒介是人体的延伸，而延伸也意味着截除。有人感慨，我们进入了“后真相时代”，极化与撕裂日益成为全球性问题。

实际上，无论科技如何迭代、社会如何变迁，公众对真相和严肃内容的需求永远存在，人们永远需要维系对话、促进共识的公共舆论平台。

今天，我们依然需要主流媒体，更加需要主流媒体。

以“书写历史底稿”的志业精神，以及专业的调查采写、编辑审核、传播互动能力，追寻真相，记录时代，促进对话，凝聚共识，这是多元传播时代里主流媒体愈加凸显的宝贵价值，也是我们编辑出版《新程》的考量所在。

今年是新中国成立75周年，也是《南方日报》创刊75周年。75年来，从一份报纸发展到一个传媒集团，从一棵树到一片林，南方报人坚守责任勇于变革，书写了新中国新闻事业史的“南方篇章”，铸就了“担当、创新、包容、卓越”的文化精神。特别是党的十八大以来，面对国际格局、国家发展、传媒生态的巨变，南方报业以专业初心战略定力打造新质传播力，以“新闻+政务服务商务”重塑价值连接用户，当好纷杂信息的过滤器、公众情绪的压舱石、社会进步的推动者，于汹涌扑面的时代浪潮中辟出壮阔新程。

与我们的媒体改革实践一样，本书的编写历经集体创作多次打磨，凝聚了南方报人的心血和智慧，赓续着主流媒体的光荣与梦想，也饱含敬意及期许。

感谢著名新闻传播学者胡正荣老师、支庭荣老师，欣然应邀赐文，从全球视野、全国格局观照南方之路，提升了本书的广度与深度。

南方之光，映照新程。

编者

2024年9月